Für Helmut, Ilse,
Ingeborg & Dieter

Impressum

64625 Bensheim-Auerbach, Am Höllberg 25
mailbox@karin-redecker.de
www.facebook.com/pages/K.B.Redecker
www.karin-redecker.de
Titel: Aquarell von Peter Eleven, Darmstadt
https://www.peter-eleven.de
Lektorat/ Korrektorat: Julian von Heyl
Werksbilder aus Portugal: mit freundlicher Genehmigung von Fam. Jerosch-Herold.
Alle anderen Bilder aus Familienbesitz
1. Auflage, 2020

Herstellung und Druck über tolino media GmbH & Co. KG,
Albrechtstr. 14, 80636 München. Printed in Germany.
Fragen zu Produktsicherheit an: gpsr@tolino.media.

Karin B. Redecker

Das Glück wohnte in Lissabon

Historischer Roman

Buchbeschreibung

Machen Sie, liebe Leser, mit uns eine Reise in die Vergangenheit. Wir befinden uns im Frankfurt am Main und im Lissabon des beginnenden 20. Jahrhunderts. Erzählt wird eine für die damalige Zeit außergewöhnliche Familiengeschichte.

Sophie und Johann, ein junges Frankfurter Ehepaar, das gerade erst ein Baby bekommen hat, starten mutig in ein neues Leben. Sie beziehen ein altes Haus direkt am Tejo, mit Blick auf Lissabon. Während die junge Frau das Haus peu à peu in ein Schmuckstück verwandelt und einen traumhaften mediterranen Garten anlegt, wird ihr Mann als technischer Direktor die damals größte Korkfabrik Portugals, die O. HEROLD & Cie., weiter mit aufbauen und den widrigen Umständen der Zeit Paroli bieten.

Sie bekommen nach und nach vier weitere Kinder und die sitzen, wie damals üblich, als eine große Familie um den Tisch. Drei fleißige Hausangestellten unterstützen sie tatkräftig, und so führen sie ein unbeschwertes, traumhaftes Leben. Es ist ganz so, wie Sophie es sich immer gewünscht hat. Bis zu dem Tag, als Deutschland 1916 Portugal den Krieg erklärt: Alles bricht wie ein Kartenhaus zusammen und sie müssen das Land verlassen.

Na, neugierig geworden? Dann lesen Sie, wie es für die Familie weitergeht.

Inhaltsverzeichnis

Prolog

Meine Schwiegermutter Hilde ist schon viele Jahre tot. Sie starb im Alter von fast 90 Jahren im Haus ihrer Tochter im Saarland. Man muss sie sich vorstellen als zierliche, kleine Person mit bis ins hohe Alter fast schwarzen Haaren. Ihre unvergesslich tiefe und raue Stimme klingt mir heute noch im Ohr. Ich sehe sie deutlich vor mir, meist mit einer Zigarette in der Hand, in Rauchschwaden gehüllt, mit uns über belanglose Dinge plaudernd.
Unser Kontakt war nicht sehr eng, was ich häufig bedauert habe. Es fiel ihr wohl schwer, offen ihre Gefühle zu zeigen. Man kann nicht sagen, dass sie verschlossen war. Aber doch war sie eine recht introvertierte, etwas distanzierte Frau, die ihre wahren Gefühle gut verstecken konnte.
Ein Tabuthema in der Familie war ihre gescheiterte Ehe. Jeder bemühte sich, dieses Thema auszuklammern, weil allen bewusst war, dass sie ihren Mann immer noch liebte und ihn bestimmt wieder aufgenommen hätte. Es war ein wunder Punkt bei Hilde, an den man sie nicht rühren wollte. Dieser Abtrünnige dachte aber nicht daran, zu seiner Frau, mit der er über dreißig Jahre lang verheiratet gewesen war, zurückzukehren. Er muss ein kühler und reservierter Mensch gewesen sein, der seinen Sohn nie auf den Arm genommen, sich ihm zärtlich zugewandt hatte, wie ich aus den Erzählungen meines Mannes erfahren habe. Als Sohn eines Oberpostrates Dr. jur. war er in einem streng preußischen Haus aufgewachsen, in dem Etikette großgeschrieben wurde. Er war als Verlagsleiter bei einigen deutschen Tageszeitungen beschäftigt gewesen, unterbrochen durch seinen Wehrdienst an der Front im Zweiten Weltkrieg. Der Krieg hat viele Lebensläufe durcheinandergewirbelt, so auch seinen.

Ich habe meinen Schwiegervater leider nie kennengelernt. Er hatte sich von seiner Frau getrennt, als mein Mann kurz vor dem Abitur stand. Die Ehe war von Anfang an problematisch gewesen. Bereits in der Verlobungszeit soll er meine Schwiegermutter betrogen haben, und auch später hatte er immer wieder Affären. Nach der Trennung zog er umgehend zu seiner Geliebten nach Norddeutschland. Dort verstarb er Jahre später, ohne seinen Sohn jemals wiedergesehen zu haben.
So herrschte eisernes Schweigen über den Vater, wenn Hilde dabei war. Aber auch unter den Geschwistern wurde äußerst selten über den untreuen Vater gesprochen, und ich selbst, obwohl ziemlich neugierig, wagte es nicht, mich hier einzumischen.
Bei Hilde herrschte stets ein freundlicher Umgangston, Smalltalk mit meist unverfänglichen Themen, ohne Höhen und Tiefen, und ich empfand das damals als angenehm, im Kontrast zu meiner Familie, in der die Emotionen schon mal überkochten.
Die Aufenthalte bei Hilde waren für mich wie Besuche in einer anderen Welt. Alles lief so vorhersehbar ab, es gab keine Hektik, was auch daran lag, dass wir Rücksicht auf unsere Schwägerin nehmen mussten, die als Ärztin einen aufreibenden Job mit unterschiedlichen Arbeitszeiten im Krankenhaus hatte. Wenn sie tagsüber ihren Schlaf nachholte, herrschte absolute Stille. Alle ordneten sich unter, man sprach leise und war bemüht, keinen Lärm zu machen. Für jemanden wie mich, die es gewohnt war, dass alle in der Familie gleichzeitig Lärm machten, war das eine völlig neue Erfahrung. Das Ganze hatte etwas von einem Sanatorium und ich verbrachte hier erholsame Tage. Von den vielen Alltagssorgen, wie sie in meiner Familie vorherrschten, war hier nichts zu spüren, solche wurden hier unter den

Teppich gekehrt. Überhaupt wurde wenig über persönliche Dinge gesprochen.
Wir waren damals wohl auch zu jung und mehr mit unseren eigenen Dingen beschäftigt. Erst später erfuhr ich, dass Hilde eine interessante Kindheit in Portugal verlebt hatte. Leider hatten wir es versäumt, sie eingehend danach zu befragen. So wussten wir nur wenig über ihre Familiengeschichte und ich musste umfangreich recherchieren, bis sich bei mir so nach und nach ein Gesamtbild der damaligen Ereignisse entwickelte.
Viele Jahrzehnte später hatten mich diese interessanten Jahre aber immer noch nicht losgelassen, und aus dem Blickwinkel der Autorin wollte ich sie neu beleuchten. So reiste ich mit meinem Mann nach Portugal und wir gingen auf Spurensuche.
Wir trafen uns mit Professor Bernardo Jerosch-Herold, einem Enkel der deutschen Familie Jerosch-Herold, die seit vielen Generationen in Portugal ansässig ist und unter anderem eine der größten Korkfabriken des Landes besaß. Der Großvater meines Mannes war in dieser Fabrik als technischer Direktor beschäftigt gewesen. Von Professor Bernardo Jerosch-Herold erhielten wir hilfreiche Informationen, für die wir sehr dankbar sind.
Hilde war eines von fünf Kindern, von denen vier in Lissabon geboren worden waren. Sie war behütet und wohlhabend aufgewachsen, mit Dienstboten und allem Drum und Dran, was man im hohen Alter noch immer bemerken konnte. Personal zu haben gehörte für sie wie selbstverständlich zum Leben dazu. Das Frühstücksbrötchen aß sie mit Messer und Gabel, was mich damals beeindruckt hatte. Tatsächlich schlug ich im Knigge nach, ob die guten Manieren das erforderten, denn bei mir zu Hause nahm man die Brötchen in die Hand und biss ein Stück ab. Auch hatte

sie ein Leben lang eine Putzfrau, obwohl die guten Zeiten für sie schon längst vorbei waren und sie sich das eigentlich überhaupt nicht leisten konnte.
Nun aber von Anfang an: Gehen wir zurück in die Kaiserzeit 1899.

Herbst in Tann/Rhön 1899

»Elisabeth, Sophie, wo seid ihr?«, brüllte Heinrich Müller in den Hof seiner Mühle hinaus. Er hatte bereits mehrfach gerufen, aber keine Antwort erhalten. Seine Frau stand verschreckt am Küchenherd und bereitete das Abendessen. Sie wollte sich weder aufregen noch einmischen. Es genügte, wenn ihr Mann einen Wutanfall hatte. Da war es besser, nichts zu sagen, sonst rutschte ihm womöglich die Hand aus. Er war ein unbeherrschter Grobian, dem man am besten nicht widersprach.

Draußen wurde es bereits dunkel und die beiden jungen Frauen waren immer noch nicht zurück.

»Wo bleiben sie denn schon wieder? Bestimmt stecken sie mit Johann zusammen. Na warte, lass mir die beiden nach Hause kommen!«

Er stürmte hinaus, um die Hühner in den Stall zu bringen, bevor der Fuchs wieder eins von ihnen holte.

Margarete schaute ihm ängstlich hinterher. Sie musste zusehen, dass sie ihre Tochter Elisabeth, die mit ihrer Frankfurter Cousine Sophie unterwegs war, abfing, denn heute war ihr Mann ganz besonders erzürnt. Denn er hatte im Wirtshaus erfahren, dass die ihm anvertraute Nichte mit Johann vom Dännerhof herumscharwenzelte. Sie hatten sich hier im Dorf kennengelernt und wohl auch schon in Frankfurt getroffen. Aber dass das hier im Dorf Gesprächsstoff war, durfte nicht sein; es schadete dem Ansehen seiner Tochter und Nichte. Tugendhafte Mädchen hatten sich nicht allein mit einem jungen Mann zu treffen. Schließlich hatte Heinrich seinem Bruder versprochen, gut auf Sophie aufzupassen.

Sein Bruder Karl hatte in den ersten Jahren seiner Ehe mit ihnen gemeinsam in der großen Mühle gewohnt. Da waren die Eltern der beiden noch am Leben gewesen. Karl hatte damals bereits zwei Töchter und einen Sohn, als er kurz

nach der Geburt der dritten Tochter Sophie Tann verließ und nach Frankfurt zog. Seine Frau schenkte ihm dann noch drei weitere Töchter, so dass er nunmehr eine große Familie mit sieben Kindern zu versorgen hatte.
Heinrich erbte die Mühle und zahlte Karl aus, der in Frankfurt einen gut florierenden Wein- und Gewürzhandel aufgezogen hatte.
Im Gegensatz zu Heinrich war er mittlerweile recht wohlhabend und galt in Frankfurt als angesehener Bürger. Seine Waren bezog er aus Übersee und ließ sie sich auf dem Schiffsweg aus aller Herren Länder über Bremen oder Hamburg nach Frankfurt anliefern. Aber trotz des Erfolges hatte er seine Herkunft nicht vergessen und besuchte Heinrich und seine Familie des Öfteren.
Und jetzt, wo alles immer schwieriger wurde, hatte Karl ihn sogar finanziell etwas unterstützt. Die Geschäfte liefen nicht mehr so gut wie früher. Die Bauern verarmten immer mehr, da die Ernten schlecht waren. Zudem hatten die Hungersnöte des 19. Jahrhunderts eine extrem hohe Sterblichkeitsrate durch viele Krankheiten mit sich gebracht. Überwiegend starben Kinder, was auch durch die hohe Geburtenrate nicht ausgeglichen werden konnte. Kaum eine Familie blieb von Todesfällen verschont, und die Bevölkerungszahl der Rhön reduzierte sich massiv.
Die herrlichen Zeiten, die Kaiser Wilhelm II den Deutschen versprochen hatte, waren in der Rhön nicht angekommen. Es herrschten Armut und Arbeitsmangel. Die meisten lebten von der Hand in den Mund und versorgten sich halbwegs von ihren kleinen Höfen. Viele junge Männer im heiratsfähigen Alter machten sich mit dem Schiff auf den Weg ins gelobte Land Amerika. Arbeit gab es so gut wie keine und das Land konnte sie nicht mehr ernähren. Selbst der fleißigste Bauer musste das von den Urvätern ererbte Land verlassen und sein Glück in der Neuen Welt suchen, weil ihm

nichts weiter übrig blieb. Sie alle träumten von einem besseren Leben. Von Arbeit und Platz für jeden. Von der Freiheit, zu tun und zu lassen, was man wollte. Aber vor allen Dingen sehnten sie sich danach, sich endlich einmal satt essen zu können. Die Berichte der Ausgewanderten befeuerten diese Sehnsüchte, so dass sich ganze Familien auf den beschwerlichen Weg über den Atlantik machten. Für sie war Amerika das Land ihrer Zukunft.

Weil die Bauern immer weniger Getreide einbrachten, hatte Heinrich weniger Korn zu mahlen. Deshalb hatte er sich voller Zuversicht zusätzlich eine Öl- und Korkmühle zugelegt. Das Geld dazu hatte ihm sein Bruder Karl geliehen. Johann, der nach seinem Militärdienst in Frankfurt viel herumgekommen war, hatte ihm diesen Vorschlag gemacht. Er kannte die Herausforderungen des Betriebs gut, da er vor Jahren auch schon einmal bei ihm gearbeitet hatte. Der junge Mann war technisch interessiert und durchaus kein Taugenichts wie so viele hier im Dorf. Im Gegenteil, er war ein tatkräftiger, ideenreicher Kerl, ein Tüftler und Bastler, und hatte Heinrich schon so manches Mal aus der Patsche geholfen. Aber auch er hatte dem Dorf den Rücken gekehrt. Doch war er nicht nach Amerika ausgewandert, sondern nach Frankfurt gezogen. Dort hatte er mit Hilfe seiner guten Kontakte zu einem Oldenburger Unternehmen eine Korkfabrik gegründet, womit er auch Heinrichs erster Kunde für die neue Korkmühle war.

Und genau dieser Johann war offensichtlich an seiner Nichte interessiert, wie es den Anschein hatte.

Er sah genau, wie sie sich gegenseitig schöne Augen machten, und entnahm ihren Gesprächen, die er heimlich belauscht hatte, dass sie sich auch in Frankfurt immer wieder über den Weg liefen. Das sollte ihn eigentlich nicht kümmern. Aber hier in Tann hatte er die Verantwortung für seine Nichte, solange sie unter seinem Dach zu Besuch war. Und

diese Verantwortung nahm er ernst, er wollte sich keine Vorwürfe seines Bruders anhören müssen.
Einen Heiratskandidaten für seine Tochter Elisabeth hatte er schon länger im Auge. Dessen Vater war der größte Bauer der Kleinstadt Tann in der hessischen Rhön, der ihn seit vielen Jahren mit Korn belieferte. Und sein Sohn würde den Hof einmal erben.
»Diese Verbindung ist das Beste, was unserer Tochter passieren kann«, sagte Heinrich zu seiner Frau. Die wusste natürlich, dass damit auch die Geschäftsverbindung zwischen beiden gesichert war. Sein Sohn Joseph, der das Mühlenanwesen einmal übernehmen sollte, könnte so einer sicheren Zukunft entgegensehen. Also wären zwei Fliegen mit einer Klappe geschlagen.
Umso wichtiger war es, dass seine Tochter einen guten Leumund hatte und sich sittsam benahm. Wenn sie sich auch etwas sperrte. Das spürte er genau. Aber hieran war natürlich Sophie nicht unschuldig, die aus der Stadt kam und seiner Elisabeth Flausen in den Kopf setzte. Sophie war eine widerspenstige Person, die nicht unbedingt immer das machte, was man von ihr verlangte. Immer widersprechend oder altklug daherredend, wurde sie von Elisabeth angehimmelt, und er hatte Mühe, sie nach ihrer Abreise wieder auf den Boden der Tatsachen zurückzuführen. Vor allen Dingen faselte sie neuerdings von den Rechten der Frauen. Dass sich da was ändern müsse. Pah! Blödes Geschwätz! Er war derjenige, der das Sagen hatte. Nur mit seiner ausdrücklichen Erklärung konnte sie aus der väterlichen Obhut entlassen werden.
Nun hatte er zwar gelesen, dass man demnächst die Volljährigkeit von vierundzwanzig auf einundzwanzig Jahre verringern wollte und dass damit die elterlichen Rechte endeten. Ja, sogar die Herausgabe seines Vermögens konnte man dann verlangen. Das fand er zwar skandalös, aber was

konnte er schon daran ändern? Zum Glück brauchte man noch die ausdrückliche Erklärung, dass man aus der väterlichen Vormundschaft entlassen worden war. Und diese Möglichkeit wollte er auf jeden Fall für seine Interessen ausnutzen. Am besten wäre es, wenn Elisabeth bis zu diesem Zeitpunkt verheiratet sein würde, dachte er, bevor er das Tor zur Mühle verschloss.

Sophie und Elisabeth

»Mutter, hörst du mich?«, flüsterte es vor dem Küchenfenster.

»Bitte, lass uns schnell herein, damit uns der Vater nicht sieht.«

Margarete erkannt die ängstliche Stimme ihrer Tochter sofort und beeilte sich, die Seitentür zum Hof zu öffnen. Elisabeth und Sophie huschten herein und setzten sich auf die warme Ofenbank. Sie sahen völlig verfroren aus und rieben sich die eiskalten Hände über dem Ofen.

»Wo wart ihr nur so lange? Der Vater ist schon ganz wütend. Er hat euch gesucht!«

»Spazieren!«, antwortete Elisabeth knapp und schaute zu Boden, während Sophies Gesicht rot anlief. Ihre Verlegenheit war ihr anzusehen, so dass ihre Tante gleich wusste, wo sie gewesen waren.

»Johann!« Missbilligend schüttelte sie den Kopf. Sophie nickte nur.

»Er hat uns die neue Antriebswelle für die Korkmühle vorgeführt und gesagt, dass das Mahlgut mit einem Förderband gleich in Säcke gefüllt werden kann. Das will er dem Onkel und Joseph morgen vorführen. Da war auch ein Mann aus Hamburg dabei, der uns ganz begeistert die Maschinen erklärt hat. Er will sich noch heute Abend mit Johann im Gasthaus treffen. Wir mussten ja schnell nach Hause und

konnten nicht weiter zuhören. Aber Johann ist schon ein toller Mann!«
Dass sie danach noch etwas an der Ulster entlangspaziert waren, verschwieg sie geflissentlich.
Sophie strahlte, als sie von Johann erzählte, und Margarete wusste genau, was in dem Mädchen vor sich ging. Auch sie mochte Johann gern. Aber ihr Schwager wollte vorerst nichts davon hören. Er hatte andere Pläne mit Sophie. Von einem reichen Frankfurter Kaufmann war da die Rede. Aber wie sie Sophie einschätzte, dürfte sich der Schwager die Zähne an ihr ausbeißen. Zumal sie wusste, dass er leicht um den Finger zu wickeln war und seinen Töchtern keinen Herzenswunsch abschlagen konnte. Da ist mein Heinrich wohl genau das Gegenteil, dachte sie bedauernd und bereitete weiter das Abendessen vor.

Johann beim Wirt

»Bringt uns noch ein Bier, Herr Wirt!«, rief Johann zum Tresen und hob sein leeres Glas in die Höhe.
»Sehr wohl, Johann!«, antwortete der Wirt, ohne seine Augen und Ohren vom Gespräch abzuwenden. Zu neugierig war er, was an dem Tisch mit dem Fremden aus Norddeutschland vor sich ging. Wann kam schon mal ein Gast in dieses verlassene Nest? Und dass hier etwas Außergewöhnliches besprochen wurde, war ihm schon bald klar. Vorsichtig und leise, um ja nichts zu verpassen, goss er zwei neue Gläser voll.
»Und wann bist du wieder in Lissabon?« Johann sah den Hamburger erwartungsvoll an.
»Schon bald. Ich habe eine Lieferung abzugeben und einzurichten. Eine deutsche Antriebswelle, ähnlich der, die ich gerade dem Müller geliefert habe.«
»Ah, dann arbeiten sie dort jetzt auch mit deutschen Wellen.

Das ist sehr interessant. Denn soweit ich weiß, haben sie zuvor nur amerikanische und englische Werkzeugmaschinen gekauft.«

Der Hamburger lächelte. »Ja, Deutschland ist im Kommen! Wie laufen denn deine Geschäfte so in Frankfurt?«

Er bewunderte den jungen Mann, der mit seinen achtundzwanzig Jahren schon so viel auf die Beine gestellt hatte.

»Sehr gut! Ich habe bereits einen Laden in der Stiftstraße eröffnet. Meine Korkproduktion ist in der Gausstraße. Seit ich die neue Korkschneidmaschine aus Oldenburg von dir habe, konnte ich meine Produktion enorm steigern. So kann ein Mann am Tag rund fünfzehntausend Korken fertigen, vorher waren es mit dem Korkenhobel per Hand nur so um die zwölfhundert pro Schicht. Das ist eine beachtliche Verbesserung und außerdem viel exakter. Dennoch habe ich weiterhin einige Bauern als Heimarbeiter beschäftigt. Wenn es weiterhin so gut läuft, kaufe ich vielleicht noch ein paar Maschinen dazu und stelle mehr Arbeiter ein. Du kannst also schon bald wieder mit einer neuen Bestellung von mir rechnen. Ich verkaufe nun nicht mehr nur Korken, sondern fertige auch Schuhsohlen, und demnächst vielleicht auch Dämmstoffe. Deshalb habe ich ja den Müller hier überredet, sich zusätzlich eine Korkmühle aufzubauen. Ich bin sein erster Kunde. Er nimmt mir dann die ganzen Korkabfälle ab und zerkleinert sie für mich. Und die Korkabfälle kann ich zudem viel billiger einkaufen. Das musst du mir noch vermitteln.«

Der Hamburger schaute Johann anerkennend an. Er belieferte ihn als Agent schon seit einiger Zeit mit Kork aus Portugal und war beeindruckt, mit welchem Elan der junge Mann nach seinem Militärdienst seine Firma aufgebaut hatte. Der Hamburger war nicht nur für eine Oldenburger Firma als Vermittler tätig, sondern auch für einen der größten portugiesischen Korkhersteller, die O. HEROLD Company aus Barreiro bei Lissabon, die eine Niederlassung in Hamburg betrieb. So hatte er nicht nur die nötigen Werkzeugmaschinen, sondern auch das Rohmaterial für diesen Industriezweig in seinem Programm. Er reiste mittlerweile durch ganz Deutschland von Kunde zu Kunde und machte gute Geschäfte. Ein- bis zweimal im Jahr besuchte er die O. HEROLD Company direkt in Barreiro bei Lissabon, was immer eine aufregende Reise für ihn war. Der persönliche Kontakt zum Direktor Albrecht von Koss, der zum Glück Deutscher war, zahlte sich aus und war ihm wichtig. Zudem gab es so keine Sprachprobleme und er war stets ein gern gesehener Gast.

Die Portugiesen verschifften den Rohkork mit der Oldenburgisch-Portugiesischen Dampfschiffs-Rhederei (OPDR) vom Lissabonner Hafen nach Hamburg und Antwerpen. Die Reederei hatte auf der Hinfahrt für die Portugiesen Glas an Bord. Die Transitzeit einer Route betrug für die Dampfschiffe neunundzwanzig Tage. Von Hamburg oder Antwerpen aus wurde die Fracht weiter mit Schiffen verteilt. So kam der Kork per Schiff und Bahn auch zu Johann nach Frankfurt am Main.

»Wenn du willst, könnte ich dich ja mal nach Portugal mitnehmen. Lissabon ist eine faszinierende Stadt. Dann das prächtige Wetter und das Meer!«, schwärmte der Hamburger. »Dort kannst du dir die Korkfelder aus der Nähe anschauen, das ist wirklich beeindruckend.«

»Fährst du immer mit der Eisenbahn?«

»Ja, das ist eine hochinteressante Fahrt. Von Frankfurt aus gehts über Spanien nach Portugal. Man muss zwar einige Male umsteigen, aber das ist umso abwechslungsreicher.«

»Wenn es bei mir richtig gut läuft, würde ich das gern einmal machen.«

Sie unterhielten sich noch eine Weile über technische Details der neuen Antriebswelle, und Johann erzählte be-

geistert von den neuen Ideen, die er tagtäglich austüftelte.
»Was hast du eigentlich vor deiner Militärzeit gemacht?«
»Ich war ein paar Jahre auf Wanderschaft in etlichen Unternehmen und habe mir viele Kenntnisse angeeignet. Zuletzt war ich in der Oldenburger Korkindustrie beschäftigt. Dort haben wir uns ja auch kennengelernt. Ich habe alles über die Korkverarbeitung gelernt und hier habe ich auch die Meyer'sche Korkschneidmaschine, die mir heute so gute Dienste erweist, bedient. Das war sehr interessant und ich konnte viel dazulernen. So habe ich eine vorzügliche Ausbildung genossen, und ich dachte mir, warum sollst du das nicht auch selbst machen?«
Sie nahmen beide einen großen Schluck aus ihren Gläsern und Johann erzählte weiter.
»Da ich einen älteren Bruder habe, war von Anfang an klar, dass er den elterlichen Hof erben wird. Der Hof ernährt zurzeit nicht mal eine Familie ausreichend. Die Ernten der vergangenen Jahre waren sehr schlecht, deshalb verdienen sich mein Vater und mein Bruder mittlerweile bei mir als Korkschneider etwas dazu. So kann ich die Familie gut unterstützen.«
»Und was ist mit der Müller-Mühle? Wer führt die später mal weiter?«
»Der Müller hatte vier Kinder. Einen Jungen und drei Mädchen, von denen zwei schon früh an der Cholera verstorben sind. Auch ich hatte noch eine Schwester. Sie ist mit vier Jahren an Masern gestorben. Diese Kindersterblichkeit findest du fast in jeder Familie hier in der Rhön.«
Johann seufzte auf.
»Der Sohn des Müllers heißt Joseph. Er ist erst siebzehn Jahre alt und wird die Mühle einmal erben. Leider hat er bisher noch wenig Kenntnisse. Deshalb habe ich den Müller immer etwas unterstützt, wenn ich vor Ort war, und er hat es mir großzügig gedankt. Seine Tochter Elisabeth soll den

größten Bauern von Tann heiraten. Das hat mir der Müller erzählt. Aber die sperrt sich noch etwas.«
Er lächelte.
»Ist sie hübsch?« Der Hamburger grinste.
»Nicht so hübsch wie Sophie!«
»Wer ist denn diese Sophie?«
»Das ist ihre Cousine aus Frankfurt. Die Tochter vom jüngeren Bruder des Müllers, der in Frankfurt einen florierenden Wein- und Gewürzhandel betreibt. Und genau die will ich bald heiraten!«
Nun beugte sich Johann ganz nah zu dem Hamburger heran, um ihm leise zuzuflüstern: »Aber das darf noch keiner wissen, weil sie einem anderen versprochen sein soll. Sie will aber nur mich!«
Er schmunzelte beziehungsreich, so dass der Hamburger lachen musste.
Johann schaute sich um, um zu kontrollieren, ob der Wirt auch nichts gehört hatte.
»Und wie willst du das anstellen? Wenn es die Hübschere der beiden jungen Frauen ist, die ich heute Morgen auf dem Hof der Mühle gesehen habe, dann ist es eine mit einem ganz eigenen Köpfchen, wie ich feststellen musste.«
»Ja, sie ist ein kleiner Dickkopf! Sie weiß genau, was sie will. Und sie will mich!«, lachte er erneut.
»Wir warten noch, bis das neue Jahrhundert anfängt, dann wird Sophie fünfundzwanzig und ihr Vater muss nicht mehr in die Heirat einwilligen. Das wird zwar noch allerhand Ärger geben, aber das ist uns egal.«
»Na, dann viel Glück, Johann!«, meinte sein Gegenüber und hob sein Glas, um mit ihm anzustoßen.
»Ich bin nächsten Frühsommer wieder hier und fahre anschließend nach Portugal. Vielleicht wollt ihr mich ja begleiten und eure Hochzeitsreise in Portugal verbringen. Dann könntest du es mit einem Besuch der O. HEROLD

Company verbinden.« Johann strahlte. Ja, genau das hatte er vor und wollte Sophie damit überraschen.
»Herr Wirt, noch mal dasselbe!«, rief er. Der Wirt hatte es aufgegeben zu lauschen. Was er verstanden hatte, reichte ihm jedoch aus, um zu wissen, worum es ging.
Wieder einer, der die Rhön verlassen hat und nicht wiederkommt, dachte er betrübt. Bald würde das Wirtshaus leer sein. Aber war es denn ein Wunder? Die Rhön war das Armenhaus Deutschlands. Die Hungersnöte der vergangenen Jahre, dann noch die vielen Krankheiten wie Scharlach, Keuchhusten, Cholera, Blattern und Masern, all dies hatte dazu geführt, dass viele Orte der Rhön kaum gewachsen waren. Die Missernten, die kalten Winter, die nassen Sommer und die kargen Böden waren schuld daran, dass die Bauern bettelarm waren und das Brot nicht über Nacht hatten. Oft reichte es nicht einmal für einen Löffel Leinöl zu den Kartoffeln. Hinzu kamen die Landflucht in die Städte und die vielen Auswanderungen nach Amerika oder Australien.
Dabei ist unsere Rhön doch so schön. Unsere wunderschöne Landschaft anmutig im Wiesengrund der Ulster und der letzte Zipfel Hessens, sinnierte er. Und wenn er an den Großbrand vom 12. Mai 1879 dachte, dem massenhaft Wohnhäuser und Scheunen, ja sogar die alte Stadtkirche zum Opfer gefallen waren, dann packte ihn heute noch das kalte Grausen. Zum Glück hatten sie die Stadtkirche wieder neu aufgebaut.
»Ach ja«, seufzte er leise und schenkte den Gästen neues Bier ein.
Er selbst war schon zu alt zum Weggehen. Und sein Sohn, der Handwerksgeselle war, machte auch schon hin und wieder Andeutungen, dass er auf Wanderschaft gehen wolle. Das war ja auch notwendig. Das sah er ein, denn Wandern war wichtig für ihn, um seinen Wissenstand zu erweitern.

Einige aus der Gegend gingen sogar als Saisonarbeiter bis nach Holland zum Torfstechen. Aber dann war er ganz allein. Sein Weib war vor ein paar Jahren an der Tuberkulose gestorben. Nun würde er ihr gern schon bald auf den Friedhof von St. Nikolaus nachfolgen, so hoffte er.

Der Dännerhof

Der Dännerhof war ein typischer Rhöner Bauernhof. Er war angelegt als großer Dreiseithof mit einem zweigeschossigen Wohnhaus nebst Stallungen, erbaut Anfang des 19. Jahrhunderts vom Vater des jetzigen Bauern Johannes Dänner. Die Liegenschaft umfasste zudem eine Scheune mit Schafstall, ein sogenanntes Auszugshaus – ein kleines Fachwerkhaus, das die Altenteilwohnung enthielt – eine Werkstatt und einen weiteren kleinen Stall.
Der Hof lag unweit des Flüsschens Ulster, eingebettet in Felder und Wiesen, in sicherer Höhe vor Hochwasser geschützt.
Obwohl der Bauer zu den wohlhabenderen Rhöner Landwirten gehörte, war auch hier zu sehen, mit welch widrigen Umständen die Betriebe in der Region zu kämpfen hatten. Die Ernte brachte nur wenig Erträge, so dass der Bauer einige seiner Milchkühe an den Schlachter verkaufen musste, um einigermaßen über die Runden zu kommen. Deshalb standen nur noch zehn Melkkühe im Stall, zwei Pferde und ein Fohlen. Im Schweinestall gab es zehn Schweine, im Schafstall lagen zwanzig Rhönschafe, die für das raue, feuchte Klima wie geschaffen waren. Weiter gab es noch eine große Schar von Hühnern, die frei über den Hof liefen. Ein großer Gemüsegarten, der gehegt und gepflegt wurde, sicherte die Vorräte für den Winter. Es wurde eingekocht, was möglich war. Kohl wurde als Sauerkraut eingestampft, Schinken geräuchert, Kartoffeln und Äpfel eingelagert,

denn der Winter hier in der Rhön war lang und kalt. Die Küchenmagd war rund um die Uhr damit beschäftigt, für das leibliche Wohl zu sorgen, und ging ihren Pflichten mit Eifer nach, denn nichts fürchtete sie so sehr wie den Zorn des Bauern.
Selbst das Mehl war in diesem Jahr knapp, man musste dazukaufen, um die hungrigen Mäuler des Hofes zu stopfen. Drei Mägde und zwei Knechte mussten miternährt werden, von der Familie des Bauern ganz abgesehen. So war Johannes Dänner nicht sehr unglücklich darüber, dass sich sein Sohn Johann in Frankfurt niedergelassen hatte, zumal er ihm für den Winter die Heimarbeit mit dem Korkschneiden übertrug. Dafür spannte er sein ganzes Gesinde mit ein und konnte so den Winter finanziell einigermaßen gut überstehen. Sein ältester Sohn Ludwig, dem er den Hof schon bald übergeben wollte, erwartete mit seiner Frau Berta sein erstes Kind. Das war für Johannes Grund genug, in die Altenteilwohnung überzusiedeln, und insgesamt etwas kürzerzutreten. Seine Knochen schmerzten nach langer schwerer Arbeit immer mehr und er vermisste die Pflege seiner Frau, die bereits vor einigen Jahren an einer Lungenentzündung verstorben war. Still saß er in seinem Ohrensessel und sah sich in der *guten Stube* um. Sie war voll schöner, von Hand gearbeiteter Möbel aus Kirschbaumholz und ein großer ovaler Tisch mit hohen Lehnstühlen schmückten den Raum als Insignien besserer Zeiten. Das könnten wir uns heute gar nicht mehr leisten, dachte er resigniert und dämmerte ganz langsam in ein Mittagsschläfchen hinüber.

Der Weg entlang der Ulster

Nachdem sich Johann von dem Hamburger verabschiedet hatte, machte er sich zu Fuß auf den Heimweg nach Gün-

thers. Der Ort lag rund drei Kilometer von Tann entfernt, und zur Grenze nach Thüringen waren es auch nur wenige Kilometer.
Schnellen Schrittes wanderte Johann westlich der Ulster entlang. Der Mond beleuchtete den Heimweg und Fledermäuse huschten über den Nachthimmel. Er passierte eine Kuhherde, die friedlich auf der eingezäunten Wiese lag. Ihr gegenüber lagen Schafe hinter einem Gatter. Die Luft war herrlich frisch und es duftete nach Heu aus den Scheunen und frisch geschlagenem Holz, mit dem die Bauern ihre Stuben heizten und ihre steinernen Backhäuser befeuerten. In der Ferne bellte ein Hund, aber ansonsten war eine Stille, wie er sie aus seiner neuen Heimat Frankfurt nicht gewohnt war. Dort pulsierte das Leben bis spät in die Nacht und absolute Stille gab es so gut wie gar nicht.
Johann ging das Gespräch mit dem Hamburger nicht aus dem Kopf. Eine gemeinsame Reise nach Lissabon! Das wäre ein wundervolles Geschenk für Sophie, die immer wieder von fernen Ländern träumte! Dass er Sophie im nächsten Jahr heiraten wollte, das stand für ihn fest, und Sophie wollte das auch. Beide waren sich sicher, Sophies Vater umstimmen zu können. Schließlich war sein Schwiegersohn in spe kein einfacher Bauer mehr, sondern nannte sich nun stolz Korkfabrikant und hatte es bereits zu etwas gebracht. Da konnte sich Karl Müller doch nicht widersetzen. Sie liebten sich und Johann durchströmte ein Glücksgefühl, wenn er nur an Sophie dachte. Nur ein paar Mal hatten sie sich schüchtern geküsst. Mehr wagte er nicht, wenn es ihn auch noch so sehr nach ihr verlangte. Aber von einer ehrbaren deutschen Frau wurde erwartet, dass sie unberührt in die Ehe ging. Männern hingegen wurde angeraten, sich möglichst vielseitig sexuelle Kenntnisse anzueignen. Und diesen Rat hatte er schon einige Male nur allzu gerne befolgt.

Sophies quirlige Art, ihre Neugier und ihr Mut gefielen ihm. Aber auch ihre Eleganz und Schönheit entzückten ihn stets aufs Neue. Zudem hatte er Hochachtung vor ihrem wachen Geist. Wie oft hatten sie sich in langen Gesprächen über die Rolle der Frau unterhalten. Sophie las Schriften des Bundes Deutscher Frauenvereine und rebellierte gegen die dominante Männerwelt. Die Befehlsgewalt des Familienoberhauptes stellte sie infrage und die Unterwürfigkeit der meisten Frauen Männern gegenüber lehnte sie ab. Sie wollte mehr Gleichberechtigung und verband ihre Bemühungen mit der Hoffnung für mehr Rechte der Frauen, um damit eine unmittelbare Erleichterung und Verbesserung des Alltagslebens zu erreichen. Sie scheute sich nicht, selbst mit ihrem Vater hitzige Debatten zu führen, die er meist mit einem deutlichen *Himmel, Herrgott, Sakrament noch mal* abbrach.
Wenn sie auch manchmal über das Ziel hinausschoss, teilte Johann doch einige ihrer Ansichten. Nach der Hochzeit wollte sie ihn unbedingt in seiner Fabrik unterstützen und nicht nur als repräsentative Gattin den Haushalt organisieren und mehrgängige Diners servieren. Sie wollte mehr! Ein echter Partner für ihn sein, wohl auch, weil sie spürte, dass auch Johann bereit war, neue Wege zu beschreiten. Warum auch nicht? Auch wenn die kaiserlichen Gesetze es bestimmten, dass die verheiratete Frau ohne Zustimmung des Mannes weder arbeiten noch über Geld verfügen durfte, war er ja dann ihr Mann und konnte dem zustimmen. Sophie wollte nach ihrer Rückkehr nach Frankfurt sofort mit ihrem Vater über ihn und seine Absichten sprechen.
Ein neues Jahrhundert stand vor der Tür und die Feierlichkeiten sollten auf Befehl Seiner Majestät des Kaisers ganz besonders feierlich begangen werden. Deshalb wurden sie auch von Seiten der Stadt Frankfurt in großem Stil geplant. Johann wollte unbedingt gemeinsam mit Sophie die Silves-

terandacht in der Kirche besuchen, in der auf das verflossene Jahrhundert mit seinem gewaltigen Fortschritt und seinen großen Errungenschaften zurückgeschaut werden sollte.
Lächelnd und voller Vorfreude auf die Zukunft kam er auf dem Dännerhof an. Er begab sich sofort in den warmen Wohnraum und setze sich an den schweren Eichenholztisch.
»Frieda, gibt es noch etwas zu essen?«, rief er in die Küche.
Der Vater und der Bruder mit Frau waren bereits im Bett, sie mussten in aller Frühe wieder aus den Federn, um das Vieh zu versorgen.
Die alte Küchenmagd eilte herbei und servierte ihm mit ihrer von langer Hausarbeit schwer gezeichneten Hand trotz später Stunde eine ordentliche Mahlzeit. Danach räumte sie noch die Küche auf und wischte alles blitzblank, bevor auch sie in ihre karge Kammer ging. Es war für alle ein langer Tag gewesen.
Müde und gut gesättigt erhob sich nun auch Johann, um zu Bett zu gehen. Aber zuvor pflegte er noch ausgiebig seinen Kaiser-Wilhelm-Bart mit einer duftenden Barttinktur und band sich eine Dampfbartbinde um, damit er seinen aufwärts gezwirbelten Schnauzbart am nächsten Morgen wieder in voller Pracht vorzeigen konnte. Schließlich wollte er seiner Sophie doch gefallen.

Erstes Kennenlernen

Johanns Korkladen in der Frankfurter Stiftstraße lief gut. Die Innenstadtlage war die beste Wahl gewesen; so konnte er auch viele zufällig vorbeikommende Kunden gewinnen. Heute hatte er seinen Laden auf Hochglanz polieren lassen, denn sein Schwiegervater in spe hatte sich mit seiner kompletten Familie angemeldet. Sie wollten alle seinen Laden

besichtigen, nachdem er offiziell um die Hand von Sophie angehalten hatte.
Sophie hatte es geschafft, ihren Vater umzustimmen, und hatte Johann in den höchsten Tönen gelobt. Dass seine Tochter einen eigensinnigen Charakter hatte, wusste Karl Müller schon lange. Sie löcherte ihren Vater gern mit Fragen. Warum sollen Töchter nur sittsame Hausfrauen werden? Warum dürfen Männer über ihre Frauen entscheiden? Warum haben Frauen kein Wahlrecht? All diese Fragen waren für sie recht unbefriedigend beantwortet worden, so dass sie gleich nach ihrem einundzwanzigsten Geburtstag Mitglied in einem Frauenverein wurde, wo sie mit Gleichgesinnten über die Zukunft der Frauen diskutierte. Deshalb war ihr Vater ganz froh, dass der ganz passable Johann um die Hand seiner Tochter angehalten hatte. Das Leben als Ehefrau würde sie bestimmt auf andere Gedanken bringen, und wenn dann auch noch Kinder kamen, würden ihr die Flausen schon vergehen.
Karl Müller kannte den jungen Johann bereits durch seinen Bruder und wusste, dass er ein aufstrebender, tüchtiger Mann war, der jetzt schon bewiesen hatte, dass er imstande war, eine Familie zu ernähren. Zudem spürte er auch, dass sogar die große Liebe im Spiel war, was bei den meisten der Ehepaare, die er kannte, weniger der Fall war. Da konnte er doch den strahlenden Augen seiner Tochter nicht widerstehen, zumal ihn auch seine Frau zustimmend anlächelte. Kurz, er warf das Handtuch und willigte ein. Schließlich wollte er kein Unmensch sein. Zum Lohn gab es wilde Umarmungen seiner Tochter und dicke Küsse links und rechts, die sein Vaterherz mit Freude erfüllten.
Johann war sehr nervös. Ständig zwirbelte er an seinem Bart herum und ließ die Ladentür nicht aus dem Auge.
»Anna, haben Sie die Gläser bereit?«, fragte er seine Verkäuferin und rückte den kleinen Tisch etwas mehr in die

Mitte des Raumes. Er wollte seine Besucher mit einem Glas Wein willkommen heißen und hatte deshalb extra Bordeaux-Wein von der Firma Deumer, dem General-Agenten für französische Weine auf der Zeil, kommen lassen. Dazu Bonbonnieren der Schokoladenfabrik Gebr. de Giorgi vom Liebfrauenberg. Also alles vom Feinsten, denn er wollte sich nicht blamieren.

Als die Kutsche dann endlich vorfuhr, warf er einen letzten prüfenden Blick durch den Laden, bevor er mit einem Lächeln auf den Lippen schwungvoll die Ladentür öffnete.

Mit stramm sitzendem Überrock und einem schneidigen Schnurrbart, kam ihm selbstbewusst sein zukünftiger Schwiegervater entgegen. An seinem Arm seine Frau Adelheid mit ausladendem Hut und wärmendem Umhang. Beide waren in Schwarz gekleidet. Ihnen folgten die drei noch ledigen Töchter in langen Kleidern mit kleinen Strohhütchen auf dem Kopf, jeder mit einem andersfarbigen Hutband versehen. Die jungen Damen flüsterten miteinander und kicherten, so dass Johann ihnen etwas eingeschüchtert entgegentrat.

»Ich bin beeindruckt, mein Lieber!«

Karl Müller zwirbelte an seinem Bart und durchschritt interessiert den Laden. Er schaute sich jede Kleinigkeit genau an, während die Damen eine neapolitanische Krippenlandschaft aus Kork bewunderten, die Johann vor kurzem als Dekorationsobjekt erworben hatte. Er wollte damit demonstrieren, was man alles mit Kork anfangen konnte. Viele berühmte Architekten benutzen Kork zum Beispiel für ihre Entwurfsmodelle. Aber auch Schwimmhilfen, Einlegesohlen als Kälteschutz oder Wärmeisolierung für Wände stellte er zur Schau.

»Man kann aus Kork nicht nur Flaschenkorken fertigen«, erklärte er selbstsicher.

»Seit einigen Jahren wird Kork sogar in größerem Stil für die Produktion von Linoleum verwendet. Deshalb habe ich auch Ihren Bruder Heinrich Müller dazu überredet, seiner mit Wasserkraft betriebenen Getreide- und Ölmühle zusätzlich eine Korkmühle anzugliedern, die den Korkabfall zu Korkschrot oder Korkmehl verarbeitet. Ich kaufe den Abfall auf und gebe meine Abfälle dazu. Das schicke ich ihm dann zu seiner Mühle und er mahlt alles klein, füllt es in Säcke und wir schicken es dann zu den Delmenhorster Linoleumwerken, die es weiterverarbeiten. Die haben alle Maschinen dafür. Ich selbst stelle in meiner Korkfabrik nur kleinere Teile wie Korkstopfen und Einlegesohlen her. Die Nachfrage nach Korken ist groß und durch die neue Maschine konnte ich die Produktion verzehnfachen.«
Karl Müller war beeindruckt. Er hätte nicht gedacht, dass das Korkgeschäft so eine breit gefächerte Sache war. Auch die Damen machten große Augen und Sophie strahlte ihn glücklich und stolz an.
Johann fühlte sich erleichtert und wurde spürbar selbstbewusster. Er bot seinem Besuch den Bordeaux an und hielt den Damen die Bonbonniere hin, die es sich entzückt von den Köstlichkeiten nicht zweimal sagen ließen und begeistert zulangten.
»Du hast auf der ganzen Linie gewonnen«, flüsterte ihm Sophie beim Abschied glücklich zu.
Draußen rief Johann eine Kutsche herbei, die gerade vorüberfuhr, und man verabschiedete sich herzlich.
»Kommen Sie doch am Sonntag zum Essen, damit wir alles Weitere besprechen können«, sagte Karl Müller noch zum Abschied. Johann stand mit erhobenem Haupt und freudestrahlend vor seinem Laden und winkte den Abfahrenden lange hinterher.

Das neue Jahrhundert

Im Hause Müller war man voll mit den Planungen für die Silvesterfeier beschäftigt. Alle waren völlig aus dem Häuschen, schließlich feierte man nicht jedes Jahr den Beginn eines neuen Jahrhunderts.

Eine handschriftliche Depesche von Oberpräsident von Köller mit folgendem Inhalt wurde an Behörden und Presseorgane im ganzen Land verteilt:

Seine Majestät der Kaiser und König haben mittelst Allerhöchster Ordre vom 11. d. Monats zu bestimmen geruht, dass der zum 1. Januar 1900 bevorstehende Jahrhundertwechsel in feierlicher Weise begangen werde. Ich ersuche in Folge dessen, in geeigneter Weise bei gemeinnützigen Vereinen und auch anderweit auf die Abhaltung von Versammlungen und Vorträgen hinzuwirken, bei denen des zur Neige gehenden Jahrhunderts und der Segnungen, die es unserer Nation gebracht hat, gedacht und namentlich auch auf die glorreiche Leitung unserer Geschicke durch die Preußische Krone hingewiesen wird.

Für den Frankfurter Kaufmann Karl Müller, der ein glühender Verehrer des Kaisers war, war es eine Selbstverständlichkeit, diesem Wunsch zu entsprechen.

Es war vereinbart, dass auch das Personal am 31. die abendliche Silvesterandacht in der Kirche besuchen durfte, um vom alten Jahr und Jahrhundert Abschied zu nehmen. Danach mussten alle wieder geschwind zurück, um für die vielen Gäste die letzten Vorbereitungen zur anschließenden großen Feier zu treffen. Das meiste war bereits vorbereitet. Das Haus blitzte vor Sauberkeit und im Salon war festlich eingedeckt. Das Silber war geputzt, das köstliche Buffet stand bereit, der Sekt war kaltgestellt.

Man erwartete honorige Frankfurter Bürger, meist Geschäftsleute mit ihren Frauen, und auch die verheirateten Töchter mit ihren Familien waren anwesend. Es war geplant, das neue Jahr vom Balkon des Hauses aus zu begrüßen. Von dort hatte man einen guten Blick auf das Treiben in den Straßen, das von der berittenen Polizei überwacht wurde.

Sophie, die in ihrem Zimmer in den Spiegel schaute, war durchaus zufrieden mit ihrem Äußeren. Heute wollte sie ganz besonders hübsch aussehen. Sie trug ein hellblaues, stoffreiches, langes Ballkleid aus fließendem Samt mit vielen Rüschen und Spitze im Oberteil und an den halblangen Ärmeln. Die Spitze hatte ein Blättermotiv und zog sich hoch über den Brust- und Halsbereich, unterbrochen durch Samtstreifen. Dazu ein Seidengürtel, ebenfalls in Hellblau, der im Rücken durch Haken und Ösen geschlossen wurde. Der Rock lief hinten in einer kleinen Schleppe aus. Ihre fast schwarzen Haare hatte sie sich zu einer kunstvollen Hochsteckfrisur flechten lassen, festgesteckt mit einem dekorativen Haarkamm aus imitiertem Schildpatt, der mit Strass-Steinen besetzt war. Sie fand sich selbst umwerfend, auch wenn sie kaum atmen konnte, da ihr das Korsett die Taille einschnürte. Aber wer schön sein will, muss leiden, dachte sie. Sie nahm sich fest vor, ab dem nächsten Jahr die neue Reformkleidung auszuprobieren, die bei den modernen Frauen seit einiger Zeit in aller Munde war und die selbst von den Ärzten empfohlen wurde. Sie hatte sich mit der ihr eigenen Beharrlichkeit durchgesetzt, kein Korsett mehr tragen zu müssen, und trug eingeschnürte Kleider nur noch zu feierlichen Anlässen.

Aber das Aussehen dieser lose von den Schultern herabhängenden Kleidung war gewöhnungsbedürftig.

Auch ihre ledigen Schwestern wurden anlässlich des großen Ereignisses mit wundervollen Kleidern ausgestattet und eine half der anderen beim Zuschnüren der engen Korsetts. Der Vater hatte sich als kaisertreuer Bürger diesen Tag etwas kosten lassen und hatte seine Frau mit den unverhei-

rateten Töchtern in das teure Modegeschäft in der Goethestraße geschickt. Er selbst und sein Sohn zogen wie immer ihren Frack an. Wichtig für einen wohlhabenden Mann war in erster Linie die aufwendige und teure Mode seiner Frau und Töchter.
Johann, der sich ebenfalls im Frack präsentierte, den er sich extra für diesen Tag hatte anfertigen lassen, staunte nicht schlecht, als er seiner Liebsten gegenüberstand. So schön hatte er sie noch nie gesehen. Und die beiden strahlten sich so verliebt an, dass selbst die Dienstboten sich anschubsten und tuschelten.
Den Hochzeitstermin hatten Sophies Eltern auf den 22. Januar festgelegt, nachdem Karl Müller seine Zustimmung zur Heirat gegeben hatte. Da an die hundert Gäste erwartet wurden, hatte man für diesen Tag das ganz in der Nähe gelegene Hotel Milani ausgewählt, das über einen großen Saal verfügte und weit über Frankfurt hinaus bekannt war. Darüber waren seine Frau Adelheid sowie auch das Personal sehr erleichtert, denn das Müller'sche Haus auf der Zeil, in dem im unteren Teil auch noch der Laden war, wäre viel zu eng für so viele Gäste gewesen. Aber heute sollte erst einmal das neue Jahrhundert gebührend begrüßt werden.
Die Kirche war ungewöhnlich gut besucht und der Pfarrer ließ für die Gemeinde die Errungenschaften der letzten hundert Jahre Revue passieren. Nach elf Uhr strömten die Menschen aus allen Ecken der Stadt zusammen und versammelten sich auf den großen Plätzen Frankfurts. In allen Teilen der Stadt wurde ausgelassen gefeiert, und als die ersten Salutschüsse abgefeuert wurden, schrien sich im selben Moment die Menschen donnernde *Prosit Neujahr-Rufe* zu. Die Kirchenglocken läuteten, Musikkapellen spielten den festlichen Marsch *Der Kaiser lebe hoch* und das Spiel tausender Mundharmonikas, Trompeten und Knarren mischte sich dazu. Dazwischen klackerten immer wieder

die Hufe der berittenen Polizei, um die Menschenmenge im Zaum zu halten, denn die ersten grölenden Männer, die bereits drei bis vier Seidel Bier intus hatten, wollten im Auge behalten werden. Hacken knallten, Säbel rasselten und die Hurrarufer, von denen die meisten wohl liebend gern in eine solche Uniform geschlüpft wären, verfolgten die Uniformträger mit leuchtenden Augen. *Es lebe der Kaiser, er lebe hoch, hoch, hoch* drang es erneut durch die Gassen der Stadt.

Auch Sophie und ihre Gäste hatten begeistert das neue Jahr begrüßt und begaben sich nun allmählich zurück zum Haus, um in den privaten Räumen weiterzufeiern. Vom Balkon aus konnten sie noch eine Weile dem Gewimmel auf der Straße zusehen, bevor sich alle am Buffet die köstlichsten Dinge einverleibten.

Zur gleichen Zeit war auch ganz Berlin auf den Beinen. Auch am nächsten Tag wurde aufmarschiert und strammgestanden.

Der Kaiser seine Generäle und Admiräle sowie die Leibregimenter und Leibkompanien samt Fahnen und Standarten hatten sich gegen elf Uhr in der Ruhmeshalle des Zeughauses zum Feldgottesdienst und zur Neuweihe der Fahnen der Regimenter versammelt.

Außer dem Kaiser nahmen alle auf den Knien und mit entblößten Häuptern den Weihespruch des evangelischen Feldpropstes und die Salutschüsse entgegen. Schon gleich danach sprach man auf der Straße von der *Jahrhundertkniebeuge.* Doch dann hielt der Kaiser seine erste Ansprache im neuen Jahrhundert und er donnert den Offizieren seine Vision der Marine-Ära entgegen.

Wie mein Großvater für sein Landheer, so werde auch ich für meine Marine unbeirrt in gleicher Weise das Werk der Reorganisation fort- und durchführen, damit auch sie gleichberechtigt an der Seite meiner Streitkräfte zu Lande

stehen möge und durch sie das Deutsche Reich auch im Auslande in der Lage sei, den noch nicht erreichten Platz zu erringen.
Den anwesenden Admirälen schwoll die Brust und draußen rief die Menge *Hurra*, ohne auch nur ein Wort von der Rede verstanden zu haben. Aber es ging für die Menschen aufwärts, die Löhne stiegen und der Kaiser versprach herrliche Zeiten.

Die Hochzeit

Endlich war er da, der Tag der Hochzeit am 22. Januar 1900! Es war zum Glück recht mild an diesem Wintertag, einige Plusgrade, so dass Sophie ihren schützenden Mantel vor der Kirche gut ablegen konnte, ohne gleich zum Eiszapfen zu gefrieren.
Die Zeremonie fand in einem festlichen Rahmen statt. Nach der standesamtlichen Trauung, die nun Pflicht war, was Otto von Bismarck gegen die katholische Kirche durchgesetzt hatte, damit der Staat eine effektivere Methode der Volkszählung hatte, fanden sich alle in der barocken evangelischen Hauptkirche Frankfurts, der St.-Katharinen-Kirche, ein. Sie lag direkt neben der Hauptwache und schon die Familie Goethe war hier regelmäßig zum Gottesdienst gegangen. Johann Wolfgang war hier getauft und konfirmiert worden.
Die frühere Orgel, auf der im Jahr 1790 Wolfgang Amadeus Mozart aus Anlass der Krönung Kaiser Leopolds II. in Frankfurt gespielt hatte, war kurz vor Ende des 19. Jahrhunderts durch eine neue Stumm-Orgel ersetzt worden, die über mehr Register als die alte verfügte und die nun mit ihrem mächtigen Klang das Gotteshaus durchbebte. Unter Leitung des Organisten Karl Breidenstein gab der kirchliche Gesangverein ein kleines kirchenmusikalisches Kon-

zert, das sich Karl Müller etwas kosten ließ, denn die Mittel der Kirchengemeinde waren begrenzt. Der Pfarrer Wilhelm Basse, der schon seit 1859 die St.- Katharinen-Kirche betreute und der für den Philosophen Arthur Schopenhauer 1860 die Grabrede gehalten hatte, vollzog die Trauung.
Die Braut trug ein kunstvoll gefertigtes weißes Kleid mit einem üppigen Schleier, der von einem Blumengesteck festgehalten wurde. Das war extrem modern, denn bisher war ein schwarzes Brautkleid die Regel. Sophie wollte damit unbedingt ihre fortschrittliche Einstellung demonstrieren und man ließ sie gewähren.
In seinem Frack mit der schwarzen, taillenkurzen Jacke und dem typischen Schwalbenschwanz am Rücken wirkte der Bräutigam daneben ausgesprochen edel und klassisch. Die Hose war ebenfalls schwarz und hatte an jeder Außennaht zwei Seidenstreifen. Dazu trug er eine tief ausgeschnittene weiße Frackweste und ein weißes Frackhemd mit Kläppchenkragen. Eine weiße Fliege, weiße Handschuhe und schwarze Lackschuhe vollendeten das Gesamtbild. Laute Orgelmusik begleitete das Brautpaar nach der Trauung nach draußen, wo es mit lautem Jubel und vielen Segenswünsche bedacht wurde.
Der Fotograf hatte seine Gerätschaften bereits am Ausgang platziert. Voller Eifer fotografierte er das Brautpaar in allen erdenklichen Posen.
Die bereits vorgefahrenen, reich geschmückten Kutschen brachten das Brautpaar und die Gäste zum nahegelegenen Hotel Milani auf der Frankfurter Zeil. Dort hatte sich auch die Verwandtschaft aus der Rhön für ein paar Tage einquartiert. Der Speisesaal war festlich eingedeckt und bot für an die fünfzig Gäste Platz. Beim Einzug des Brautpaares spielte ein kleines Orchester den Hochzeitsmarsch und eifrige Kellner beeilten sich, die festlich gekleidete Gesellschaft mit einem Glas Champagner zu bedienen. Man stieß

auf das Glück des Paares an. Unter lautem Beifall riefen alle: »Das Brautpaar lebe hoch, hoch, hoch!«
Nachdem die Gäste von den Kellnern an ihre vorgesehenen Plätze geleitet worden waren, hielt der Vater der Braut eine recht lange, aber humorvolle Rede. Nach der Gratulationscour und dem Hochzeitstanz konnte das bereitstehende Personal endlich mit dem Servieren des Hochzeitsmahls beginnen.
Es wurden die köstlichsten Speisen dargeboten, die Karl Müller zum Teil von seinen ausländischen Lieferanten bezogen hatte. Das Hotel bemühte sich ganz besonders um seine Gäste. Man kannte den Brautvater gut und bezog viele seiner Delikatessen von seinem Unternehmen, das nur wenige Meter entfernt seinen Laden hatte. Es wurde ein langer Tag mit vielen Reden und das kleine Orchester animierte die Gäste, eifrig das Tanzbein zu schwingen.
Sophie und Johann waren erschöpft und glücklich, als sie endlich in ihrer eigenen Wohnung allein waren, wenn auch Sophie der ersten gemeinsamen Nacht mit Johann etwas ängstlich entgegensah. Ihre Mutter hatte sie in langen intimen Gesprächen über die Pflichten einer Ehefrau informiert. Dass sie jungfräulich in die Ehe ging, war eine Selbstverständlichkeit. Und so unwissend, wie ihre Mutter meinte, war Sophie nun auch wieder nicht. Sie hatte sich heimlich das *Hochzeitsbrevier für Brautleute und Vermählte* von Dr. Karl Weißbrod besorgt, der die Gattenpflichten christlich und ärztlich nach dem neuesten wissenschaftlichen Standpunkt beleuchtete. Sittsamkeit stand dabei an oberster Stelle. Er sprach im Sinne des christlich-konservativen Zeitgeistes inbrünstig *von der Heiligkeit des Ehebettes und der Bedeutung des göttlichen Seid fruchtbar und mehret Euch*. Damit man nicht *sündhafte Leidenschaft und unersättliche Begierde* entwickelte, gab er in seinem Brevier möglichst genaue Anleitungen. Er stellte

klar, dass richtiges Maßhalten im Ehebett angebracht sei und dass stets der Mann und niemals die Frau festlege, wann der Beischlaf stattzufinden habe. Das sei zum einen deshalb, weil Gott das so wolle, zum anderen aber auch, weil *infolge der Überreizung des Gehirns und Rückenmarkes bei allzu häufiger Begattung* dem Mann ernste gesundheitliche Schäden drohten. Die Frau solle sich ihrem Gatten hingegen möglichst immer ohne Ziererei hingeben, sobald dieser danach verlange – um Gottes willen aber nicht direkt zweimal hintereinander, denn das wäre für ihn *nervenmörderisch.* Junge Leute dürften zweimal in der Woche die Ehe vollziehen, nicht mehr ganz kräftige alle zwei Wochen und ältere Leute, wenn überhaupt, noch einmal im Monat.
Sophie, die alles mit großem Erstaunen las, befragte in dieser Angelegenheit auch ihre verheirateten Schwestern, denn das Thema mit ihrer Mutter zu besprechen war ihr doch zu peinlich. Besonders Marie, ihre zwei Jahre ältere Schwester, beruhigte sie in dieser Angelegenheit und lachte.
»Das ist alles halb so schlimm, glaub mir. Wenn du deinen Mann liebst, so wie ich, macht es dir schon bald Freude. Du musst ihn nur bitten, am Anfang nicht zu stürmisch zu sein. Wirst schon sehen, die Liebe ist etwas Wunderbares!«
Und genauso war es dann auch, wie sie schon bald feststellen konnte. Johann war ein rücksichtsvoller Liebhaber, der Sophie einfühlsam in die Geheimnisse der Liebe einführte. Er hatte diesbezüglich ja bereits Erfahrungen sammeln können. Schon bald danach lachte sie über das Brevier und ihre anfänglichen Ängste. Sie fühlte sich immer freier und ungezwungener, wenn sie mit Johann intim war.
Ihre Hochzeitsreise hatten sie zur Freude von Sophie auf das späte Frühjahr verschoben. Johann hatte es tatsächlich wahr gemacht und eine Reise nach Lissabon gebucht. Eine Wohnung hatten sie bereits vor Wochen am Frankfurter Mainufer angemietet und Sophie war mit großem Eifer und

viel Freude dabei, ihr Zuhause mit vielen neuen Möbeln aus einem Frankfurter Möbelhaus einzurichten. Aber auch Möbel aus Johanns alter Wohnung und Sophies Mädchenzimmer wanderten mit ins neue Domizil.
Schon kurz nach der Hochzeit überraschte Sophie Johann mit einem Wunsch. Sie wollte sich unbedingt für einen Stenographie- und Maschinenschreibkurs in der Rackow-Handels-Akademie auf der Zeil anmelden, um das Schreiben mit einer der neumodischen amerikanischen Schreibmaschinen zu erlernen. Sie hatte sich eine solche Maschine schon einmal von dem Hoflieferanten Wilhelm Büttel in der großen Sandgasse vorführen lassen. Nun schwärmte sie Johann vor, wie fabelhaft es wäre, wenn sie das Maschinenschreiben erlernen und ihn dann im Büro unterstützen könnte.
»Stell dir nur vor, man muss nichts mehr mit der Hand schreiben. Man drückt nur auf die einzelnen Buchstaben auf einem Tastenfeld und schon erscheinen sie auf dem Papier. Das ist grandios und macht Spaß!«
Auch Unterricht in allen Handelsfächern könne sie dort erhalten, erklärte sie ihm. Doch zu allem benötigte sie Johanns Einwilligung als Ehemann.
Das fängt ja gut an, dachte Johann belustigt. Der Eifer seiner Frau amüsierte ihn, doch er wollte ihn auch nicht unterdrücken.
»Meinst du nicht, dass das noch etwas Zeit hat? Vielleicht solltest du erst einmal alles hier fertig einrichten und den Haushalt organisieren, was meinst du?«
»Jaja, das habe ich alles im Griff. Das Hausmädchen räumt schon die ganze Aussteuer und die vielen Hochzeitsgeschenke mit mir ein und die Köchin weiß auch schon, was zu tun ist. Ich möchte dich doch so gern unterstützen. Lass mich doch, bitte, bitte ..!«

Dabei schaute sie ihn hingebungsvoll an und spitzte keck die Lippen, so dass er nicht nein sagen konnte. Jubelnd fiel sie ihm um den Hals und küsste ihn überschwänglich.
»Du bist ein Schatz. Wirst schon sehen, dass ich dir eine Stütze sein kann.«
Und so kam es, dass sie schon nach kurzer Zeit ganz passabel Schreibmaschine schreiben konnte. Sie übte in der Schule auf einer Remington und kaufte sich schon bald darauf beim Händler Büttel eine eigene Maschine für zu Hause.
Von da an schrieb sie für Johann alle Korrespondenz und war ihm tatsächlich eine wertvolle Hilfe.

Die Reise nach Lissabon

Es war ein freundlicher Frühlingstag Ende April und Sophie war völlig aus dem Häuschen. Das Reisefieber hatte sie gepackt und sie hüpfte vor Freude durch die Wohnung. Endlich! Endlich war es so weit. Sie waren am Kofferpacken für ihre erste Reise ins Ausland. Und gleich so weit weg von zu Hause!
Sophie wählte wegen der langen Fahrt ein dunkelblaues Kleid mit passendem Mantel. Dazu einen kecken kleinen Hut mit einer Feder und eine lässig übergeworfene Fuchsstola. Den passenden Muff legte sie wieder zurück in den Schrank. Den würde sie in Portugal ganz bestimmt nicht benötigen.
»Wann treffen wir uns denn mit deinem Hamburger Vertreter und wie heißt der eigentlich?«
»Wir treffen uns erst am Bahnhof in Lissabon. Der Hamburger heißt Hinnerk Jansen, du kennst ihn schon. Er hat uns in Tann die Antriebswelle erklärt und ist schon seit einer Woche in Portugal. Er steht in engem Kontakt mit der portugiesischen Korkeichfabrik O. HEROLD & Cie. und will

mir den Prokuristen vorstellen und eine Werksbesichtigung organisieren. Das wird bestimmt interessant. Da können wir dann mal mit eigenen Augen sehen, wie Kork überhaupt abgebaut wird.«

Was er Sophie erst mal nicht erzählte, war, dass Hinnerk Jansen ihm berichtet hatte, dass dort ein technischer Leiter gesucht wurde. Er hatte Johann in den schillerndsten Farben dessen interessante Aufgaben beschrieben und ihm den Posten empfohlen. Begeistert hatte er von Lissabon geschwärmt, von der Nähe zum Meer und von dem fast immer schönen Wetter. Ein Haus, Personal und ein sehr gutes Gehalt würden dort auf den zukünftigen technischen Leiter warten. Dieses verlockend geschilderte Angebot wollte sich Johann erst einmal ganz genau ansehen, bevor er über diese Möglichkeit überhaupt weiter nachdachte. Da er wusste, wie sehr sich Sophie für neue Ideen begeistern konnte, erzählte er erst einmal lieber nichts von dem Angebot.

Johann musste insgeheim lächeln. Sophie war vor lauter Aufregung schon ganz kurzatmig und hatte rote Flecken im Gesicht. Sie lief unruhig im Zimmer auf und ab und die Feder ihres kleinen Hutes wackelte hin und her wie die schnellende Rute eines Hundes.

Als er ihr zurief, es ginge jetzt los, juchzte sie auf und klatschte erregt in die Hände. Er rief das Hausmädchen herbei und wies es an, die Koffer in die Kutsche zu tragen, setzte seinen Hut auf und es konnte losgehen.

Mit voll beladenem Pferdewagen fuhren sie nun Ende April 1900 voller überschäumender Vorfreude zum Frankfurter Hauptbahnhof, um ihr Abenteuer Richtung Süden zu starten.

Die Lokomotive stand bereits auf den Gleisen und blies ihren heißen Wasserdampf in den Himmel. Johann heuerte einen Gepäckmann an, der ihre Koffer zu dem reservierten

Abteil brachte und verstaute. Er hatte für diese Reise an nichts gespart. Schließlich war es ihre verspätete Hochzeitsreise und die Geschäfte liefen gut. Er war durchaus imstande, seiner jungen Frau den Luxus zu bieten, den sie bisher gewöhnt war. Und die lange Reise sollte für sie beide in angenehmer und unvergesslicher Erinnerung bleiben.
Die erste Station ihrer Bahnfahrt war Paris. Es war eine unterhaltsame Reise, da sie die meiste Zeit im Salon des Zuges verbrachten, in angenehmer Gesellschaft mit anderen Reisenden. Sie alle vereinte das erwartungsvolle Gefühl, schon bald in einer fremden Stadt zu sein und spannende neue Eindrücke zu gewinnen. Das Paar an ihrem Tisch, ein Ehepaar aus Darmstadt, wollte die fünfte Pariser Weltausstellung, *die Exposition Universelle de 1900*, besuchen und überzeugte sie, ebenfalls der Weltausstellung einen Besuch abzustatten. Die hatte kurz zuvor begonnen und war schon in aller Munde. Ein Zimmer im Hotel hatte Johann bereits von Frankfurt aus reserviert, da sie sowieso den Eiffelturm besichtigen und sich die Stadt anschauen wollten.
»Die Schau soll etwa zehnmal so groß wie die erste Pariser Weltausstellung von 1855 sein«, schwärmte der Darmstädter. »Und was sie auch unbedingt besuchen sollten, ist das sensationelle Riesenrad mit 100 Metern Durchmesser in der Avenue de Suffren«, ergänzte er begeistert.
Der kleine Ausflug nach Paris war bereits das erste Abenteuer für die beiden, das sie durch die Sprachschwierigkeiten noch zusätzlich amüsierte. Sophie, die ein wenig Französisch sprach, übernahm das Kommando, und Johann hielt sich in dem Gewühl der Menschenmenge dicht neben ihr. Millionen Besucher strömten durch die Stadt, und es war besonders ratsam, seine Wertsachen im Auge zu behalten.
Etwas müde, aber dennoch gutgelaunt, fuhren sie am nächsten Tag weiter Richtung Süden. Entspannt saßen sie sich an

einem kleinen Tischchen gegenüber und genossen den Blick aus dem leicht geöffneten Fenster. Der Zug hielt in Orten mit bekannt klingenden Namen wie Bordeaux und Biarritz. Es war ein sonniger Tag und je südlicher sie kamen, je wärmer wurde es im Abteil. Die grünen Täler der vorbeiziehenden Pyrenäen erinnerten sie sehr an die bayrische Alpenlandschaft. Stellenweise war sogar der Atlantik zu sehen. Letzter Halt in Frankreich war Hendaye. Von dort mussten sie weiter ins baskische Irun und umsteigen in den Sud-Express Richtung Lissabon. Dieser komfortable Luxuszug, der aus einem Salon-, Schlaf-, Speise- und Gepäckwagen bestand, verblüffte und erfreute sie gleichermaßen. Sie zeigten dem freundlichen Schaffner ihre Fahrkarten und mussten sich weiter um gar nichts kümmern. Jeder Handgriff wurde ihnen abgenommen. Sie begaben sich durch die engen Gänge zu ihrem reservierten Schlafwagenabteil. Die Ausstattung war plüschig und die übereinanderliegenden Betten wurden tagsüber nach oben geklappt. Somit konnte man im Abteil auch bequem sitzen. Im kleinen Nebenraum war eine Toilette installiert mit einem Waschbecken, das direkt unter dem Fenster festgemacht war. So konnte man sogar beim Zähneputzen in die langsam vorbeigleitende nordspanische Bergwelt schauen.
Abends aßen sie im Speisewagen, umgeben von portugiesischem und spanischem Gemurmel, das ihnen fremd war. Als die Dunkelheit einsetzte und sie weiter durch die iberische Halbinsel dahinglitten, zogen nur noch dann und wann sekundenlang Lichter aus der Umgebung am Abteilfenster vorbei. Sie schliefen schon bald mit dem monotonen Rattern der Räder in ihren Klappbetten ein, während sie Orte wie Burgos und Valladolid passierten. Ausgeruht und voll freudiger Erwartung, was der Tag wohl bringen mag, erreichten sie am nächsten Tag die älteste spanische Universitätsstadt Salamanca. Hier wurden von den Bediensteten

die Brennstoff- und Wasservorräte für die Dampflok aufgefüllt sowie neue Speisen für das Zugrestaurant eingeladen. So hatten sie etwas Zeit, sich in Bahnhofsnähe die Füße zu vertreten. Sophie kaufte sich einen Fächer und war nun damit beschäftigt, sich ständig Frischluft zuzuwedeln. Es war an diesem frühen Morgen bereits über zwanzig Grad warm, was für sie beide zu dieser Jahreszeit außergewöhnlich war.

»Wenn das so weitergeht, muss ich mir neue Kleider kaufen«, meinte sie augenzwinkernd. »Ich habe gar nichts Sommerliches dabei!«

Johann grinste. Frauen! Na klar, das war für Sophie wieder eine günstige Gelegenheit für einen Einkaufsbummel. Aber es sollte ihm recht sein. Er liebte es, wenn sie ihn so glücklich anschaute.

Als sie den Pfiff des Schaffners hörten, beeilten sie sich, schnell zurück zu ihrem Abteil zu gelangen. Vor lauter Aufregung hatten sie noch nicht gefrühstückt. Deshalb suchten sie umgehend das Restaurant auf und genossen von hier aus eine Weile die Weiterfahrt.

»Bald haben wir es geschafft!«

Johann nickte Sophie aufmunternd zu, die gerade etwas aufgestöhnt hatte und den Eindruck vermittelte, dass ihr so langsam langweilig wurde.

Und tatsächlich schauten sie schon bald auf den gewaltigen, träge zum Atlantik dahinfließenden Tejo. Ein mächtiger blauer Fluss, der hier kurz vor der Mündung ins Meer eine stattliche Breite von zehn Kilometern aufwies. Eine majestätische Schönheit, die vor über einhundertfünfzig Jahren, nach einem gigantischen Tsunami, Boote durch die Luft geschleudert und die Stadt in Schutt, Schlamm und Asche gelegt hatte. Binnen weniger Minuten waren tausende von Gebäuden eingestürzt, und die Herdfeuer der Küchen hatten Feuersbrünste entfacht, die mit ihrer Asche die Sonne ver-

dunkelten. Zehntausende von Menschen fanden damals den Tod.
Heute aber präsentierte sich ihnen der längste Fluss der iberischen Halbinsel bei strahlend blauem Himmel in gleißendem Sonnenschein, und Sophie zeigte begeistert auf die vielen kleinen Segelboote, aus denen die Fischer ihre Netze ausgeworfen hatten. Es war ein reges Treiben auf dem Fluss. Aber auch am Ufer sah man viele Menschen, die Waren hin und her transportierten.

Ankunft in Lissabon

Lissabon, die Stadt der sieben Hügel, wie sie auch genannt wird, zeigte sich den beiden Reisenden von seiner schönsten Seite. Der Lissabonner Bahnhof Santa Apolónia, auf Portugiesisch *Estação de Caminhos de Ferro de Santa Apolónia*, mit dem Tejo auf der einen und dem Burghügel auf der anderen Seite empfing sie mit dem unverwechselbaren Geruch von Fisch und salziger Meeresluft. Das einstöckige Bahnhofsgebäude war 1865 als Kopfbahnhof in der Innenstadt der portugiesischen Hauptstadt eröffnet worden. Der Name Santa Apolónia, zu Deutsch Heilige Apollonia, stammte von einem gleichnamigen Frauenkloster, das sich zuvor auf dem heutigen Bahnhofsgelände befunden hatte.
Santa Apolónia befindet sich in unmittelbarer Nähe zum Ufer des Tejos an der Avenida da India und war zu dieser Stunde schwarz vor Menschen mit Gepäck, die alle nach einem Gepäckträger Ausschau hielten. Johann gelang es, einen von ihnen festzuhalten, und diensteifrig belud dieser seinen Karren mit ihren Gepäckstücken.
Nun zückte Johann seinen Zettel, auf dem er sich das Hotel notiert hatte, und hielt es dem Lissabonner vor die Nase. Das Hotel hieß Avenida Place, lag ganz in der Nähe des Rossio-Platzes und war ihm von Hinnerk Jansen empfohlen

worden, der ebenfalls dort abgestiegen war und mit dem er sich alsbald dort treffen wollte. Der Gepäckträger heuerte routiniert eine Kutsche an und los ging die Fahrt zum luxuriösen Hotel, dessen Charme und einzigartige Eleganz Johann in Erstaunen und Sophie in Verzückung versetzte. Es lag im Zentrum Lissabons, ganz in der Nähe des traditionellen Viertels Bairro Alto. Dieses berühmte Hotel war erst im Jahre 1892 eingeweiht worden und zählte aufgrund seines Glamours und der hohen Qualität seiner Dienstleistungen zu den besten Hotels Europas. Mit seiner außergewöhnlichen Lage zwischen dem eleganten Viertel *Baixa Pombalina* und der Prachtstraße *Avenida da Liberdade*, seiner prächtigen neoklassischen Architektur und der luxuriösen Ausstattung, beeindruckte es die beiden außerordentlich. Sophie wagte erst, als sie allein auf ihrem Zimmer waren, die Frage: »Können wir uns denn überhaupt diesen Luxus leisten, Johann?«
Johann lächelte sie übermütig an.
»Aber ja, wenn schon, denn schon, meine Liebe. Es ist doch unsere Hochzeitsreise! Da soll es uns an nichts fehlen. Und Geld dafür ist da. Uns geht es gut, Sophie. Meine Geschäfte laufen bestens in Frankfurt, die Korkfabrik wie auch der Laden rentieren sich vorzüglich. Also mach dir keine Sorgen. Schließlich soll diese Reise ein unvergessliches Erlebnis für uns beide sein.«
Sophie warf sich fröhlich lachend in seine Arme und küsste ihn überschwänglich, so dass sie beide den Halt verloren und rückwärts auf das große weiche Bett fielen.
Keuchend lagen sie einen Moment regungslos da. Sophie kuschelte sich an Johann und küsste ihn zärtlich. Zu mehr waren sie nicht mehr imstande, denn die Reise hatte sie beide doch ziemlich erschöpft.
»Komm, lass uns lieber auspacken! Ich bin doch mit Herrn Jansen verabredet«, meinte Johann nach einer Weile. »Wer

weiß, wann er sich meldet. Du willst dich bestimmt auch noch frisch machen und ein neues Kleid anziehen!«
Sophie richtete sich langsam auf, warf ihre Schuhe in hohem Bogen von den Füßen und ging tänzelnd zum Fenster.
»Schau nur mal«, rief sie begeistert. »Was für eine phantastische Aussicht über Lissabon! Und dieser blaue Himmel und das helle Licht! Ganz anders als in Deutschland. Alles ist viel strahlender!«
»Ja, wirklich wunderschön!«, meinte auch Johann, der bereits dabei war, im Bad zu verschwinden. Er wollte sich endlich wieder gründlich rasieren und seinen Kaiser-Wilhelm-Bart pflegen. Dieser musste unbedingt gekämmt und in Form geschnitten werden. Seine Bartwichse hatte er bereits in der Hand und seine Bartbinde für die Nacht nahm er auch schon mit. Sophie legte ihm inzwischen frische Kleidung aufs Bett und machte sich daran, auch ihre Sachen zu ordnen. Vor allen Dingen wollte sie sich von ihrer dunklen Kleidung befreien. Hier in südlicher Sonne fand sie ein weißes Kleid passender. Dazu ihren neuen Hut mit den kleinen bunten Federn, den sie sich noch extra vor der Reise gekauft hatte. Gut gelaunt und voller Vorfreude putzte sie sich heraus. Schließlich wollte sie als junge Ehefrau von Johann bei dem Hamburger Jansen einen guten Eindruck machen.

Das Treffen mit Hinnerk Jansen

Sophie und Johann saßen schon eine Weile in den weichen Polstern des riesigen Empfangsraums und bestaunten die phantastische Architektur des hohen Saales mit seiner bleiverglasten Lichtkuppel. Vor ihnen stand eine Etagere mit köstlichem Gebäck, dazu für jeden ein Gedeck aus kostbarem Porzellan mit silbernem Besteck. Sophie saugte alles

wie ein Schwamm in sich auf und überlegte, welche Ideen sie für das eigene Zuhause mitnehmen könnte.
»Da kommt er ja!«, rief Johann plötzlich aus und erhob sich aus seinem Sessel, während Sophie den Hamburger neugierig anschaute. Den habe ich doch schon mal gesehen, dachte sie.
»Willkommen in Lissabon!«, begrüßte Hinnerk Jansen zuerst Sophie mit einem angedeuteten Handkuss, bevor er auch Johann mit einem kräftigen Händedruck willkommen hieß.
»Wie war die Reise?«
»Ein Erlebnis! Wir haben mehrfach Station gemacht, bis wir endlich hier ankamen. Aber es war wirklich schön und sehr interessant. Nun sind wir erst einmal etwas erschöpft und wollen früh zu Bett gehen.«
»Aber vorher werden wir doch noch gemeinsam dinieren?«, fragte Herr Jansen und verbeugte sich vor Sophie. »Ich habe uns nämlich für heute Abend einen Tisch reserviert!«, zwinkerte er ihr zu.
»Aber ja, ich sterbe vor Hunger«, meinte Sophie begeistert. »Sie kennen sich ja hier besser aus als wir. Da sind wir für jede Hilfe dankbar.«
»Aber das hat ja noch etwas Zeit. Wir sollten uns erst etwas die Füße vertreten. Es ist so herrlich mild und ein bisschen was von der Stadt könnten wir uns vielleicht auch noch ansehen«, erwiderte Johann und erhob sich.
Er ging zur Rezeption und bestellte eine Kutsche für eine kleine Stadtrundfahrt.

Das Abendessen

Das Abendessen im Avendi war umwerfend. Herr Jansen hatte alles bis ins kleinste Detail vorbestellt und die köstlichsten landestypischen Speisen in Auftrag gegeben. Sie

wurden von allen Seiten bedient und der Champagner dazu floss reichlich.
Sophie zwinkerte Johann immer wieder zu. Sie war völlig aus dem Häuschen und auch Johann war wirklich beeindruckt von der großartigen Bewirtung. Müde und kraftlos sanken sie in ihre weich gepolsterten Stühle zurück.
»Ich kann nicht mehr!«, stöhnte Sophie und auch Johann ließ erkennen, dass er schon lange nicht mehr so viel gegessen hatte. Zudem machte sich der reichlich getrunkene Alkohol bei beiden bemerkbar, denn schon vor dem Essen war ihnen ein gekühlter White-Port serviert worden, dazwischen immer wieder Champagner und nun genossen sie noch einen Ruby Port zum Dessert. Herr Jansen erklärte ihnen ausführlich die Herstellung des Portweins, der seinen Namen von der portugiesischen Hafenstadt Porto erhalten hatte. Es war ein süßer Wein, ähnlich dem Sherry, der in tulpenförmigen Gläsern serviert wurde, damit man das Aroma mit der Nase besser aufnehmen konnte.
Herr Jansen strahlte. Er freute sich, dass er den beiden mit seiner Einladung einen unvergesslichen Abend bereitet hatte.
»Morgen fahren wir zur Korkfabrik. Sie liegt auf der anderen Seite des Tejos. Der Direktor erwartet uns nach dem Frühstück. Er wird uns persönlich durch seine Fabrik führen und ein Mitarbeiter wird uns anschließend ein wenig das Alentejo-Gebiet zeigen. Ich habe diese Tour schon einmal mitgemacht. Es ist eine faszinierende und wunderschöne Landschaft. Das Gebiet zieht sich bis zur Algave hin. Wir werden aber nur einen kleinen Teil der Korkeichen besichtigen, die unweit der Fabrik stehen. Dieses Gelände ist groß genug für einen halben Tag. Es wird heiß werden in diesem spärlich besiedelten Gebiet. Wir fahren mit einer Kutsche. Also nehmt bitte einen Hut als Sonnenschutz mit und die Dame vielleicht noch einen Sonnenschirm.«

Er lächelte Sophie charmant an und verbeugte sich dabei. »Dann wünsche ich eine erholsame und gute Nacht! Ich werde noch etwas durch die Altstadt streifen.«
Sophie und Johann waren froh, endlich schlafen gehen zu können. Sie waren beide an ihrem Limit angelangt. Die Bahnfahrt, die Stadtbesichtigung und nun auch noch das fulminante Essen. Das war eindeutig genug! Müde und wohlig aufseufzend streckten sie ihre kraftlosen Glieder in dem komfortablen Bett aus und waren schon bald darauf eingeschlafen.

Nächtlicher Spaziergang

Trotz später Stunde wehte noch immer ein laues Lüftchen, als sich Hinnerk Jansen auf den Weg in das *Bairro Alto* machte, ein Viertel mit engen Gassen, in denen das Lissabonner Leben pulsierte. Hier waren die Nachtschwärmer unterwegs und tummelten sich in den zahllosen Kneipen, in denen abends der Fado, die typische Musik Lissabons, gespielt wurde, und man sich kurzweilig vergnügen konnte. Und vergnügen wollte sich Hinnerk schon immer gern. Er war Witwer und für weibliche Reize immer noch sehr empfänglich. Aber die Freizügigkeit weiblicher Wesen fand er nicht unbedingt hier, das wusste er. Da musste er sich in das Labyrinth der engen Straßen und steilen Hügel begeben, in die *Alfama*, das älteste Stadtviertel Lissabons und Armen- und Rotlichtviertel der Stadt. Es war das Armenviertel von Lissabon. In den engen Gassen, den Biegungen und Treppen der Altstadt waren die Dirnen zu Hause, aber auch die Diebe und Tagelöhner, vor denen man sich in Acht nehmen musste. Es war das verrufenste Quartier der Stadt. Da brauchte man einen klaren Kopf. Den hatte er nach dem reichlich geflossenen Alkohol beim Essen aber nicht mehr. Deshalb plante er diesen Besuch erst für morgen, obwohl, wenn er so darüber nachdachte, seine Lust schon groß genug war. Aber nein, er wollte nur zum Fado und sich später geistig ganz auf das morgige Treffen mit einem seiner besten Kunden vorbereiten.

So schlenderte er gemächlich über den in der Nähe gelegenen *Rossio-Platz*, auf dem in den Abendstunden noch ausgiebig flaniert wurde.

Hinnerk wusste, dass hier viele Feste veranstaltet wurden, aber auch viele Grausamkeiten stattgefunden hatten. So war auch die Judenverbrennung Anfang des 16. Jahrhunderts keine rühmliche Erinnerung an diesen Ort. Aber das war Geschichte und interessierte die herausgeputzten Damen und Herren, die hier in kleinen Gruppen zusammenstanden und sich sichtbar gut unterhielten, bestimmt wenig.

Hinnerk betrachtete mit Vergnügen die hübschen dunkelhaarigen Portugiesinnen und freute sich umso mehr auf den morgigen Tag, wenn er die *Alfama* durchstreifen wollte. Zu dem Lokal, das er aufsuchen wollte, musste er nur noch wenige Straßen weiter laufen. Er wusste, dass dort eine besonders attraktive Lissabonnerin servierte, mit der er bereits bei seinem letzten Aufenthalt heftig gescherzt hatte. Er hoffte, sie an diesem Abend wiederzusehen.

Der Ausflug nach Barreiro

Am nächsten Morgen trafen sich alle zum Frühstück im Speisesaal wieder.

Sophie und Johann hatten schon einen Milchkaffee vor sich stehen. Der Kellner brachte gerade frisches Gebäck, ungesalzene Butter, Weißbrot und viel Obst, als der ziemlich verkaterte Hinnerk zu ihnen stieß.

»Guten Morgen!«, sagte er mit einer Verbeugung. »Entschuldigt bitte, dass ich erst jetzt komme, aber es wurde doch etwas später als gedacht«, zwinkerte er Johann zu.

»Ich war im *Bairro Alto* in einem Fado-Lokal, das ich euch unbedingt einmal zeigen muss. Es ist etwas ganz Typisches für diese Stadt und man vergisst hier völlig die Zeit. Die ganze Schwermütigkeit der Stadt spiegelt sich in diesen melancholischen Gesängen wider. Sie werden von einer Fadista vorgetragen und nur von einem Gitarristen begleitet. Gestern Abend nahm mich die von Trauer und Schmerz erfüllte Stimmung völlig gefangen, obwohl ich so gut wie kein Portugiesisch verstehe. Aber die Wehmut dieses Gesanges ergreift jeden. Dieses Erlebnis möchte ich unbedingt mit euch teilen. Ich bin ja nur noch wenige Tage hier in Lissabon.«

Dass er dabei an den Tod seiner geliebten Frau und seines tot geborenen Kindes gedacht hatte, behielt er für sich. Das waren Schmerzen in seiner Brust, die er mit sich selbst ausmachte und die er auch nach vielen Jahren immer noch verspürte.

Sophie hatte ihm staunend und interessiert zugehört.

»Unbedingt! Das musst du uns zeigen, solange du noch da bist!«, meinte sie begeistert und zupfte dabei Johann ausgelassen am Ärmel. Sophie und Hinnerk hatten sich bereits am Abend zuvor das Du angeboten.

Johann nickte nur mit vollem Mund und bat den vorbeilaufenden Kellner um einen neuen Kaffee.

»Wie geht es nun heute weiter?«, fragte er Hinnerk, der sich gerade genüsslich eines der köstlichen Gebäckstücke in den Mund schob.

»Wenn wir hier mit dem Frühstück fertig sind, machen wir uns etwas frisch. Dann laufen wir hinunter zum Tejo und werden dort von einem Boot abgeholt, das uns hinüber nach Barreiro bringt. Der Direktor, Herr von Koss, erwartet uns in seinem Büro. Er wird uns die Fabrik zeigen und wir fahren anschließend mit einer Kutsche in die Korkeichfelder und schauen den Arbeitern bei der Ernte zu.«

»Gut! Dann treffen wir uns hier unten im Salon in zirka 30 Minuten!«, meinte Johann und reichte Sophie den Arm. Gemeinsam gingen sie auf ihr Zimmer, um sich für den bestimmt anstrengenden Tag fertig zu machen.
Hinnerk beendete ebenfalls sein Frühstück und eilte hinauf in sein Zimmer, um sich auf das Treffen vorzubereiten. Er überprüfte noch einmal alle Unterlagen für Herrn von Koss, denn er hatte noch vor wenigen Wochen eine Lieferung der Alfelder Korkwarenfabrik in Auftrag gegeben, die mit dem Schiff bereits angekommen sein musste. Es handelte sich um zehn patentierte Korkschneidmaschinen, die der Besitzer Hermann Meyer erfunden hatte und die er mittlerweile in die ganze Welt verschickte. Hinnerk Jansen hatte die Vertretung dieser Firma übernommen und auch Johann bereits mit einer dieser neuartigen Maschinen beliefert. Diese Schneidmaschinen wollte er den Mitarbeitern der O. HEROLD-Company noch vorführen und sie mit den technischen Details vertraut machen.
Alle drei trafen sich wie vereinbart im Salon des Hotels und begaben sich ins Freie. Es empfing sie ein strahlend blauer Himmel. Die Morgensonne tauchte die Fassade des Hotels in ein milchiges Licht. Sophie war geblendet und spannte schnell ihren Sonnenschirm auf. Gemeinsam überquerten sie zuerst den großen rechteckigen *Rossio-Platz* mit seinem in Wellen verlegten mosaikartigen Boden aus schwarzen und weißen Steinchen, bevor sie in die *Baixa* eintauchten. In diesen geometrisch angelegten Straßenzügen wählte Hinnerk den Weg durch die *Rua Augusta.* Von hier aus hatte man einen wunderschönen Blick auf den großartigen Triumphbogen, der die Straße mit dem *Praça do Comércio* verbindet, einem der prächtigsten Plätze in diesem Bezirk. Hier wurden überwiegend Handelswaren aus den Kolonien angeboten und es herrschte ein reges Treiben. Karren wurden hin und her geschoben und das Geschrei der Händler

war ohrenbetäubend. Matrosen aus aller Herren Länder und Hautfarben vom Weißen bis zum schwarzen Afrikaner, Bettler von abschreckender Gestalt, gut gekleidete Herren, beladene Esel mit ihrem Herrn. Menschen aller Klassen befanden sich in diesem farbenprächtigen Gewimmel.

Sophie sog dieses bunte Bild in sich auf. Ständig zupfte sie Johann aufgeregt am Ärmel, um ihn auf etwas Ungewöhnliches aufmerksam zu machen. Wenn sie sich schon zuvor über die typischen portugiesischen Kacheln, *die Azulejos*, die hier an allen Ecken und Enden, auf Gehwegen, Straßen und an Hauswänden verlegt waren, begeistert hatte, so entzückte es sie nun, dass Frauen auf ihren schwarzen steifen Hütchen Fischkörbe transportierten, die durch keine ihrer Bewegungen verrutschten. Sie balancierten sie eilig voranschreitend mit nackten Füßen sicher durch das Menschengewühl, an ihrer Seite meistens eine Kinderschar. Über ihnen kreisten schreiend Möwen, die nur darauf warteten, einen Fisch zu ergattern. Dazwischen priesen noch Orangenverkäufer lautstark ihre Früchte an. Sie trugen beim Gehen zwei flache Fruchtkörbe, an einem Tragebalken hängend, über ihren Schultern. Die Freundlichkeit, mit der sie ihre Waren anboten, gefiel Sophie außerordentlich.

»Wartet!«, rief sie spontan. »Lasst mich einen Becher Wasser trinken!« Dabei lächelte sie dem Gallegos zu, der mit einem kleinen Wasserfass an ihnen vorbeiwanderte und »Agua!, Aqua!« rief.

Er ließ frisches Wasser in einen Messingbecher laufen und reichte es Sophie, die einen großen Schluck nahm und den Becher an Johann weiterreichte, während Hinnerk das Geld zum Bezahlen bereits in der Hand hielt.

»Schmeckt gut!«, nickte sie dem Wasserträger zu, der sich mit einer Verbeugung bedankte und laut rufend weiterlief.

»Wir sind gleich am Ufer«, meinte Hinnerk, was durch den immer intensiveren salzigen Meeresgeruch, vermischt mit

dem strengen Geruch nach Fisch, deutlich wurde, je näher sie dem Tejo kamen.
Hinnerk führte sie zielsicher durch die Menschenmenge. Zuvor mussten sie noch an einem Schuhputzer vorbei, der acht hohe Stühle nebeneinanderstehen hatte. Auf jedem saß ein Portugiese, der sich die Schuhe putzen ließ und dabei entspannt in die Ferne schaute. Flink und mit knallenden Poliertüchern polierten Knaben mit rasendem Eifer die Schuhe ihrer Kunden, während der Chef danebenstand, alles beobachtete und weitere Kunden anwarb.
Was man dagegen kaum sah, waren wohlgekleidete Damen der besseren Gesellschaft. Als Sophie nachfragte, klärte Hinnerk sie darüber auf, dass sich die Damen aus besseren Kreisen meist in ihrem Zuhause aufhielten und sich nur in ihren Landgütern durch Spaziergänge bemerkbar machten. »Für Einkäufe und dergleichen haben sie ihr Personal. Es ist ihnen wohl zu gefährlich auf den Straßen der Stadt«, meinte er grinsend. »Als Frau sollte man hier nicht allein unterwegs sein.«
Sie kamen ans Ufer des Tejos. Hier standen viele laut schwätzende und lachende Fischweiber herum, in langen schwarzen Röcken mit schwarzen Binden um den schlanken Leib. Sie trugen weiße Kopftücher, die sie unter dem Kinn zusammengebunden hatten, oder breite schwarze Filzhüte und luden ihre Fische in flache Körbe.
»Was für ein mächtiger Fluss!«, rief Sophie staunend aus. »Dagegen ist unser Main ja nur ein Bächlein«, lachte sie.
Auch hier herrschte ein totales Durcheinander. Man sah Kräne, die Waren in Schiffe ein- oder ausluden, und große und kleine Dampfer. Die vielen Segelboote erinnerten Hinnerk ein wenig an den Hafen von Hamburg, wenn auch hier eine größere Anzahl von Menschen aus den Kolonien, sichtbar an ihrer Hautfarbe, auszumachen waren. Hinzu

kamen noch die Papageien und Affen, die in Käfigen angeboten wurden.
Johann hakte Sophie unter und hielt sie fest an sich gedrückt. Ihm war der Trubel etwas zu viel und er wollte sie nicht verlieren.
»Das muss unser Schiff sein!«, rief Hinnerk, der ein Boot ausfindig machte, das die Aufschrift O. HEROLD Company trug.
Winkend gingen sie zu dem wartenden Bootsmann, der sie hinüber nach Barreiro bringen sollte. Er saß bereits am Steuer eines dieser modernen Einzylinder-Gasmotor-Boote, das die Korkfabrik in zweifacher Ausführung besaß und die für die Fahrten hinüber nach Lissabon ständig im Einsatz waren. Zuvor hatte man ein Segelboot und ein Ruderboot in Betrieb gehabt. Das war natürlich wesentlich beschwerlicher und wetterabhängiger gewesen als ein Motorboot.
Als die Fahrt losging, ließen die Deutschen ihre Blicke schweifen und hatten so vom Schiff aus eine großartige Sicht auf das sanft ansteigende Häusermeer Lissabons.
»Schau nur!« Sophie deutete auf weiße Windmühlen, die in der Ferne zu sehen waren.
»Wie schön das aussieht. Der Fluss, der leuchtend blaue Himmel und die Windmühlen! Man müsste es malen können«, meinte sie noch und drückte sich an Johann, der sie fest im Arm hielt.
Nach dem Ablegen konnte man westlich den *Torre de Belém* sehen, der bis ins 19. Jahrhundert als Gefängnis und Waffenlager diente. Man konnte auch erahnen, dass gleich dahinter die Mündung in den Atlantik sein musste.
Das Boot schaukelte, weil auch andere Boote ihre Fahrt kreuzten und Wellen schlugen. Deshalb fuhren sie recht langsam auf das andere Ufer zu.

Barreiro

Im einstigen schmucklosen Dorf Barreiro waren die Siedler ursprünglich als Fischer, Müller, oder mit der Salzgewinnung beschäftigt gewesen. Später kamen der Schiffsbau und die Weinproduktion hinzu. Aufgrund der günstigen, windgeschützten Lage eignete sich die Gegend gut zum Weinanbau.

Weiter südlich verbindet sich die Landschaft mit Sonne, Hitze und einem verlangsamten Rhythmus. Das ist der Alentejo. Die Weite der Landschaft mit einer sich ausbreitenden Maccia wird nur von Korkeichen oder Olivenbäumen unterbrochen.

Erst nachdem 1861 eine Eisenbahnstation der Süd-Ost-Linie eingerichtet worden war, ließen sich zunehmend Menschen in Barreiro nieder, und es entstanden die ersten Korkfabriken. Die O. HEROLD Company war Anfang des 20. Jahrhunderts die größte und modernste Korkfabrik des Landes mit einem kleinen Kraftwerk, das von einem Otto-Gasgenerator angetrieben wurde und die über ein Verteilernetz angeschlossenen Maschinen bewegte. Zunehmend strömten Arbeitssuchende aus dem Süden und dem Zentrum des Landes nach Barreiro, mit der Hoffnung auf Arbeit und ein besseres Leben.

Die deutschen Besitzer Georg und Carl Jerosch erweiterten die Produktionsstätte schon bald um die Orte *Vendas Novas* und *Sines* und betrauten den Schwiegersohn von Georg Jerosch, den Deutschen Albrecht von Koss, mit der Direktion für alle drei Fabriken. Dieser war als preußischer Reserveoffizier der Aufgabe mehr als gewachsen, denn er widmete sich der Korkindustrie bereits seit 1896. Er wurde von einzelnen Führungskräften in diesen drei Standorten unterstützt.

Zum Geschäft von O. HEROLD & Cie. zählten außerdem noch der Import von Kohle aus Wales, chemische Dünge-

mittel und diverse Maschinen sowie der Export von Salz. Deutsche Familien gab es bereits seit vielen Generationen in Portugal. Deshalb gab es in Lissabon auch die Deutsche Schule, die Deutsche evangelische Kirchengemeinde und einen Deutschen Verein, den *Clube Alemão em Lisboa*. Es wurden enge Handelsbeziehungen zu deutschen Hanse-Städten gepflegt, was die Verbindungen des Deutschen Reichs mit Portugal noch enger werden ließ.
Bei O. HEROLD & Company waren über 900 Mitarbeiter in allen drei Fabriken beschäftigt und man belieferte die ganze Welt mit Korkprodukten. Hauptsächlich waren das Flaschenkorken, die für Weine, Säfte oder Spirituosen benötigt wurden. Ob auf Wein-, Sekt-, Likör-, Bierflaschen oder Medizinalgefäßen – die Korken sorgten dafür, dass der Inhalt lange haltbar und frisch blieb.
Hinzu kam eine Niederlassung in Hamburg, für die Hinnerk Jansen schon seit längerem tätig war, sowie eine in Madrid.

Der Betrieb wird besichtigt

Johann und Sophie waren sehr gespannt, was sie erwarten würde. Hier vor Ort zu sehen, wie Kork geerntet und verarbeitet wurde, war besonders für Johann interessant. So konnte er seinen Kunden noch überzeugender von diesem Naturprodukt vorschwärmen. Denn es war schon ein Unterschied, ob er aus zweiter Hand Informationen weitergab oder alles mit eigenen Augen gesehen hatte.
Die Kutsche, die sie am Ufer abgeholt hatte, fuhr vor dem Verwaltungsgebäude vor, und die Deutschen wurden von einem Boten zu Albrecht von Koss geführt, der sie herzlich willkommen hieß. Von Koss war, ähnlich alt wie Johann, ein korrekt gekleideter Mann mit akkurat geschnittenem Bart und einem Kneifer auf der Nase. Er hatte eine sympathische, verbindliche Art und begrüßte Sophie mit einer

leichten Verbeugung und einem angedeuteten Handkuss. »Ich hoffe, Sie hatten ein angenehme Reise und sind gut untergebracht«, begrüßte er sie freundlich und bat die Herrschaften durch eine Handbewegung, Platz zu nehmen. Kaum saßen sie, wurde auch schon eine gut gekühlte Limonade serviert.

Sophie war zurückhaltender als sonst, denn bei geschäftlichen Besprechungen war sie bisher noch nicht dabei gewesen. Aber es gab ja keine Ausweichmöglichkeit, zumal die Besichtigung der Fabrik und der Felder auf dem Programm stand. Darauf freute sie sich schon sehr. Mit der Kutsche durch die Korkeichenwälder zu fahren war bestimmt ein Erlebnis.

»Ich möchte Ihnen vor der Mittagszeit noch unsere Fabrik zeigen, danach dürfte es schon etwas zu heiß sein«, meinte von Koss und öffnete gleich darauf das Fenster, als er sah, dass Sophie sich frische Luft zufächelte.

»Sind die Korkschneidmaschinen schon angekommen?«, fragte Hinnerk Jansen wissbegierig. »Dann könnte ich Ihnen die Bedienung der Maschine gleich vorführen.«

»Ja, sie sind angekommen. Ich habe schon dem Vorarbeiter Bescheid gesagt, damit Sie ihm die Maschine später erklären können.«

Von Koss lächelte. Man sah, dass er sich darüber freute, schon bald die Produktion durch diese neuartigen Maschinen steigern zu können. So könnte ein Mann immerhin 15.000 Korken an einem Tag schneiden. Wobei der Schnitt auch noch dem feinsten Handschnitt überlegen sein sollte.

»Ich habe gehört, dass es Ihnen bereits vergönnt ist, mit einer dieser Korkschneidmaschinen zu arbeiten?«, fragte er Johann.

»Ja, das stimmt! Ich bin wirklich begeistert von dieser Technik. Dadurch spare ich einige Leute als Korkschneider ein. Vor allen Dingen jene, die in Heimarbeit für mich ar-

beiten«, meinte Johann. Er erzählte ihm, dass er in Frankfurt einen Verkaufsladen in der Innenstadt sowie eine Korkfabrikation betreibe und die Geschäfte recht gut liefen. Er hätte einige Weinhändler und Winzer aus dem Rheingau als Kunden und wollte demnächst noch eine Maschine dazukaufen und eventuell noch einen Partner mit in die Firma aufnehmen. Von Koss hörte ihm aufmerksam zu.
Nun wagte es Sophie, sich auch zu Wort zu melden.
»Ich unterstütze meinen Mann etwas«, sagte sie nicht ohne Stolz in der Stimme. »Ich habe einen Schreibmaschinenkurs gemacht und besitze eine Remington-Schreibmaschine. So kann ich die schriftlichen Arbeiten für ihn übernehmen.«
»Wirklich!« Herr von Koss staunte und sah sie bewundernd an. »Davon habe ich auch schon gehört. Das interessiert mich wirklich. Darüber müssen wir uns noch einmal unterhalten«, meinte er galant.
Innerlich musste er jedoch grinsen. Dass Frauen aus diesen Kreisen einer Arbeit nachgingen, war in Portugal völlig unüblich. Aber er hatte schon davon gehört, dass es Frauen gab, die immer mehr in die Domäne der Männer vordringen wollten.
Seine Meinung dazu verkniff er sich. Wenn er ehrlich war, hatte er auch noch nicht viel darüber nachgedacht. Er wusste, dass die beiden jung verheiratet waren und noch keine Kinder hatten. Da war der jungen Frau wohl etwas langweilig.
Sophie fühlte sich geschmeichelt und schaute Johann triumphierend an. Ihr Blick signalisierte ihm ihre Freude, schließlich war sie sich ihrer Fortschrittlichkeit sehr wohl bewusst.
Doch Johann lächelte nur und meinte amüsiert: »Ja, die heutigen Frauen sind schon etwas rebellischer als unsere Mütter. Und meine Frau ganz besonders. Sie ist an allem

Neuen interessiert. Und ich muss gestehen, sie ist mir wirklich eine Hilfe.«
Sophie spürte deutlich, dass Johann ein wenig stolz auf seine Frau war. Das merkte sie bei ihm immer dann, wenn seine Nasenflügel leicht zu beben anfingen. Es machte sie in diesem Moment richtig glücklich und sie lächelte ihn dankbar an.
Herrn von Koss, dem das nicht verborgen blieb, musste nun doch lachen.
»Meine Hochachtung, meine liebe Frau Dänner, da haben sie ja vielen Frauen etwas voraus!«
Kurz danach brachen alle zur Betriebsbesichtigung auf. Sie durchliefen in dem langgestreckten Werksgebäude zunächst alle Büroabteilungen. Hier sah man in großen Räumen nur Männer an Stehpulten über Schreibarbeiten gebeugt, zum Teil auf hohen Stühlen sitzend. Alle waren in dunklen Anzügen mit Krawatten korrekt gekleidet. Angesichts des Direktors grüßten sie nur mit einem leichten Kopfnicken, ohne ihre Arbeit zu unterbrechen.
Sophie konnte es sich nicht verkneifen und flüsterte leise: »Mit einer Remington ginge das alles viel leichter!«
»Sophie, bitte!«, zischte ihr Johann zu. Zum Glück hatte Herr von Koss es nicht gehört. Aber Hinnerk schon, der sich ein Lachen nicht verkneifen konnte.
Weiter ging es zu den Produktionsräumen. Hier wurde Kork ausgewählt, geschnitten und sortiert. Im lauten Maschinenraum ratterte die Antriebswelle, die die Kraft des neuen Otto-Motors im Nebenraum via Keilriemen auf die Maschinen übertrug.
Sophie und Johann fiel auf, dass viele Arbeiter ärmlich gekleidet und barfuß waren. Und obgleich sie in überdachten Räumen waren, hatten die meisten eine Kopfbedeckung auf, auch die Frauen.

Im weitläufigen Außengelände waren riesige Berge von Korkrinde hoch aufgestapelt, verschnürt und zum Trocknen gelagert.
Herr von Koss erklärte ihnen die Arbeitsschritte.
»Wie die Rinde abgeschält wird, werden wir Ihnen heute noch auf den Feldern vorführen. Wir fangen eigentlich erst im Mai mit dem Schälen der Rinde an. Das geht dann bis in den August hinein. Die raue, harzreiche Rinde wird zunächst mindestens sechs Monate im Freien getrocknet, dann in Wasser gekocht, um den Kork geschmeidig zu machen. Dann wird der Kork an einem luftigen Ort gestapelt und mindestens vier Wochen getrocknet. Das erhöht die Stabilität und er verliert dadurch seine Wölbung.«
Johann nahm ein Stück Rinde in die Hand und hob es hoch. »Ist gar nicht so schwer, wie es aussieht«, sagte er. Auch Sophie berührte die Rinde.
»Das muss aber ein dicker Baum sein«, sagte sie angesichts der großteiligen Rindenstücke.
»Ja, wir schälen die Bäume erst, wenn sie mindestens fünfundzwanzig Jahre alt sind, und dann auch nur ungefähr alle neun Jahre. Den besten Kork liefert ein Baum erst nach fünfzig Jahren. Guter Kork ist hellbraun, dicht und elastisch. Billiger Kork ist löchrig, mehlig, härter.«
»Oh je, da brauchen Sie aber viele Bäume, wenn ich die riesigen Mengen hier sehe«, staunte Sophie.
»Allerdings! Unsere großen Felder ziehen sich bis weit ins Alentejogebiet hinein. Mit der Kutsche können Sie heute allerdings nicht so weit fahren. Es ist teilweise dicht bewachsenes Gelände, das man am besten zu Pferd aufsucht.«
»Ich kann reiten!« Sophie lachte Herrn von Koss übermütig an. »Ich bin in der Rhön schon ein paar Mal über die Hügel geritten. Von mir aus können wir auch zu Pferd ins Gelände«, meinte sie vorwitzig.

»Lieber nicht!«, schob Johann gleich hinterher, dem das kecke Vorpreschen seiner Frau etwas peinlich war.
Herr von Koss schaute ihn verblüfft an.
»Ihre Frau ist ja eine richtige Abenteuerin«, lachte er.
»Schälen die Männer hier die Bäume?«, fragte Hinnerk Jansen und deutete auf die Arbeiter, die mit dem Stapeln großer Korkstücke beschäftigt waren.
»Nein, dafür haben wir hochbezahlte Saisonarbeiter, die ihr Handwerk verstehen. Das müssen schon Spezialisten sein, damit die Bäume nicht verletzt werden.«
»Das ist ja alles hochinteressant«, meinte Johann, der die bereitstehende Kutsche schon am Tor stehen sah.
»Sie werden zwar etwas in die Mittagszeit hineinfahren. Das ist hier in Portugal eigentlich die Siestazeit. Aber zum Glück haben wir ja noch keinen Sommer, sonst hielte man die Mittagshitze nicht aus. Nach dem Ausflug zu den Korkeichen können Sie mir und dem Vorarbeiter dann die neue Maschine erklären«, meinte von Koss an Hinnerk gewandt. »Sie fahren mit zwei Arbeitern und mit Carlos, der Ihnen alles erklären wird, mit der Kutsche ins Hinterland von Barreiro. Wir haben dort noch ein kleineres Stück Land mit Korkeichen, damit die Reise nicht allzu beschwerlich für Sie alle wird. Mich müssen Sie allerdings entschuldigen, ich habe noch Termine. Wir treffen uns aber später wieder hier in meinem Büro. Also viel Vergnügen bei der Besichtigung.«
Von Koss empfahl sich mit einer Verbeugung und ein junger Mitarbeiter begleitete sie zur Kutsche.
»Ich heiße Carlos und spreche deutsch, was ich auf der Deutschen Schule gelernt habe. Meine Mutter ist Portugiesin, mein Vater Deutscher. Ich fahre mit Ihnen und werde Ihnen alles erklären«, meinte er freundlich.
Er war ein hochgewachsener junger Mann Anfang zwanzig, mit guten Manieren und blauen Augen, die er wohl von sei-

nem Vater geerbt hatte. Seiner Kleidung und seiner Ausdrucksweise nach stammte er aus einem gebildeten Elternhaus. Sophie, der die Neugierde im Gesicht abzulesen war, konnte es sich nicht verkneifen, ihn zu fragen, in welcher Beziehung er zu Herrn von Koss stand.

»Mein Vater ist mit ihm befreundet. Sie kennen sich durch die Deutsche evangelische Kirchgemeinde und ich darf hier immer wieder mal mitarbeiten, bevor ich mein Studium in Deutschland antrete.«

Das sagte er mit viel Enthusiasmus in der Stimme und man konnte spüren, dass er Herrn von Koss bewunderte.

Er übergab den großen Korb voller Getränke und Speisen an den Kutscher, der alles gut verstaute. Zwei Arbeiter stiegen zu ihm auf den Kutschbock und los ging die Fahrt ins Hinterland von Barreiro.

Alle nachfolgenden Fotos wurden aus der Firmenbroschüre von 1908 der O. Herold & Companhia, Lisboa entnommen.

Mit freundlicher Genehmigung von Prof. Dr. Bernardo Jerosch-Herold, dem Enkel eines der Firmengründer.

Georg & Carl Jerosch
Inhaber der O. Herold & Cie.

Albrecht von Koss

Johann Dänner

Eines der Fabrikgebäude der O. Herold & Cie., Barreiro

Arbeiter, die "Corticeiros"

Rechts: Das Handschneiden

Unten: Die Korkauswahl

Ein Büro, hier die Exportabteilung

Die Mitarbeiter aus Barreiro

Der Otto Gasgenerator

Arbeiterinnen

Korklager im Freien

Maschinen-raum

Korkschneider

Ochsen-transport

Kochkessel

Verarbeitung

Gebäude der Filiale in Vendas Novas

Im Hinterland

Die Sonne begleitete die Reisenden und zeigte die Landschaft von ihrer schönsten Seite, nachdem sie den Ort verlassen hatten.

Bald schon fuhren sie über staubige, schmale Wege durch ein karges, weitläufiges Gebiet. Sie kamen an Olivenhainen, Getreidefeldern und Weinbergen vorbei, bis sie schon bald die ersten Korkeichen erblickten. Zwischen den Feldern standen Kühe, Schafe und schwarze Schweine, die sich allem Anschein nach pudelwohl fühlten. Es war ein Bild voller Schönheit und Harmonie.

»Hör nur«, rief Sophie aus. »Das ist doch eine Nachtigall!«

Und tatsächlich drang der unwiderstehliche Gesang einer Nachtigall an ihr Ohr, vermischt mit dem Plätschern eines Baches.

Auf den in allen Farben blühenden Wiesen standen wilde Gräser und Blumen, die einen stark betäubenden Duft verströmten, wie ihn Sophie bisher noch nicht wahrgenommen hatte. Für alle hörbar atmete sie laut ein und aus, so dass sich ihre Begleiter ein Grinsen nicht verkneifen konnten. Carlos klärte sie auf.

»Was Sie hier sehen, sind alles wild wachsende Pflanzen. Das da ist eine weiße Zistrose«, sagte er und deutete auf einen kleinen, weiß blühenden Strauch. »Es gibt sie auch noch in Gelb und Rosa. Daneben sehen Sie einen riesigen, wild wachsenden Lavendelstrauch, der später blau-lila blüht.«

Er deutete noch auf andere Pflanzen und nannte Namen wie Feigenkaktus, Agave, Erdbeerbaum, Wollmispel, Natterkopf, Mittagsblume. Alles Pflanzen, von denen die Reisenden bislang wenig bis gar nichts gehört hatten. Allerdings erkannte Sophie den riesigen Oleander, die Dattelpalme und den Zitronenbaum wieder. Diese Pflanzen hatte sie schon mal im Frankfurter Palmengarten gesehen und einen Ole-

ander wollte sie sich schon länger für ihren Balkon kaufen. Aber noch nie hatte sie die Pflanzen im Freien ausgepflanzt und in einer solchen Pracht gesehen.
»Es ist wunderschön hier. Schade, dass wir nur hindurchfahren. Die schönen Blüten, die verschiedenen Düfte und die Ruhe sind berauschend«, meine Sophie begeistert und ihre Begleiter nickten zustimmend. »Es ist wie in einem Märchen«, fügte sie noch leise hinzu.
»Ja, das ist es«, sagte der junge Mann. »Wir fahren ja aus Zeitgründen nicht so weit ins Land hinein. Aber ich versichere Ihnen, je weiter wir ins Alentejo fahren, je schöner und interessanter wird es. Die großen Korkeichenfelder von O. HEROLD & Cie. sind aber weit entfernt, zu weit für einen Ausflug. Aber gleich dahinten kommt ein kleineres Stück Land mit Korkeichen, Feigen und Oliven, das zur Fabrik gehört. Dort wollen wir Ihnen mal das Schälen eines Baumes vorführen, damit Sie sich ein Bild von der Ernte machen können.«
»Hier wohnen wohl nur wenig Leute. Dafür sieht man aber viele Tiere«, meinte Johann, als sie gerade an einem Bienenstock vorüberfuhren.
Rund um die Bienenstöcke standen wieder weiße Zistrosen und Lavendelbüsche, genau das Richtige für Bienen auf der Suche nach nektarreichen Blüten.
»Ja, das ganze Gebiet bis hin zur Algarve ist nur dünn besiedelt und die Tiere hier werden von wenigen Bauern betreut. Sie fressen im Herbst die ölhaltigen Eicheln der Stein- und Korkeichen, Wildkräuter und Weißgras und setzen dadurch ein besonders schmackhaftes Fett an, was dem einzigartigen Geschmack der Schinken besonders zugutekommt.«
Sie fuhren noch eine Weile schweigend weiter, bis Hinnerk fragte: »Wie ist es denn hier im Sommer? Es wird doch bestimmt sehr heiß?«

»Im Sommer könnten wir um die Mittagszeit überhaupt nicht hier rausfahren. Dann ist die Hitze nicht auszuhalten. Von den Blüten ist nichts mehr zu sehen, das Gras ist verdorrt und die Landschaft verwandelt sich in eine Steppe. Die Felder sind verödet, kein Grün zeigt sich am Wegesrand. Dann halten sich die Tiere im Schatten der Bäume auf. Das ist erträglicher. Die Sommer hier sind trocken und heiß, während die Winter eher feucht und kalt sind.«
Der Kutscher und die beiden Arbeiter schauten nach hinten und deuteten wortlos auf ein Stück Land. Die Kutsche setzte den staubigen Weg fort, der schon bald gesäumt war von mit Zahlen gekennzeichneten Bäumen, die teilweise keine Rinde mehr hatten. Sie waren bis hoch zu den Ästen bereits abgeschält, und ein rötlicher, glatter Stamm war zu sehen.
Die Kutsche hielt an und die beiden Arbeiter sprangen zuerst hinunter. Zielsicher liefen sie auf eine Gruppe von Bäumen zu, an denen man noch dicke Rinde erkennen konnte. Dort warfen sie zuerst einmal ihr Werkzeug auf den Boden und schauten Carlos erwartungsvoll an.
Der machte ihnen durch Handzeichen klar, dass sie sich zunächst hinsetzen sollten. Dann fing er an zu erklären: »Korkeichen sind die einzigen Bäume, deren Rinde man vom lebenden Stamm ernten kann, ohne dass der Baum abstirbt. Ein Baum muss aber mindestens 25 Jahre alt sein, bevor man ihn zum ersten Mal schälen kann. Das kann dann alle neun bis zehn Jahre wiederholt werden. Deshalb erhalten die Bäume eine Zahl und werden registriert. Jeder einzelne Baum liefert etwa 100 bis 200 Kilo Kork. Er stellt wenig Ansprüche an die Bodenbeschaffenheit und verträgt Kälte, Dürre und Hitze bis zu 40°C ohne Schäden. Die dicke Borke schützt den Baum und selbst nach einem Waldbrand treibt er wieder aus, wobei natürlich ein Waldbrand immer eine Katastrophe ist, weil es dann wieder 25 bis 30

Jahre dauert, bis man die Rinde ernten kann. Die Blätterverdunstung und der Schatten der Bäume bilden ein gutes Kleinklima, das auch die Tiere und Pflanzen schützt. Die Rinde wird von Mai bis August geerntet, weil sie sich in dieser Zeit am besten ablöst. Es sollte dann nicht zu heiß, zu kalt oder regnerisch sein. Man macht zuerst mit der Axt einen Querschnitt rund um den Stamm, gefolgt von Längsschnitten nach oben und nach unten. Das Beil wird umgedreht und die Borke wird mit dem langen Schaft abgehebelt. Das erfordert Erfahrung und Fingerspitzengefühl. Wir werden Ihnen das jetzt einmal vorführen.«
Carlos gab einem der Arbeiter einen kurzen Wink, und dieser fing mit der Demonstration an. Routiniert schlug er Kerben in den Stamm und der andere Arbeiter löste mit geschickten Händen die Rinde ab. Das ging zügig vonstatten und sah eigentlich nicht schwer aus.
»Darf ich das auch mal probieren?«, fragte Johann, der das genau beobachtet hatte.
»Warum nicht?«, meinte Carlos. »Aber passen Sie auf. Die nächste Baumschicht darf nicht beschädigt werden. Man nennt sie Kambiumschicht und sie versorgt den Baum mit Wasser und Nährstoffen.«
Johann hob die Axt auf und fasste erst einmal an den frisch geschälten Stamm. Er fühlte sich weich und samtig an und duftete nach Zimt und Muskatnuss.
Ganz vorsichtig schlug er mit der Axt auf den nächsten Stamm ein und zog eine Kerbe nach unten. Er wagte es aber nicht, tiefer auf die Rinde einzuschlagen. Zu groß war seine Angst, den Baum zu beschädigen.
»Lieber nicht!«, meinte er mit einem Achselzucken und gab dem Arbeiter die Axt zurück. Dieser lächelte ihn selbstbewusst an. Er war sich seiner Fingerfertigkeit wohl bewusst und übte seine Tätigkeit mit einem gewissen Stolz aus. Es war eine gemessen an den sonstigen Einkom-

mensmöglichkeiten der Region ordentlich bezahlte Arbeit. Sophie und Hinnerk standen im lichten Schatten eines alten Baumes und beobachteten mit großem Interesse, was hier vor sich ging.

Für Sophie war es ein echtes Abenteuer hier unter der portugiesischen Sonne. Die malerische Landschaft, das traumhafte Wetter und auch die grasende Herde Schafe, die sich zu ihnen gesellt hatte, all das erfüllte sie mit Glück. So hautnah hatte sie sich der Natur noch nie verbunden gefühlt. Glücklich und zufrieden lächelte sie in sich hinein und wünschte, dieser Tag würde nie zu Ende gehen.

Nachdem die Arbeiter zwei Bäume im unteren Teil vollständig geschält hatten, stapelten sie die Rinde seitlich auf. »Sie wird dann eingesammelt und mit einem Ochsengespann zur Fabrik gefahren. Dort liegen die Borken ein Jahr zum Trocknen, bevor sie weiterverarbeitet werden.«

Der Kutscher hatte mittlerweile eine große Decke unter einem Baum ausgebreitet und lud die Deutschen mit einladender Handbewegung ein, Platz zu nehmen. Dann legte er auf zwei Baumstämme ein großes Brett, darauf wieder eine Decke, so dass sich ein Tisch herausbildete, den er mit den mitgebrachten Köstlichkeiten aus dem großen Korb von Carlos eindeckte. Es war an alles gedacht worden. Selbst Teller, Besteck und Gläser hatten sie mitgebracht. Es gab köstlichen einheimischen Käse, als *Porco Preto* bezeichneten Schinken vom schwarzen Schwein, gegrillte Sardinen, Oliven, Wasser und natürlich Rotwein.

Was aber das Leckerste war, was Sophie und Johann jemals gegessen hatten, hieß *Pastéis de Nata*, eine süße Köstlichkeit, die Mönche im Jahr 1834 erfunden hatten, weil sie angesichts der drohenden Schließung ihres Klosters Geld verdienen mussten. Die mit lockerem Blätterteig gebackenen Puddingtörtchen waren für die beiden Frankfurter ein Hochgenuss, zudem das Essen zum richtigen Zeitpunkt ser-

viert wurde, denn alle hatten riesigen Hunger und langten kräftig zu.
»So gut und viel habe ich schon lange nicht mehr gegessen«, stöhnte Sophie und hielt sich den Bauch. Sie war rundum glücklich und nahm noch einen kräftigen Schluck vom Rotwein, bevor sie gemeinsam die Reste zusammenräumten.
Glücklich und zufrieden fuhren sie durch die wunderschöne Landschaft wieder zurück zur Fabrik.

Zurück nach Barreiro

Sie verbrachten noch einige Stunden in Barreiro. Hinnerk erklärte, wie die Korkschneidmaschine funktionierte, und Johann zog seine Jacke aus, setzte sich an die Maschine und führte sie in der Praxis gleich vor. Dabei erzählte er von seinem beruflichen Alltag.
Auch Sophie nahm regen Anteil daran, was Johann machte und zu erzählen hatte. Sie sah, dass Herr von Koss von Johanns Vortrag beeindruckt war, und er schaute immer wieder begeistert auch zu Sophie hinüber.
»So einen anpackenden Fachmann wie Sie könnte ich hier gut gebrauchen. Unsere drei Fabriken wachsen mir nämlich allmählich über den Kopf. Dazu noch Ihre tüchtige Frau. Wir sollten auf jeden Fall in Kontakt bleiben.«
Johann freute sich über das Kompliment. »Wer weiß! Wenn ich einen guten Partner in Frankfurt finde, wäre das bestimmt eine reizvolle Aufgabe für mich.«
Hinnerk drängte zum Aufbruch. Es dämmerte bereits und sie hatten noch die Fahrt über den Tejo vor sich. Die Kutsche stand schon bereit. Man verabschiedete sich herzlich und versprach, unbedingt in Kontakt zu bleiben.
Kaum saßen sie in der Kutsche, kam Hinnerk auf das Angebot von Herrn von Koss zurück, während Sophie

sich bereits Gedanken über ihre Abendgarderobe machte.
»Glaub mir, du wärst genau der richtige Mann für diese Firma. Hier könntest du als technischer Leiter mit deinen Fähigkeiten glänzen. Die brauchen so einen wie dich!«
»Nun lass uns doch erst einmal das Land erkunden. Wir haben noch zwei ganze Wochen Ferien und noch wenig gesehen. Aber gut. Du kannst für mich versuchen, mehr über die Position zu erfahren. Frag auch mal nach Möglichkeiten der Unterkunft und Einzelheiten der Dotierung. In einem Jahr vielleicht. Dann weiß ich mehr.«
Das Schiff, das sie über den Tejo schippern sollte, wartete bereits. Am Ufer kauerten Arbeiter und wuschen sich Arme und Beine. Frauen standen schwatzend am Fluss. Sie lachten und spähten neugierig zu den Fremden hinüber.
So spät, kurz vor Sonnenuntergang, zeigte sich die Stadt vom Wasser aus von ihrer schönsten Seite. Sie sahen Lissabon wie eine Vision zwischen Märchen und Wirklichkeit aus dem Wasser aufsteigen. Es war ein atemberaubender Anblick. Die Hügel waren mit üppigem Grün durchzogen und die blendend weißen Häuser, die großen Paläste und eindrucksvollen Ruinen blitzten aus den Orangengärten mit ihren schmalen Zypressen hervor. Noch immer war der Himmel tiefblau und wolkenlos und je näher sie dem Ufer kamen, je mehr streifte der Wohlgeruch aromatischer Kräuter ihre Nase. Über all dem war das Gezirp der Zikaden zu hören.
Sophie schloss für einen Moment die Augen und sog mit einem tiefen Seufzer diesen aromatischen Duft ein. Sie wollte diesen Augenblick für immer in ihrem Gedächtnis festhalten.
Der Lotse des Schiffes, ein kleiner stämmiger Bursche in kurzen Hosen mit brauner Jacke aus ungefärbter Wolle und schneeweißem offenen Hemd, das freie Blicke auf seine stark behaarte Brust gewährte, trug eine spitze rote Woll-

mütze, die wie ein Signal weit sichtbar war. Routiniert lenkte er das Boot ans Ufer und erklärte Hinnerk gestenreich, dass er gleichzeitig noch an der Küste fischen musste, um seine Familie zu ernähren.

Auch hier wartete bereits eine Kutsche auf sie. Alles war bestens organisiert. Als sie zurück ins Hotel kamen, war Sophie fast eingeschlafen.

»Wir werden uns noch etwas ausruhen und treffen uns dann zum Abendessen im Foyer wieder. Ich schlage erneut das *Avendi* vor«, rief Hinnerk beiden zu, als sie zu ihrem Zimmer gingen.

Johann hob müde zustimmend den Arm und geleitete Sophie nach oben, die sich fest an ihn schmiegte, verhalten gähnte und Mühe hatte, sich auf den Beinen zu halten.

Es war ein wundervoller, ereignisreicher Tag, der sie beide aber erschöpft hatte. Sie waren müde und froh, sich gleich etwas ausruhen zu können.

Hinnerk hingegen war voller freudiger Erwartung auf den heutigen Abend. Er wollte sich vergnügen, das stand für ihn schon mal fest, denn auch in Hamburg war er fast täglich Stammgast in den Kneipen rund um den Hafen. Hier spielte er gern mit Gleichgesinnten Domino, trank ordentlich was weg, um am Ende des Tages meistens in einem fremden Bett einzuschlafen. Er war ja frei und ungebunden und niemandem Rechenschaft schuldig. Wenn ihm das Schicksal schon Frau und Kind genommen hatte, wollte er dennoch das Leben genießen. Er war ein Mann in den besten Jahren und den weiblichen Reizen sehr zugetan.

Dennoch brachte ihn die kurze Zeit, die er mit Johann und Sophie zusammen war, ins Grübeln. Eine Frau im Haus, die ihn umsorgen und zu ihm stehen würde, das wäre schon eine feine Sache. So eine wie Sophie, dachte er betrübt. Aber die Richtige zu finden war für einen wie ihn nicht leicht. Er war schlichtweg zu viel unterwegs.

Aber vorher trafen sich die drei erneut im Foyer des Hotels und begaben sich zu einem exzellenten Mahl ins *Avendi*. Danach waren Sophie und Johann zu müde für weitere Unternehmungen.

Hinnerk geht ins Alfama-Viertel

Das war Hinnerk nur recht, denn schließlich wollte er ins Alfama-Viertel, das das verheerende Erdbeben 1755 fast unbeschadet überstanden hatte. Dieser mittelalterliche Stadtteil mit seinem Wirrwarr aus steilen Treppen und Labyrinth von engen Gässchen war das Elendsviertel der Stadt. Bei den untersten Schichten der Stadt, den Bettlern und Dieben, den Fischern und Huren musste man seinen Geldbeutel gut festhalten. Wer hier als Fremder erkannt wurde, konnte ihn sonst ganz schnell loswerden. Und dass man Hinnerk schon allein an seinen blonden Haaren, dem hellen Bart und den blauen Augen als Auswärtigen erkennen würde, war ihm klar.

Deshalb hatte er sein Geld sicher um die Brust gehängt und führte einen Dolch bei sich, mit dem er sich, wenn nötig, verteidigen konnte.

Hinnerk, der schon einmal Kunde bei der jungen Prostituierten Marta gewesen war, wollte diese erneut aufsuchen. Er machte sich zu Fuß auf den Weg zum Stadtteil *Alfama*. Dort bewohnte Marta ein schäbiges Zimmerchen im Haus ihrer verwitweten Tante, das alles enthielt, was sie besaß. Und das war wahrlich wenig. Ein Bett, ein Schrank, ein Spiegel und die vielen kleinen Dinge, die sich im Laufe der Jahre beim weiblichen Geschlecht so ansammelten. Aber das störte Hinnerk nur wenig. Denn Luxus hatte er zu Hause. Hier freute er sich auf ihre weiblichen Reize, ihre Jugend und ihre vorgetäuschte Zärtlichkeit, die einem einsamen Mann wie ihm guttat. Voller Vorfreude auf den

Abend lief er durch die Gassen, bis er merkte, dass er wohl den falschen Weg eingeschlagen hatte.
Verflixt noch mal, dachte er ärgerlich, *es sieht fast überall gleich aus. Hier war ich doch schon einmal.* Aus den geöffneten Fenstern strömte intensiver Fischgeruch auf die Straße und lebhaftes Geschrei war zu hören. Quer über die enge Gasse hing Wäsche zum Trocknen und eine ausgemergelte, zahnlose Alte beobachtete ihn vom Fenster aus.
»Vai para Cathedra Se patriarchal?«, rief er ihr zu. Sie deutete nach rechts den Weg zur Kathedrale an und sagte etwas ins Innere des Hauses.
»Obrigado!«, meinte Hinnerk, hob dankend seinen Arm und ging in die gezeigte Richtung. Er wusste, wenn er die Kathedrale sehen würde, konnte er sich wieder zurechtfinden.
Bereits nach wenigen Metern lief eine finstere Gestalt an ihm vorbei. Instinktiv griff er nach seinem Geldbeutel und blieb erst einmal stehen, um zu verschnaufen. Das viele Treppensteigen und Hin- und Herlaufen hatte ihn doch sehr angestrengt.
Plötzlich umschlang ihn etwas von hinten und würgte ihn. Ein stechender Schmerz durchfuhr seinen Arm und er ging zu Boden. Es folgte noch ein Schlag auf den Kopf und Tritte in den Magen, bevor er in den übelriechenden Dreck der Straße fiel und ohnmächtig liegen blieb.
Als er wieder erwachte, spürte er einen unbändigen Schmerz in seinem Oberarm, und sein Schädel brummte derart heftig, dass er keinen klaren Gedanken fassen konnte. Mühsam stand er auf und schleppte sich zur nächsten Hauswand. Er konnte sich kaum auf den Beinen halten. Krampfhaft stützte er sich an den abbröckelnden Putz der Hauswand, bevor er ein weiteres Mal zusammenbrach.
Er fiel erneut in Ohnmacht und wachte erst nach einer Weile wieder auf.

Blut! Überall Blut! Schweiß lief ihm den Nacken hinunter. Ganz langsam kam die Erinnerung an den Überfall zurück und er sah, dass er in seinem eigenen Blut lag, das offensichtlich aus einer Wunde am Oberarm sickerte. Er schrie, so laut er konnte. Aber niemand hörte ihn oder wollte ihn hören.
Ganz langsam versuchte er, sich aufzurichten. Dabei griff er sich unwillkürlich an die Brust. Sofort war ihm klar, dass er bestohlen worden war, denn der Brustbeutel und sein Messer waren verschwunden. Er schleppte sich langsam, sich an der Hauswand abstützend, bis zum nächsten Haus und versuchte, so Stück für Stück voranzukommen. Dies gelang ihm nur unter großen Schmerzen und in sehr kleinen Schritten. Aber was blieb ihm anderes übrig? Er musste sehen, dass er wieder unter Leute kam, die ihm helfen konnten.

Wo ist Hinnerk?

Johann und Sophie waren bereits mit dem Frühstück fertig und warteten auf Hinnerk, der schon längst da sein müsste. Er wollte heute mit ihnen ans Meer fahren und Sophie war schon ziemlich aufgeregt. Sie war bisher nur einmal am Meer gewesen, genauer gesagt an der Ostsee. Aber damals war es ein unfreundlicher Tag mit Regenschauern und viel Wind gewesen, so dass sie dieses Erlebnis eigentlich nicht wirklich genossen hatte.
Hinnerk hatte ihnen vorgeschwärmt, wie herrlich es an der Westküste im ehemaligen Fischerort *Cascais* sei, der nur etwa fünfundzwanzig Kilometer von Lissabon entfernt direkt am Meer lag. Man konnte dort prunkvolle Häuser sehen, eine schöne Altstadt mit traditionellen Restaurants, gemütliche Parkanlagen und viele Sehenswürdigkeiten, die von der Anzahl her gerade richtig waren, um einen ganzen

Tag auszufüllen. Die begüterten Lissabonner hatten den Ort zu ihrem liebsten Ausflugsziel erkoren und viele verbrachten hier ihre Freizeit.

»Ich frage mal an der Rezeption«, meinte Johann und stand auf.

Als er zurückkam, schüttelte er nur mit dem Kopf. »Bleib du hier sitzen, ich gehe mit dem Portier mal auf sein Zimmer. Er müsste schon längst hier unten sein. Sein Schlüssel hängt noch am Brett. Irgendetwas stimmt da nicht!«

Sophie wartete unruhig auf Johanns Rückkehr und sah ihm besorgt entgegen, als er zurück an den Tisch kam.

»Er war heute Nacht überhaupt nicht in seinem Zimmer«, sagte Johann ziemlich aufgeregt. »Da stimmt auf jeden Fall etwas nicht!«

»Oh je, was kann denn passiert sein?« Sophie schaute ihn ängstlich an. »Was hatte er denn gestern noch vor?«

Johann konnte sich schon etwas vorstellen, wollte es aber Sophie gegenüber nicht aussprechen.

»Der Portier hat einen Mitarbeiter zur Polizei geschickt. Er soll dort nachfragen, ob denen vielleicht ein Unfall gemeldet wurde. Wir müssen also abwarten. Da wird unser Ausflug heute wohl ausfallen. Wir warten erst ab, was die Polizei sagt. Vielleicht schauen wir uns dann Lissabon etwas näher an.«

Sophie zog einen Schmollmund. Sie hatte sich doch so auf das Meer gefreut und das Wetter war heute auch besonders schön.

»Schade«, maulte sie nur. Sie hatte bereits eine Strandtasche gepackt und wollte sich noch einen Picknickkorb vom Restaurant einpacken lassen.

»Das läuft uns doch nicht davon. Erst müssen wir wissen, was mit Hinnerk los ist«, entgegnete Johann ernst. »Ich hoffe, ihm ist nichts Schlimmes passiert!«

Wo bin ich?

Als Hinnerk erwachte, war ihm sofort klar, dass etwas Schreckliches passiert sein musste. Er konnte sich nicht bewegen und seine Brust schmerzte fürchterlich, als er sich aufsetzen wollte. Nur seinen Kopf konnte er minimal drehen, um sich im Zimmer umzuschauen. Aber auch das gelang ihm nur mit größter Mühe. Die kleinste Bewegung tat fürchterlich weh, so dass ihm jedes Mal ein lautes Stöhnen entfuhr. So ließ er nur vorsichtig seine Blicke durch den Raum streifen, was ihm jedoch auch schwerfiel, da er seine Augen nicht ganz öffnen konnte.

Wo bin ich?, dachte er nur. Dann fiel ihm wieder ein, was passiert war. Er schloss erschöpft die Augen. Aber er war dankbar, dass er atmete. Ich lebe, dachte er erleichtert. Alles andere war nicht so wichtig. Er wusste nicht, wo er sich befand. Er lag in einem nicht ganz sauberen Bett. Das Zimmer war äußerst schlicht eingerichtet und aus dem offenen Fenster wehte ein frisches Lüftchen herein. Ganz vorsichtig wollte er seinen Kopf Richtung Tür bewegen. Aber sogleich durchfuhr ihn ein stechender Schmerz in seinem linken Arm, so dass er unwillkürlich einen lauten Schrei ausstieß. Er berührte ganz vorsichtig mit der rechten Hand die schmerzende Stelle und spürte, dass ein dicker Verband seinen ganzen Oberarm umhüllte.

Die Tür ging polternd auf und herein kam eine junge, dunkelhäutige Frau. Sie nickte ihm freundlich zu.

»Wo bin ich hier?«, fragte sie Hinnerk sofort. Er merkte selbst, dass seine Stimme kaum zu hören war. Deshalb wiederholte er seine Frage etwas lauter, wobei ihm die Worte nur schwer über die Lippen kamen.

Offensichtlich verstand sie ihn nicht. Sie lächelte ihn nur weiter an, stellte ein Glas Wasser auf sein Tischchen und ging wortlos wieder hinaus.

Er wartete eine Weile ab und klopfte dann lautstark mit seiner unversehrten Hand gegen das Bettgestell.
Nach einer Weile kam ein kräftiger, verlotterter Mann herein, der ihn kaltschnäuzig angrinste.
»Du Deutscher«, radebrechte er. »Warten!«, sagte er noch, bevor er wieder verschwand.
Erneut vergingen viele Minuten der Ungewissheit. Hinnerk trank erst einmal gierig von dem Wasser. Er hatte Mühe, das Glas festzuhalten, so sehr zitterte seine Hand.
Endlich kam eine junge, recht hübsche Frau herein und sprach ihn auf Deutsch an. Dass sie nicht gerade eine feine Dame war, konnte man an ihrer Kleidung unschwer erkennen. Sie trug ein tief dekolletiertes rotes Kleid. Viele bunte Halsketten klimperten an ihrem Hals und ein rotes Tuch umhüllte locker ihre schwarzen Haare.
»Wie heißt du und woher kommst du?«, fragte sie in gebrochenem Deutsch. Dabei lächelte sie ihn zweideutig an und setzte sich auf seine Bettkante.
Hinnerk war im ersten Moment irritiert. Was hatte das alles zu bedeuten? War er etwa in einem Freudenhaus gelandet?
»Kennst du Marta?«, fragte er deshalb zuerst. Als er sah, dass sie den Kopf schüttelte, erzählte er, dass er aus Hamburg sei und geschäftlich hier zu tun habe. Er sei wohl gestern Abend überfallen worden. Sein Brustbeutel und sein Dolch seien ihm gestohlen worden.
»Sprich etwas langsamer, damit ich dich besser verstehen kann«, meinte die Schwarzhaarige und ihre dunklen Augen schauten ihn leicht amüsiert an.
»Wer bist du und wo bin ich hier?«, fragte er nun sein Gegenüber.
»Wir haben dich verletzt auf der Straße gefunden und eine Freundin hat deine Wunde verbunden. Bento, du hast ihn vorhin gesehen, hat dich gefunden und hierhergebracht. Er

möchte gern einen Finderlohn von dir, denn du verdankst ihm dein Leben. Ich heiße übrigens Ana.«

»Wo bin ich hier?«, fragte er erneut.

»Das spielt keine Rolle. Sag mir, wo du wohnst. Dann können wir alles Weitere veranlassen.«

Nun war ihm alles klar. Wer auch immer ihn hierhergeschleppt und hier ins Bett gelegt hatte, konnte sich denken, dass er kein armer Schlucker war. Seine Kleidung verriet ihn als wohlhabenden Kaufmann und offensichtlich wollte man ein stattliches Honorar erpressen.

Aber das sollte ihm recht sein, schließlich lebte er noch und das war ihm jeden Preis wert.

»In Ordnung, sag deinem Bento, er soll mir einen Preis nennen. Je schneller ich zu einem Arzt komme, umso besser.«

Sie nickte wortlos und ging wieder aus dem Zimmer.

Nach langsam verstrichenen Minuten kam sie zurück.

»Bento will all deine Goldmünzen, die du dabei hast. Aber es müssen mindestens 10.000 Reis sein. Das musst du dir selbst wert sein.« Dabei lächelte sie ihn unschuldig an und tat so, als sei das das reinste Schnäppchen für Hinnerk.

»Sag mir, wo du wohnst. Wir schicken dann einen Boten, der die Münzen holt. Je schneller das geht, je schneller bist du wieder in deinem Zimmer.«

Hinnerk atmete schwer. Er grübelte, wie er aus dieser Situation am besten herauskam. Konnte er den beiden trauen? Aber ihm fiel nichts anderes ein, als die Wahrheit zu sagen, wollte er bald wieder frei sein.

»Hier, schreib auf!«, sagte sie und hielt Hinnerk einen Zettel mit Stift unter die Nase.

»Bring mir eine Unterlage. So kann ich nicht schreiben.«

Sie brachte ein kleines Brett und half ihm beim Aufsetzen, was ihn erneut aufstöhnen ließ.

»Ich wohne im Hotel Avenida Place. Dort soll der Über-

bringer nach einem Johann Dänner fragen und ihm alles erklären. Er wird dann die 10.000 Reis vorstrecken, denn so viel Münzen habe ich nicht dabei«, erklärte er. »Gebt ihm diesen Zettel!«
Er schrieb mit wackliger Handschrift für Johann eine Nachricht.
Lieber Johann, man hat mich überfallen und niedergestochen. Ich liege hier in einem fremden Zimmer und meine Retter wollen 10.000 Reis als Finderlohn. Erst dann lassen sie mich wieder gehen. Bitte übergib ihnen diese Summe. Du bekommst alles natürlich wieder zurück. Bitte mach schnell, ich benötige einen Arzt!
Danke, lieber Freund. Ich hoffe, bald wieder im Hotel zu sein. Dein Hinnerk
Er übergab den Zettel Ana, die ihn lächelnd in ihren Ausschnitt steckte.
»Ich sehe, du bist vernünftig«, sagte sie noch. »Du wirst sehen, wir halten unser Wort und du bist bald wieder im Hotel.«
Sie verschwand geräuschlos aus dem Zimmer und Hinnerk blieb nichts anderes übrig als abzuwarten.

Das Lösegeld

Leise klopfte es an der Tür. Er war bereits Mittagszeit und Sophie hatte sich etwas hingelegt. Deshalb öffnete Johann ziemlich geräuschlos die Tür und nahm vom Hotelpagen Hinnerks Zettel entgegen.
»Wer hat Ihnen diesen Zettel gegeben?«, fragte er nach dem Lesen bestürzt.
»Ein Mann steht an der Rezeption und wartet auf Sie. Ich soll nur den Zettel abgeben, hat der Empfangschef gesagt.«
»Sagen Sie, dass es etwas dauert. Ich komme, so schnell ich kann.«

Johann war sehr erregt. Diese Aufregung wollte er Sophie auf jeden Fall ersparen.
Sophies rhythmische Atemzüge zeigten ihm an, dass sie tief schlief. Durch das geöffnete Fenster kam ein leichter Luftzug, der die Vorhänge bewegte. Johann beobachtete eine Weile regungslos die Atemzüge seiner Frau und bewegte sich so leise wie möglich durch den Raum.
Er ging an seinen Koffer, entnahm ihm die passende Anzahl der Münzen, die er in einem Extrafach sicher verwahrt hatte, steckte sie in einen kleinen Beutel und begab sich damit schnellstens zur Rezeption. Dort wechselte er ungesehen mit dem Empfangschef einige Worte, zeigte ihm den Brief und erklärte ihm die Situation. Dieser hatte zuvor schon die Polizei informiert, und zwei Polizisten in Zivilkleidung warteten bereits im Nebenzimmer.
Am Empfangstresen stand ein hochgewachsener dunkelhäutiger Mann, dem Johann kurz den Zettel zeigte. Der Mann nahm ihm wortlos den Geldbeutel ab, versteckte ihn in seinem Hemd und verließ eilig das Hotel. Die Polizisten folgten ihm unbemerkt durch die verwinkelten Gassen und warteten ungesehen hinter einer Hauswand ab, was nach der Geldübergabe geschehen würde.
Es dauerte nicht lange und eine Kutsche fuhr vor. Hinnerk kam, gestützt auf den dunkelhäutigen Boten, aus dem Haus und wurde in die Kutsche gesetzt. Gerade als die Kutsche davonfahren wollte, kamen die Polizisten aus ihrem Versteck hervor und wiesen den Kutscher an, zu warten.
Sie stürmten ins Haus. Dort sahen sie, wie ein kräftiger Mann aus dem Fenster sprang und fliehen wollte.
»Stehen bleiben«, brüllte der eine Polizist und lief mit gezogener Waffe dem Flüchtenden hinterher. Zuvor rief er seinem Kollegen zu, dass dieser von der anderen Seite kommen sollte. Er nahm einen Schatten wahr, der in einer dunklen Ecke verschwand.

Nun habe ich dich, dachte er, weil er wusste, dass dort schon ein sein Kollege auf ihn wartete. Eine Taube flog auf und erschreckte ihn. Schon hörte er seinen Kollegen brüllen: »Raus da und nehmen Sie die Hände hoch!«
Der Flüchtende saß zusammengesunken und sich klein machend hinter einem Fass versteckt und schaute die Gesetzeshüter ängstlich an. Sie nahmen Bento in Gewahrsam und nahmen auch noch den Farbigen fest, der sich in einem anderen Zimmer verschanzt hatte. Von Ana und der dunkelhäutigen Frau war nichts zu sehen. Es war ihnen offensichtlich gelungen, zu fliehen.
Hinnerk, der dem ganzen Schauspiel fassungslos zugeschaut hatte, war sehr erleichtert.
Er war gerettet! Nur das zählte für ihn und er schickte ein Dankgebet gen Himmel. Denn dass das ein Geschenk des Himmels war, war ihm klar. Er hätte ebenso gut tot sein können.
Die Polizisten stiegen mit den Entführern zu Hinnerk in die wartende Kutsche ein und brachten diese erst einmal zum Polizeirevier. Den Kutscher wiesen sie an, Hinnerk ins Krankenhaus zu fahren, damit sein Arm ärztlich versorgt werden konnte.

Ungeduld

Johann tigerte unruhig im Zimmer hin und her. Die noch schläfrige Sophie hatte die Augen nur leicht geöffnet und beobachtete ihn eine Weile, bis sie, neugierig geworden, sich doch aufrichtete.
»Was ist denn los? Ist etwas passiert, du bist so unruhig?«, fragte sie besorgt.
»Ja!« Johann druckste herum. Er wollte seine junge Frau nicht verschrecken. Aber es half ja nichts. Er musste ihr sagen, was passiert war.

»Nun sag schon, was ist los?« Sophie stand leicht bekleidet vor ihm und wartete auf seine Erklärung. Verschlafen und mit leicht geröteten Wangen sah sie ihn erwartungsvoll an. Unwillkürlich musste Johann lächeln. Er fand, dass sie hinreißend aussah und er konnte nicht widerstehen. Er nahm sie in seine Arme und drückte sie fest an sich. Sophie schmiegte sich ebenfalls, bereitwillig zu mehr, an ihn und zog ihn rückwärts aufs Bett. Dort schmusten sie erst eine Weile, bis Johann einfiel, dass er ihr etwas Wichtiges mitteilen musste.
»Sophie, es ist wegen Hinnerk. Ich muss dir doch was erzählen.«
Schnell setzte sie sich auf. »Was ist denn passiert?«
»Du darfst jetzt nicht schockiert sein. Aber Hinnerk ist überfallen worden und ist nun im Krankenhaus. Es wird alles wieder gut.«
Er erzählte ihr alles, was er wusste.
Sophie schaute ihn mit großen Augen verschreckt an.
»Du musst allerdings wissen, dass sich Hinnerk in einem gefährlichen Viertel rumgetrieben hatte. Er war auf der Suche nach einer alten Freundin«, erzählte er vorsichtig, um Hinnerk nicht später in Verlegenheit zu bringen.
»Und, was ist mit der Freundin? Hat sie ihn gefunden?«
»Nein, er wurde von Wegelagerern mitgenommen. Die haben ihm seine Wunde notdürftig verbunden und anschließend Lösegeld verlangt, das ich ihm vorgestreckt habe.«
»Oh mein Gott!« Sophie war bestürzt, dass auch Johann in diese schrecklichen Geschehnisse verwickelt worden war.
»Warst du etwa dort bei diesen Gaunern?«
»Nein, die Polizei war bereits im Haus und hat die Verbrecher gestellt. Sie sitzen nun auf der Polizeiwache. Mach dir keine Sorgen. Es verlief alles gut!«
»Was ist nun mit Hinnerk? Ist er schlimm verletzt?«
»Nein, er wird im Krankenhaus verarztet und dann wieder

ins Hotel gefahren. Ich denke, dass er bereits zum Abendessen wieder da ist.«

»Da hat er aber noch mal Glück gehabt. Stell dir nur mal vor, man hätte ihn ermordet.«

Sophie sagte das mit Tränen in den Augen, so dass Johann sie erneut in die Arme nahm und festhielt.

Es klopfe leise an der Tür.

»Wer ist da?«, fragte Johann laut.

»Ihr Zimmerpage, Herr Dänner. Unten wartet ein junger Mann auf sie und möchte sie sprechen. Könnten Sie bitte zur Rezeption kommen?«

»Ja, ich komme gleich.« Johann hob fragend die Schultern. »Wer kann das sein. Wir erwarten doch niemanden.«

»Sei vorsichtig«, meinte Sophie noch, bevor er seine Jacke anzog und aus dem Zimmer ging.

Johann staunte nicht schlecht, als er an der Rezeption Carlos entdeckte, ihren freundlichen Helfer aus der Korkfabrik.

»Hallo Carlos, was machen Sie denn hier?«, fragte er verwundert.

Carlos lachte ihn herzlich an. »Herr von Koss hat gehört, was passiert ist und hat mich gebeten, mich etwas um Sie alle zu kümmern. Ich soll Ihnen die Stadt zeigen und Ausflüge mit Ihnen unternehmen. Ich möchte Ihnen auch gern mal die Deutsche Schule, die Deutsche evangelische Kirchgemeinde und den Deutschen Verein zeigen. Auch gibt es hier einen deutschen Friedhof, der zur Kirche gehört. Hier werden alle Deutschen, ungeachtet ihrer Konfession, beigesetzt. Natürlich nur, wenn es Sie interessiert«, ergänzte er noch.

Johann strahlte. Das war ja sehr großzügig von Herrn von Koss und signalisierte ihm, dass er wohl sehr an seiner Mitarbeit interessiert war.

»Das ist ja wundervoll, weil Hinnerk Jansen ja ohnehin schon bald wieder zurück nach Deutschland fährt. Da hätten wir eine großartige Unterstützung durch Sie, speziell auch wegen der Sprache. Danke, das nehmen wir sehr gern an!«

»Fein. Ich schlage vor, dass ich Sie morgen gleich nach dem Frühstück mit der Kutsche abhole und wir dann gemeinsam etwas unternehmen. Haben Sie einen ersten Vorschlag, wohin die Reise gehen soll?«

»Allerdings! Meine Frau wollte unbedingt nach Cascais ans Meer. Der Ausflug ist heute leider durch den Zwischenfall mit Hinnerk ausgefallen. Das hat sie sehr enttäuscht. Wenn wir also morgen diesen Ausflug als Erstes nachholen könnten?«

»Wunderbar. Das Wetter ist gut und Cascais ist ein guter Anfang.« Carlos lächelte ihn an und verbeugte sich höflich vor Johann, der umgehend Sophie die freudige Nachricht überbrachte.

Wieder im Hotel

Hinnerk wurde in einer Kutsche vom Krankenhaus zurückgebracht. Er hatte einen dicken Verband um seinen Arm, der auch noch sicher in einer Armschlinge ruhte. Auch seine sonstigen Kratzer und Abschürfungen waren verarztet und seine Schmerzen waren auszuhalten. So kam er einigermaßen zufrieden wieder im Hotel an, wurde herzlich an der Rezeption begrüßt und vom Pagen auf sein Zimmer begleitet. Diesen schickte er umgehend zu Johann, um ihm auszurichten, dass er wieder da sei. Er bat ihn, ihn in seinem Zimmer zu besuchen. Seine Zimmertür ließ er deshalb extra halb offen stehen.

Er lag bereits im Bett, als Johann freudestrahlend auf ihn zukam.

»Was bin ich froh, dass es dir gutgeht, mein Lieber.«

»Und ich erst! Ich hätte auch tot sein können«, erwiderte

Hinnerk leicht dramatisch und ziemlich blass um die Nase. Seine Kräfte waren deutlich aufgebraucht, sein Magen rebellierte und er lag geschwächt in seinem Bett. So hatte ihn Johann noch nie erlebt, diesen großen, kräftigen Mann, der stets voller Energie war.

»Jetzt erzähl mir aber doch mal ganz genau, was eigentlich passiert ist.«

Und Hinnerk erzählte ihm alles bis ins kleinste Detail, ohne seine eigentlichen Absichten zu verschleiern.

»Sei froh, dass du so eine glückliche Ehe führst. Deine Frau ist ein bezauberndes Wesen. Ich wollte, ich hätte auch so ein patentes Weib. Du bist ein Glückspilz, Johann. Halte sie bloß fest.«

Hinnerk tat Johann wirklich leid. Er konnte sich gut vorstellen, wie einsam so ein Witwerdasein sein musste, und hatte Verständnis für seine Bedürfnisse.

»Wir alle haben die Sehnsucht nach menschlicher Nähe in uns, das ist ganz natürlich. Du solltest dir auch eine Frau suchen, die dich liebt und die du liebst. Dieses Herumziehen ist doch nichts für dich. Mach dem ein Ende, Hinnerk, such dir eine, mit der du alt werden kannst.«

»Du hast ja recht. Aber nach dem Tod meiner Frau habe ich das immer weit von mir geschoben. Ich wollte sie nicht einfach ersetzen, weil sie eine gute, schöne und liebe Frau war.«

»Wie lange ist das denn her?«

»Das werden im Spätsommer drei Jahre.«

»Die Zeit heilt alle Wunden. Pack dein Leben neu an und mach was draus! Verheiratet sein ist wunderbar!«

Johann lächelte dem Kranken aufmunternd zu und erzählte ihm noch, dass sich Carlos angeboten hatte, ihnen vieles in Portugal zu zeigen, und dass sie morgen ans Meer fahren wollten. Dass Hinnerk nicht mitkonnte, lag auf der Hand. Der Arzt hatte ihm für ein paar Tage Bettruhe verordnet und wollte ihn dann noch einmal aufsuchen. Hinnerk war sowieso nur noch wenige Tage in Lissabon, weil er in Deutschland Termine hatte. So verabschiedeten sie sich für heute. Das Hotelpersonal hatte Order, sich um Hinnerk zu kümmern.

Cascais

Wie zu erwarten, freute sich Sophie riesig auf den Ausflug. Sie ließ sich vom Hotel einen Proviantkorb voll mit Köstlichkeiten packen. Dabei erinnerte sie sich an das Picknick bei den Korkeichen und ließ deshalb gleich noch zwei Flaschen Wein dazugeben. Sie trällerte vergnügt vor sich hin, während Johann noch im Bad seinen Bart pflegte und seine dunklen Haare bürstete. Er sah überhaupt nicht wie ein Deutscher aus und fiel hier in Portugal optisch kaum auf. Auch Sophie mit ihren dunklen Haaren und Augen sah aus wie eine Einheimische und passte gut ins Straßenbild der Stadt.
Fürs Meer, für die Sonne und die Leichtigkeit eines Ausflugs machte sie sich besonders hübsch. Sie stellte sich vor den großen Spiegel, ordnete ihr Haar und strich sich mit den Händen an ihrem schlanken Körper entlang. Dann setzte sie ihren neuen Hut auf, den sie sich tags zuvor gekauft hatte. Dieser Hut mit dem Rosengesteck obenauf verlangte natürlich noch nach dem richtigen Kleid. Sie erinnerte sich an Johanns liebevolles Lächeln, als sie ihm diese Erkenntnis mitgeteilt hatte. Also wurde noch ein langes, weißes Chiffonkleid, ebenfalls mit angesteckten Rosen, das ihre schmale Taille besonders betonte, dazugekauft, zusammen mit einem passenden Sonnenschirm mit Volants. Als sie fertig angezogen war, drehte sie sich glücklich vorm Spiegel hin und her und war mit ihrem Aussehen sehr zufrieden.

Johann zog derweil seinen neuen, cremeweißen Leinenanzug an, den er sich auch erst am Vortag gekauft hatte, und fühlte sich wie ein reicher Lebemann auf dem Weg in die Sommerfrische. Das hob seine Laune und er lächelte seinem Spiegelbild zu, während er Sophie im Nebenzimmer leise summen hörte.

»Bist du fertig, meine Liebe?«, rief er gutgelaunt hinüber und an dem Klang seiner Stimme erkannte Sophie, dass es heute ein unbeschwerter Tag werden würde.

Eingehakt gingen sie beschwingt zur Rezeption. Dort wartete Carlos bereits und sein wohlgefälliges Lächeln zeigte ihnen an, dass auch er von ihrer Erscheinung beeindruckt war.

»Na, dann wollen wir mal. Auf nach Cascais!«, rief er fröhlich aus und nahm Johann den Picknickkorb ab, um ihn in der Kutsche zu verstauen.

Sophie und Johann waren von der Fahrt begeistert. Es war ein herrlicher Tag, nicht zu heiß und die Aussicht, die sich ihnen bot, war grandios. Sie kamen an verwunschenen Gärten und alten Gemäuern vorbei und staunten über die Blütenpracht, die an ihnen vorüberzog.

Carlos hatte als Reiseroute die Strecke direkt längs des Flusses ausgewählt, damit sie am *Torre de Belém* einen Zwischenstopp einlegen konnten.

Das blaugrüne Wasser, das wie mit Diamanten besetzt funkelte, die Schiffe und die vielen Möwen, all das begeisterte die Frankfurter Reisenden. Sophie wusste gar nicht, was sie zuerst bewundern sollte. Ständig rief sie Johann zu: »Sieh nur mal hier, sieh nur mal da.« Dabei leuchteten ihre Augen und ihre sonst recht blasse Haut überzog eine leichte Röte.

Als der *Torre de Belém*, eines der bekanntesten Wahrzeichen Lissabons im Stadtteil *Belém* in Sicht kam, hielt sie nichts mehr auf dem Sitz. Sie stand senkrecht in der Kutsche und Johann hatte Mühe sie festzuhalten. Hier ging der

Tejo ins weite Meer über. Der massive Turm war einst von König Manuel I. gebaut worden, um die ankommenden Schiffe zu begrüßen und die Hafeneinfahrt Lissabons zu schützen. Er hatte das große Erdbeben von 1755 überstanden und wurde 1840 restauriert. In früheren Zeiten wurde er auch als Zollgebäude und sogar als Gefängnis genutzt.
»Wir können ihn ein anderes Mal extra besuchen«, meinte Carlos lachend. Ihn amüsierte die Begeisterung Sophies und er freute sich, wie sehr ihr die Schönheiten seiner Heimat gefielen.
»Ja, wir fahren erst mal ans Meer«, meinte nun auch Johann. »Die Zeit vergeht wie im Flug. Ich habe auch schon etwas Hunger.«
»Wundervoll, ganz wundervoll«, meinte Sophie und setzte sich wieder, um schon bald wieder aufzustehen und auf eine alte Villa zu deuten, die eine prächtige Kachelverkleidung hatte.
Tief atmeten sie die würzige Meeresbrise ein, die ihnen entgegenwehte. Sophie nahm Johanns Hand und strahlte ihn glücklich an. Dann schloss sie für einen Moment die Augen, um die Schönheit und den Duft des Meeres in sich aufzunehmen und zu genießen.
»Das ist das Schönste, was ich je gesehen habe.«
Auch Johanns Augen leuchteten. Er war etwas reservierter als seine lebhafte Frau. Aber man konnte sehen, dass auch er von diesem Panorama mächtig beeindruckt war.
Das Küstenstädtchen Cascais war ebenfalls eine Reise wert. Hier gab es jede Menge Paläste zu bewundern, die hoch über dem Meer auf Klippen standen und meist von adeligen Familien bewohnt wurden. Die schmalen Gassen mit den hübschen Häusern, die alle mit den portugiesischen Fliesen verschönert waren, zogen sich durch die winzige Ortschaft, die sie ohne Hektik durchwanderten.

Die überwiegend weiß getünchten Häuser gefielen den Deutschen ganz besonders gut.
»Hier sieht alles viel strahlender aus als bei uns zu Hause. Selbst die einfachste Hütte macht einen heimeligen Eindruck.« Sophie deutete auf eine Gruppe schlichter Häuser, bei denen teilweise schon der Putz abfiel. Dennoch strahlten sie mit ihren weißen Wänden in der Sonne, was die weithin leuchtenden Blütensträucher noch unterstrichen.
»Wir fahren zum Picknicken direkt an den Strand«, meinte Carlos überzeugend und Sophie freute sich darauf, das erste Mal in ihrem Leben ihre Füße in den Atlantik zu halten. Carlos schlug eine Strandbucht stadtauswärts vor.
Die letzten Meter zum Strand mussten sie durch tiefen Sand waten. Der Wind blies hier heftiger und Sophie nahm ihren Hut doch lieber in die Hand. Die Schuhe hatten sich alle ausgezogen und in einem Beutel verstaut, den sie dem Kutscher umgehängt hatten, der auch noch die Picknickutensilien trug. Die Männer krempelten ihre Hosenbeine hoch und Sophie steckte ihren Rock seitlich schräg hoch, damit sie ihr Kleid nicht beschmutzte. So hatten alle etwas mehr Beinfreiheit und sie ließen sich gemeinsam an einer etwas geschützteren Stelle nieder. Der Kutscher breitete eine große Decke aus und machte es allen bequem.
»Nun wollen wir uns erst einmal stärken«, meinte Carlos und verteilte die mitgebrachten Leckereien.
Für Sophie war es ein Abenteuer und ihre Augen funkelten vor Freude.
»Das ist Leben! So kann man es aushalten!«, rief sie euphorisch den anderen ziemlich laut zu, um den Wind zu übertönen.
Alle lachten. Auch der Kutscher lachte mit, obwohl er kein Wort von dem Gesagten verstanden hatte. Aber Sophies Freude blieb auch ihm nicht verborgen und er genoss, dass er sich bei den Herrschaften aufhalten durfte.

Nachdem alle am Meeresufer durch den Atlantik gewatet waren und die Gischt sie ordentlich nass gespritzt hatte, stellte sich allmählich etwas Müdigkeit ein.
Der Himmel war märchenhaft anzusehen und verfärbte sich von Azurblau zu Feuerrot, und die Sonne fing an, ganz langsam unterzugehen. Möwen stießen ihre Schreie aus und flogen am Firmament hin und her auf der Suche nach Insekten. Es lag eine friedliche Stimmung über der Landschaft.
Sie packten ihre Utensilien wieder ein und schlenderten zur Kutsche zurück, die der Kutscher bei einem Einheimischen untergestellt hatte, der das Pferd versorgte.
Müde, aber glücklich, kamen sie später im Hotel an und ruhten sich vor dem Abendessen erst einmal aus. Zuvor aber schaute Johann noch kurz bei Hinnerk vorbei, der schon wieder viel besser aussah. Er erzählte ihm begeistert von ihrem Ausflug ans Meer.
»Übrigens«, meinte Hinnerk, »der Umschlag hier auf dem Tisch ist für dich. Das ist das erpresste Geld. Die Polizei hat mir alles zurückgebracht. Es fehlt kein Reis – alles ist wieder da. Der Verbrecher hatte es in seiner Jacke stecken. Ich danke dir noch vielmals für deine Hilfe, Johann. Ich werde mich später noch dafür revanchieren.«
»Das musst du nicht, Hinnerk. Wenn ein Freund in der Patsche steckt, hilft man ihm. Das ist doch selbstverständlich!«
Sie wünschten sich eine gute Nacht und wollten sich am nächsten Tag wieder treffen.

Sightseeing

Es war eine traumhafte Zeit für Johann und Sophie. Carlos besuchte mit ihnen die Sehenswürdigkeiten der Stadt und erklärte ihnen die geschichtlichen Hintergründe.

Dass es eine deutschstämmige Gemeinde mit Schule, Kirche und Friedhof gab, erstaunte die beiden doch sehr. Carlos erklärte ihnen die Zusammenhänge ausführlich.
»Deutsche gibt es schon seit hunderten von Jahren in Portugal. Es waren überwiegend deutsche Kaufleute, die mit eigenen Schiffen Handel mit Portugal betrieben und sich hier niederließen. Ganz besonders viele aus Hamburg. Der portugiesische König gewährte diesen Kaufleuten besondere Privilegien. Nach dem katastrophalen Lissabonner Erdbeben erlitten diese enorme Verluste. Aber es waren nicht nur die wirtschaftlichen, sondern auch die dynastischen Verbindungen, die Deutsche sogar auf den Thron brachten. In ihrem Gefolge befanden sich auch viele Ärzte, Kaufleute, Künstler und Offiziere. Lissabon wurde für einige die neue Heimat. Da gibt es zum Beispiel den Maler und Komponisten Alfredo Keil, der seine Ausbildung in Deutschland und in Portugal absolviert hat. Er lebt hier in Lissabon und ist der Sohn von Deutschen, die sich bereits hier niedergelassen haben. Er komponierte die portugiesische Nationalhymne, *die Portuguesa*, die 1890 zum ersten Mal aufgeführt wurde.«
»Das ist ja interessant. Ich könnte mir auch vorstellen, hier zu leben.«
Sophie sagte das zu Johann gewandt und lachte ihn dabei verschmitzt an.
»Warum nicht«, ulkte nun auch Carlos, dem sie mittlerweile das Du angeboten hatten. »Wer weiß – deshalb fahren wir nun erst einmal zur Deutschen Schule, in der ich auch unterrichtet wurde. Sie wurde 1848 von einem evangelischen Pfarrer gegründet. Anfangs waren es nur sechs Kinder, die von dem deutschen Lehrer Hermann Röder unterrichtet wurden. Aus Kostengründen nahm man dann aber auch portugiesische Schüler auf und es wurde Deutsch und Portugiesisch unterrichtet.«

Nach der Besichtigung der Schule folgte ein Besuch in der evangelischen Gemeinde und des Deutschen Vereins Lissabons. Dieser war als gesellschaftlicher und kultureller Treffpunkt der hier lebenden Deutschen bekannt und beliebt.

»So, jetzt habt ihr erst mal einen Eindruck gewonnen, wie die deutschstämmigen Leute hier leben. Viele Deutsche, wie auch mein Vater, sind mit Portugiesinnen verheiratet und ihre Kinder wachsen automatisch zweisprachig auf. Das empfinde ich als großen Vorteil. Wenn ich bald schon in Deutschland studiere, habe ich dadurch keine Sprachprobleme.«

»Ja, das leuchtet ein.« Johann nickte nachdenklich. »Und allen scheint es auch recht gut zu gehen, wie mir scheint.«

»Stimmt, man kann sagen, dass die Deutschen hier zur gehobenen Klasse gehören. Allein schon, weil sie lesen und schreiben können, was bei vielen Portugiesen, speziell aus dem ländlichen Raum, nicht der Fall ist.«

Carlos wurde für die beiden immer mehr zu einem wertvollen Begleiter, ganz besonders, weil er ihnen die Gepflogenheiten des Landes näherbrachte und als Übersetzer eine wertvolle Hilfe war. Er wollte in Heidelberg studieren und sie luden ihn ein, sie unbedingt in Frankfurt zu besuchen, damit sie weiter in Kontakt blieben.

Hinnerk war bereits seit Tagen abgereist, und auch für Sophie und Johann verstrich die Zeit wie im Fluge. Sie fuhren mit dem Schiff den Tejo entlang bis zum offenen Meer und genossen unbeschwert und heiter die sonnigen Tage. Es war eine aufregende und unvergessliche Reise, wie sie sich Johann für Sophie gewünscht hatte. Sie lernten Portugal etwas kennen, sahen, wie Kork geerntet wurde, und lernten viele neue, reizende Menschen kennen. Besonders in der evangelischen Gemeinde wurden sie sehr nett empfangen und im Deutschen Verein lernte Sophie endlich auch einige

Frauen kennen, mit denen sie sich auf Deutsch unterhalten konnte und die sie herzlich in ihrem Kreis aufnahmen.
Als Johann noch einmal eine Verabredung mit Herrn von Koss hatte, ließ er Sophie zum Deutschen Verein fahren, damit sie etwas Unterhaltung hatte. Die Damen hatten dort einen Handarbeitskreis, obwohl mehr der neueste Tratsch und Klatsch im Vordergrund stand. Also ganz genau wie überall, wenn Frauen zusammentrafen. Sophie amüsierte sich köstlich und erzählte ihrerseits von ihrem Leben in Deutschland. Sie schilderte, dass sie einen Schreibmaschinenkurs besucht hatte, was allgemeines Staunen hervorrief, und dass sie Johann sogar im Büro unterstützte.
Ihr letzter Ausflug mit Carlos führte sie nach Porto. Er hatte für sie dort die Besichtigung eines Portweinherstellers arrangieren können, da sein Vater den Direktor der Firma gut kannte. Ein Hotelzimmer für zwei Nächte hatte er gleich dazugebucht, denn das Programm war an einem Tag nicht zu schaffen. Anschließend waren sie nachmittags bei Carlos' Eltern eingeladen, die sie auch einmal kennenlernen wollten.
Es war eine längere Fahrt mit dem Zug, die sie über *Coimbra* in die zweitgrößte Stadt Portugals führte. Dort bezogen sie zunächst ihr Hotelzimmer, bevor sie am nächsten Tag eine der schönsten Portwein-Kellereien besichtigten und im Verkostungsraum verschiedene Portweine probierten. Die Führung durch die Kellerei war sehr interessant und sie erfuhren nicht nur etwas über die Geschichte des Portweins, sondern auch, welchen Portwein man wann und zu was am besten genießt.
Nach dieser Reise trafen sie zum ersten Mal mit Carlos' Eltern zusammen. Sie hatten sie herzlich begrüßt und zum Glück sprachen beide deutsch, wenn auch Senhora Mertens langsamer sprach als ihr Mann, der ja schließlich Deutscher

war. Aber im Hause Mertens wurden beide Sprachen gesprochen, besonders der Kinder wegen, die alle einmal in Deutschland studieren sollten. Sie bewohnten am Rand von Lissabon ein wunderschönes großes Haus mit einem fantastischen Garten, der Sophie erst einmal sprachlos machte. Durch große Bäume und eine Weinpergola war der Garten gut beschattet, so dass man sich auch bei großer Hitze dort aufhalten konnte. Es war bereits eine wunderschöne Kaffeetafel im Freien gedeckt, und die Hausfrau servierte selbstgemachte *Patéis de Nata*, portugiesische Blätterteigtörtchen, die Sophie schon vom Picknick im Hinterland von Barreiro kannte.

»Sie schmecken göttlich«, meinte Sophie und schloss dabei genüsslich die Augen.

»Eins ist keins«, meinte Carlos' Mutter und lächelte. »Greifen Sie nur zu, es sind genug da!«

»Darf ich mir Ihren Garten einmal genauer ansehen?«

»Aber sehr gern«, meinte Frau Mertens, die sich durchaus geschmeichelt fühlte. Auch Johann erhob sich und begleitete die Damen durch den großen Garten. Er war prachtvoll und Sophie als Großstadtmensch kam sich vor wie im Frankfurter Palmengarten.

Sie gingen über schmale, gewundene Wege vorbei an vielen blühenden Kräutern. Bougainvilleen schlängelten sich an Gittern nach oben, üppige Rosen blühten in allen Farben. Eine riesige Bananenstaude stand gleich hinter der ersten Kurve und ihre mächtigen Blätter waren beeindruckend.

Die meisten Pflanzen waren den Frankfurtern unbekannt und Senhora Mertens erklärte ihnen jeden Baum und jeden Strauch. Lorbeer, Granatapfel, Feigen, Rosmarin, Lavendel, Palmen, Zypressen, Oleander und Kletterpflanzen hier und da – das war zu viel für die beiden, um sich alles zu merken. Aber sie kamen sich vor wie im Paradies. Im hinteren Teil

des großen Geländes hatte Senhora Mertens sogar noch einen kleinen Nutzgarten angelegt, denn ernten wollte sie auch etwas, wie sie augenzwinkernd sagte.
Sie blieben noch zum Abendessen und nach dem abschließenden Portwein waren sie erschöpft vom langen Tag und ließen sich zurück ins Hotel fahren.
Die restlichen Tage verflogen wie der Wind, und schon stand die Rückreise vor der Tür. Am Abend zuvor stand plötzlich Herr von Koss im Restaurant vor ihrem Tisch.
»Herr Dänner, ich möchte mich persönlich von Ihnen und Ihrer Frau verabschieden und Ihnen eine gute Heimreise wünschen.«
»Das ist aber sehr nett von Ihnen«, meinte Sophie und strahlte ihn an. »Wir haben die Reise überaus genossen und möchten uns ganz herzlich dafür bedanken, dass Sie uns Carlos zur Seite gestellt haben. Ohne ihn wären wir verloren gewesen.«
»Sehr gern, sie sollten Lissabon ja auch etwas besser kennenlernen, und ich hoffe, dass wir uns bald schon wiedersehen«, meinte er mit einem Zwinkern zu Johann, was Sophie nicht so recht verstand.
Die Koffer waren bereits gepackt. Nur noch, was sie am Leibe trugen, musste noch gewechselt werden, so dass sie glücklich und müde in ihre Betten sanken.
»Johann!« Sophie schubste ihn von der Seite an.
»Was ist?«, brummte er, fast eingeschlafen, zurück.
»Ich muss mich noch einmal ganz herzlich bei dir für diese schöne Reise bedanken. Es war das Tollste, das ich je erlebt habe. Das werde ich nie vergessen. Danke, danke, danke!« Sie schmiegte sich in seine Arme und küsste ihn überschwänglich. Eng umschlungen lagen sie da, und Johann dachte kurz vor dem Einschlafen noch darüber nach, was Herr von Koss ihm angeboten hatte.

Wieder zu Hause

Carlos holte sie vom Hotel mit einer Kutsche ab und fuhr mit ihnen zum Bahnhof. Sophie hatte Tränen in den Augen, als sie ihm Adieu sagte. Sie trug, anders als Johann, ihr Herz auf der Zunge und verabschiedete sich wort- und gestenreich von ihrem portugiesischen Freund.

»Ich hoffe, dass wir uns wiedersehen«, meinte sie traurig. »Ganz gleich, ob in Deutschland oder anderswo. Vielleicht kommen wir noch einmal nach Portugal, wer weiß. Wir sind dir auf jeden Fall sehr, sehr dankbar für die Zeit, die du uns geopfert hast.«

Johann war, wie meistens, still. Auch ihm fiel der Abschied schwer, wenn er es auch nicht so zeigen konnte wie Sophie. Seine ernste und nachdenkliche Art ließ Gefühle in der Öffentlichkeit nicht zu. So reichte er Carlos nur beide Hände und schüttelte sie herzlich, während Sophie sich dazu hinreißen ließ, Carlos zu umarmen.

Lange winkten sie aus dem abfahrenden Zug dem immer kleiner werdenden Carlos zu, bevor sie es sich in ihrem Abteil gemütlich machten.

Seufzend schaute Sophie noch einmal auf das blaugrüne Wasser des Tejo, das im Sonnenlicht funkelte. Möwen schaukelten auf den Wellen und barfüßige Seeleute schauten zu ihnen hinüber. Sophie winkte ihnen zu.

Sie fuhren die gleiche Strecke mit dem Sud-Express zurück nach Frankfurt. Dort wurden sie von Sophies Schwester erwartet, die die ankommenden Urlauber mit einer Kutsche abholte. Es war eine überschwängliche, herzliche Begrüßung und Fragen über Fragen stürmten auf die beiden ein. Schon in der Kutsche erzählte Sophie ganz begeistert von Portugal und ihren Erlebnissen.

»Es ist das Schönste, was ich bisher gesehen habe. Ein wunderschönes Land und dieses Licht! Ganz anders als hier. Alles sieht so strahlend aus.«

Johann musste sie bremsen. »Lass uns doch erst einmal ankommen. Wir sind beide sehr müde. Ich schlage vor, dass die Familie am Wochenende zu uns zum Kaffee kommt und wir dann ausführlich von unserer Reise erzählen.«

»Natürlich«, meinte ihre Schwester, »es war sicher eine anstrengende Reise. Erholt euch gut, wir sehen uns dann am Wochenende.«

Die kommenden Monate waren geprägt durch viel Arbeit in der kleinen Korkfabrik. Johann hatte noch für die gleiche Woche ein Treffen mit einem potenziellen Partner, einem Herrn Carl Fuchs, vereinbart. Dieser betrieb ebenfalls eine kleine Korkfabrik und hatte ihn bereits in den letzten Wochen etwas vertreten. Seine Mitarbeiter konnten sich an ihn wenden, wenn Fragen anstanden, und das hatte offensichtlich gut funktioniert.

Sophie war erst einmal mit ihrem Haushalt beschäftigt. Die vielen neuen Eindrücke in letzter Zeit hinterließen nachhaltige Wirkungen, so dass sie nicht nur versuchte, ihrem Hausmädchen die schmackhafte Küche Portugals nahezubringen, sondern auch ihre Möbel ständig hin- und herrückte, bis sie das Gefühl hatte, das Beste aus allem gemacht zu haben.

Aber das Licht des Südens war natürlich in Frankfurt nicht vorhanden, obwohl es Sommer war. Auch die frische Meeresbrise war hier nicht zu spüren. Doch Sophie musste dann stets nur ihre Augen schließen und ihre Fantasie bemühen, um sich wieder an den Tejo zurückversetzt zu fühlen. Dann schaute sie in Gedanken in die farbenprächtigen Gärten mit den exotischen Früchten, spürte den Wind in ihrem Haar und ein Lächeln lag über ihrem Gesicht. Mehrmals am Tag träumte sie sich an den Strand von *Cascais*, fühlte, wie der Sand durch ihre Finger rieselte und schaute in Gedanken auf das glänzende Meer hinaus.

Sie wurde nicht müde, mit Johann über diese schöne Reise zu sprechen, wenn er abends von der Arbeit kam. Bei jeder sich bietenden Gelegenheit kam sie auf Portugal zurück. Egal, ob sie beim Essen waren, am Main entlangspazierten oder einen kleinen Ausflug in den Palmengarten machten, über kurz oder lang war Portugal das Thema.
Den Frankfurter Palmengarten besuchte Sophie nun häufiger als früher, und sie prägte sich emsig die Namen der Pflanzen ein, die sie bereits in natura in Portugal gesehen hatte. Sie kaufte sich sogar das gerade neu erschienene Pflanzenbuch von Prof. Dr. Max Dalitzsch, ein Lehrbuch der Botanik, um sich noch mehr über die Bedürfnisse von Pflanzen zu informieren.
Johann ließ sie gewähren, wenn er sie auch insgeheim belächelte. Ihre temperamentvolle Art hatte ihm von Anfang an gefallen. Sie konnte sich für eine Sache total begeistern, ganz im Gegenteil zu ihm.
Sein Kopf war voll mit geschäftlichen Dingen. Die Verhandlungen mit dem neuen Partner gingen voran. Carl Fuchs wollte gern bei ihm einsteigen und seine kleine Produktion mit einbringen. Das war Johann sehr recht, denn er war öfter in Gedanken mit dem Angebot von Herrn von Koss beschäftigt. Mit Sophie hatte er noch nicht darüber gesprochen. Ihm war klar, dass sie davon begeistert wäre und nicht mehr locker lassen würde, bis er zugesagt hatte. Deshalb musste hier in Frankfurt erst einmal alles richtig laufen, bevor er über weitere Schritte nachdachte. Er war ein introvertierter Mensch, der konzentriert alles analysierte, bevor er sich zu etwas äußerte.
Mit Herrn Fuchs wurde er sich schon bald einig und fortan nannten sie ihre Firma Korkstopfenfabrik Dänner & Fuchs. Während sich Herr Fuchs um die Produktion kümmern sollte, wollte Johann den administrativen Bereich und den Einkauf übernehmen.

Und dann passierte es: Sophie war schwanger! Es war bereits Ende Oktober und das Kind wurde für den nächsten Juni erwartet.
Die Freude in der Familie war groß, denn immerhin waren sie bereits ein Dreivierteljahr verheiratet und rundum wurde schon nachgefragt, wann endlich mit Nachwuchs zu rechnen sei.
Es war für beide klar, dass sie viele Kinder haben wollten. Johann sprach immer von vier bis fünf, während Sophie insgeheim auf weniger Kinder hoffte. Sie war bereits infiziert von den Ideen der Frauenbewegung und lehnte sich etwas auf gegen das Missverhältnis der Geschlechter, das sich im Bundesgesetzbuch von 1900 manifestierte. Sie wollte eine gleichwertige Partnerin sein und ihr Alltagsleben Schritt für Schritt verbessern.
Doch nun war Sophie erst einmal mit ihrem werdenden Baby beschäftigt. Sie studierte eifrig alles, was sie über Kindererziehung und Schwangerschaft finden konnte, und ihre Pflanzenleidenschaft rückte etwas in den Hintergrund. Allerdings ging sie nach wie vor regelmäßig in den Palmengarten, auch deshalb, weil man dort so wundervoll flanieren konnte.
Aber auch das *Frankfurter Nizza* am nördlichen Mainufer war Anlaufstelle für ihre Spaziergänge. Es war eine mediterrane Parkanlage zwischen der Untermainbrücke und der Friedensbrücke. In dieser windgeschützten Südlage herrschte ein mildes Mikroklima und es gediehen zahlreiche mediterrane Pflanzen, wie sie auch an der französischen Riviera zu finden waren.
In direkter Nachbarschaft gab es in den Sommermonaten die Schwimmanstalt Mosler, die jedes Frühjahr mit von Pontons getragenen Holzplanken neu errichtet und im Herbst wieder abgebaut wurde. Sophie ging hier gerne in Begleitung ihrer Schwester im Main schwimmen, wenn es

das Wetter erlaubte. Und extra für Damen gab es seit kurzem sogar ein Damenschwimmbad, die Georg Dannhof'sche Schwimm- und Badeanstalt.

Emma

Die erst sechszehnjährige Emma war die jüngste Tochter des Großknechts Jakob Steber, der auf dem Steiner-Hof in Tann schon viele Jahre als zuverlässiger Arbeiter seine Dienste leistete. Mit seine Frau Magda, seinen zwei Söhnen und seinen beiden Töchtern lebte er direkt angrenzend an den Hof in einem kleinen Häuschen. Seine Frau arbeitete als Köchin beim Bauern und musste auch das Gesinde mit Essen versorgen. Die Buben halfen als Knechte auf dem Hof, und Emmas ältere Schwester stand ihrer Mutter als Küchenhilfe zur Seite und war als Mädchen für alles sehr beliebt. Es war für die Eltern selbstverständlich, dass ihre beiden Töchter einmal als Dienstmädchen arbeiten würden.
Emma war glücklich. Sie freute sich, in Frankfurt arbeiten zu dürfen. Und dann auch noch bei Sophie, die sie schon ein wenig von früher kannte und die ihr sympathisch war. Sie wusste, dass ihre neue Herrschaft freundlich und wenig eingebildet war. Sie war sich sicher, eine gute Arbeit gefunden zu haben, und auch die Eltern freuten sich für sie.
»Sei immer gehorsam und erledige deine Arbeiten gewissenhaft. So wie du es von deiner Mutter gelernt hast«, ermahnte sie der Vater.
»Macht euch keine Sorgen!« Sie umarmte ihre Geschwister und Eltern zum Abschied und fuhr mit der Eisenbahn Richtung Frankfurt – mit einem Kribbeln im Magen und voller Hoffnung, dass nun endlich ein besseres Leben für sie begann.
Sie war zwar nicht die Hellste, aber dennoch gut für die Hausarbeit zu gebrauchen, da sie von Kindesbeinen an mit

solchen Aufgaben vertraut war. Ihr Schulbesuch war nur kurz gewesen und eine richtige Ausbildung hatten sie nicht genossen.

Der alte aus Weiden geflochtene, abschließbare Reisekorb, den sie fest in ihren Händen hielt, war alles, was sie besaß. Ein wenig Wäsche, zwei Kleider zum Wechseln, die Bibel und eine Geldbörse mit ein paar Mark, diese wenigen Habseligkeiten lagen ordentlich gestapelt im Koffer. Obenauf noch ein alter, abgelegter Mantel ihrer älteren Schwester für die Winterzeit. Damit, einschließlich dem, was sie am Leibe trug, musste sie fürs Erste auskommen. *Das wird schon*, dachte sie zuversichtlich und doch beschlich sie eine unbestimmbare Angst vor dem plötzlichen Alleinsein. Sie war jung und recht hübsch und insgeheim hoffte sie, schon bald einen jungen Mann zum Heiraten kennenzulernen. Einen aus der Stadt, mit einer schönen Wohnung und einem guten Einkommen. Diesem romantischen Gedanken hing sie nach, seit sie wusste, dass sie *in Stellung* gehen würde. Sie träumte von besseren Arbeitsbedingungen. Von leichterer Arbeit als in der Landwirtschaft. Und natürlich von einem vornehmeren Leben als dem im bescheidenen Haus ihrer Eltern.

Natürlich erwartete sie auch einen besseren Lohn, den sie sparen wollte, weil sie ja freie Kost und Logis hatte, und sie erhoffte sich eine Befreiung von der ländlichen Armut. Dennoch war die erste Zeit in der fremden Umgebung schwer für sie. Das Heimweh war anfangs groß und vieles an der städtischen Lebensweise war ihr fremd und etwas unheimlich.

Nun lebte sie schon einige Monate bei ihrer neuen Herrschaft und hatte viel dazugelernt. Sie unterstützte Sophie, wo sie nur konnte, ging einkaufen und kochte sogar, was sie von ihrer Mutter gelernt hatte. Sie war Hausmädchen, Küchenhilfe und Köchin in einer Person, während die *Gnä-*

dige Frau eigentlich ihre Arbeiten lediglich beaufsichtigte. Für die Wäsche kam wöchentlich eine geschwätzige Waschfrau ins Haus, die sie stets tatkräftig unterstützte und von der sie die Neuigkeiten der Stadt erfahren konnte. Ihr Arbeitstag umfasste in der Regel vierzehn bis fünfzehn Stunden, manchmal auch mehr. Einen freien Nachmittag gab es jeden zweiten Sonntag; zusätzlich bekam sie Freistunden, um den Gottesdienst zu besuchen. Sophie machte ihr einen Wochenplan, in dem penibel festgehalten wurde, wann die Teppiche geklopft, das Silber geputzt, die Betten frisch bezogen, die Fenster, Ofentüren und Türdrücker gereinigt und die einzelnen Zimmer feucht durchgewischt werden mussten. Dazu kamen noch die Einkäufe und Botengänge, die Emma gern nutzte, um sich mit Kolleginnen zu treffen und ein wenig zu tratschen.
Glücklicherweise war die Frankfurter Wohnung nicht allzu groß. Fünf Zimmer, ein Bad und eine große Küche bewohnte das junge Ehepaar.
Aber dass Emma ein eigenes Zimmer unter dem Dach ganz allein bewohnen durfte, das allein war schon etwas Großartiges. Zu Hause musste sie sich in ihrem winzigen Zimmer ein Bett mit der Schwester teilen. Dennoch war es zuerst ungewohnt. Sie achtete auf jedes noch so kleine Geräusch und schlief abends oft ängstlich ein.
Das schlicht eingerichtete Zimmer unter dem Dach des Haus verfügte über ein Bett, einen Tisch, einen Stuhl und einen Schrank. Das war die übliche Grundausstattung, die eine Bedienstete zu erwarten hatte. In einer Ecke stand ein metallener Waschständer mit Waschschüssel, Wasserkrug, Seifenablage und ein Nachttopf aus Porzellan mit einem gefälligen blau-weißen Dekor.
Eine richtige Toilette, sogar mit Wasserspülung, gab es auch. Allerdings befand sie sich, wie üblich, im Zwischenstock.

Für Emma war das der reine Luxus. Ein eigenes Zimmer, mit einem eigenen Bett und dazu noch ein weiter Blick über Frankfurt. Was wollte sie mehr? Sie hatte es gut getroffen und die Herrschaft war freundlich zu ihr und gönnte ihr sogar etwas Freizeit, so dass sie schon bald auch Freundschaften mit den Bediensteten aus der Nachbarschaft schließen konnte. Sie verdiente anfangs zwölf Mark im Monat, die sie in ihrem kleinen abschließbaren Weidenkorb im Schrank aufbewahrte. Großzügig hatte Sophie ihr Gehalt nach einiger Zeit auf vierzehn Mark im Monat erhöht, und schon bald hatte sie ein kleines Vermögen zusammengespart, das sie zum Teil den Eltern zukommen lassen konnte.

Das Angebot

Sophie wollte trotz Schwangerschaft einige Tage zu ihren Verwandten in die Rhön reisen, weil Johann zeitgleich mit Hinnerk nach Lissabon gereist war, der überraschend vor der Tür gestanden und sich dann lange mit Johann im Nebenzimmer unterhalten hatte.
Nun konnte sich Sophie nicht mehr beherrschen. Ihre Neugier war zu groß und es waren zu viele Ungereimtheiten, die ihr durch den Kopf gingen. *Was will denn Hinnerk so plötzlich von Johann und warum flüstern sie im Nebenzimmer?*, rätselte sie. Sie konnte ihre Neugier nicht bezähmen und belauschte die beiden heimlich. Durch die geschlossene Tür hörte sie jedoch nur einige Wortfetzen, die ihr zu denken gaben. Hatte Herrn von Koss Johann ernsthaft eine Stelle angeboten? Hatte sie das richtig verstanden? Dass sie gelauscht hatte, wollte sie auf keinen Fall Johann gegenüber eingestehen. Das würde er ihr vielleicht übelnehmen. Ihr Herz klopfte plötzlich wie wild, die Hände wurden feucht und sie war ganz aus dem Häuschen. Was sie dabei hörte,

ließ sie nicht mehr los. Aber wenn das stimmte, was sie sich zurechtreimte, dann wollte sie Johann unbedingt beeinflussen, dass er diese Chance, die von Koss ihm bot, ergreifen würde. Aber wie gelingt mir das? Darüber musste sie immerzu nachdenken. Es ging ihr nicht mehr aus dem Kopf. Aber zugeben, dass sie alles mit angehört hatte, wollte sie auch nicht. Also tat sie ganz unschuldig und bettelte Johann an, doch mitfahren zu dürfen.

»Nein, das geht nicht. Die Reise wäre viel zu anstrengend für dich in deinem jetzigen Zustand«, meinte Johann, der ihr immer noch nicht erzählt hatte, warum er wirklich nach Lissabon fahren wollte. Er wollte nicht unnötige Hoffnungen in ihr wecken und schob deshalb wichtige Einkäufe für die Firma vor. Es könnte ja sein, dass er doch noch absagen würde. Aber alles, was Hinnerk ihm erzählt hatte, war sehr reizvoll. Herr von Koss machte ihm das Angebot, in den Fabriken Barreiro, Vendas Novas und Sines die technische Leitung zu übernehmen. Ein Haus, Personal und ein gutes Einkommen wurden ihm zugesagt. Das klang natürlich verlockend, und dass Sophie mit Freuden nach Portugal ziehen würde, war ihm schon vorher klar. Er könnte seine Geschäfte in Deutschland an seinen Partner übergeben. Die Wohnung könnten sie behalten, vermieten oder vorerst weiter bezahlen. Wo also war da ein Risiko?

Neue Herausforderung waren genau das, was Johann immer schon wollte. Erst wenn alles unter Dach und Fach war, wollte er Sophie einweihen. So fuhren Johann und Hinnerk schon wenige Tage später mit dem Zug nach Lissabon.

Schwierige Entscheidung

Johann konnte an nichts anderes mehr denken. Wie es wohl wäre am Tejo zu wohnen? Das traumhafte Land mit seiner

Wärme, den freundlichen Menschen und das fröhlichere Leben in der Sonne des Südens, gefielen ihm schon sehr gut. Aber die Verantwortung für seine zukünftige kleine Familie, machten ihm auch zu schaffen. Schließlich wurde er Vater und hatte damit eine größer Verantwortung als bisher. Alle Brücken abzubrechen, war nicht leicht. Seine Firma, seine Mitarbeiter und auch die übrige Familie, wie würden sie wohl reagieren? Auf seinen Compagnon konnte er zählen, das war ein fleißiger und fähiger Mann. Aber Sophies Familie, wie würde die reagieren und Sophie selbst, die einen engen Kontakt zu ihrer Familie unterhielt? Aber der Reiz des Neuen durchströmte seine Gedankenwelt ohne Unterlass. Er sah sich schon als einer der Chefs dieses großen portugiesischen Unternehmens stolz durch den Betrieb schreiten, sah seine noch ungeborenen Kinder in der Sonne am Fluss spielen und malte sich immer mehr aus, wie schön alles sein könnte.
Aber zugleich kamen ihm auch Zweifel auf, ob das alles wirklich auch so eintreffen würde. So in Gedanken versunken, stand er neben Hinnerk auf dem Schiff, das sie beide zu ihrem Termin mit Herrn von Koss bringen sollte.
Nach langen Gesprächen und erstaunlich guten Konditionen, die Herr von Koss ihm anbot, stand seine Entscheidung aber erst nach der Besichtigung einer alten unbewohnten Villa in unmittelbarer Nähe zum Fluss fest. Diese bot ihm Herrn von Koss als Wohnsitz an. Der große verwilderte Garten, in dem schon viele alte Bäume standen, das wäre was für Sophie, ging im gleich durch den Kopf. Hier könnte sie ihre Pflanzenleidenschaft voll ausleben. Und zukünftigen Kinder könnten ungestört und sicher spielen.
So fuhr er mit einer gewissen Vorfreude und zugleich einer Unsicherheit, wie Sophie das alles aufnehmen würde, nach Frankfurt zurück.

Besuch in der Rhön

Sophie nahm Emma mit in die Rhön, die sich freute, ebenfalls ihre Familie wiedersehen zu können.
Elisabeth war mittlerweile mit dem größten Bauern von Tann verheiratet, bei dem Emmas Eltern in Diensten standen. Sie hatte sich den Wünschen des Vaters gefügt und fühlte sich inzwischen auch wohl. Der junge Bauer Friedrich Steiner war ein netter und umgänglicher Mann und Elisabeth hatte es gut bei ihm. In der Zeit, als Sophie zu Besuch da war, kam sie öfter mit ihrer Kutsche zur elterlichen Mühle, und die beiden Cousinen alberten wie in früheren Zeiten und tauschten ihre Erfahrungen aus. Wenn abends alle um den Esstisch versammelt waren, wurden auch sie nicht von Sophies begeisterten Schilderungen ihrer Portugalreise verschont. Alle saßen und lauschten mit offenem Mund, was Sophie ihnen zu erzählen hatte. Schließlich waren sie nie weiter als nach Frankfurt hinausgekommen und alles, was sie hörten, versetzte sie in Staunen.
Sophies Tante, die Erfahrungen mit ihrem großen Bauerngarten hatte und mit dem selbst gezogenen Gemüse und Obst die ganze Familie ernährte, staunte über die exotischen Pflanzen, von denen Sophie ihr vorschwärmte und von denen sie noch nie etwas gehört hatte. Sie nahm sie gern mit in ihren Garten und zeigte ihr hier, was sie an Gemüse und Blumen heranzog. Sie erklärte ihr, wie sie Samen sammelte fürs nächste Jahr, wie sie Tomaten ausdünnte, Jauche ansetzte oder mit Kompost düngte.
Der große Garten lag hinter der Mühle. Ein Flechtzaun trennte ihn zur offenen Landschaft ab und hielt Tiere fern. Davor stand als Windschutz eine Hecke aus Weißdorn und Haselnuss. Eine Obstwiese schloss sich an. Hier wuchsen mehrere Sorten von Äpfeln, Birnen, Kirschen, Zwetschgen, Mirabellen, Pfirsiche, Quitten. Die einzelnen Beete wurden

mal durch Blumenrabatte, dann wieder durch Buchsbaumhecken getrennt, was wunderschön anzusehen war. Es summte und brummte, bunte Schmetterlinge flogen von Blüte zu Blüte.
In Reihen standen akkurat Salatköpfe und alles erdenkliche Gemüse, unterbrochen durch Kräuter, die einen wundervollen Duft verströmten. Es war ein typischer Bauerngarten und Margarete war mächtig stolz auf ihn. Ihre Ernte verarbeitete sie zu Marmelade, kochte Obst in Gläsern ein, Kartoffeln wurden kühl gelagert und auch die Äpfel lagerten im kühlen Keller, wobei die verfaulten Früchte ständig aussortiert wurden. Vor einer Holzhütte hingen zum Trocknen gebündelte Kräuter, die anschließend in Vorratsgläsern für den Winter aufbewahrt wurden. In der Mitte stand ein großer Brunnen mit einem Eisenschwengel, aus dem man Gießwasser zapfen konnte. Gleich neben dem Gartentor sah man einen kleinen Schuppen. Hier waren die Gartengeräte verstaut sowie allerlei anderes Gerümpel; Töpfe, abgebrochene Hacken und Körbe. Dahinter sah man einen großen Komposthaufen.
Margarete erklärte Sophie jedes Detail. Sie spürte das große Interesse, das diese plötzlich an den Tag legte. Sie freute sich darüber, obwohl sie wusste, dass Sophie über keinen Garten verfügte, aber dass jemand mal überhaupt etwas zur Kenntnis nahm, was sie tagtäglich machte, das tat gut.

Spaziergang im Frankfurter Nizza

Es war an einem Sonntag im Mai und heute wollte Johann seine Pläne verraten. Sophie war hochschwanger, fühle sich aber bestens und war gut gelaunt. Sie bat Johann um einen Spaziergang im *Frankfurter Nizza*. Die Gartenanlage am Mainufer, die nach einer Idee von Franz Heinrich Siesmayer, dem Schöpfer des Frankfurter Palmengartens, angelegt wurde, war eine Augenweide mit einer Bepflanzung mediterraner Gewächse, die aber teilweise in einem Glashaus überwintert werden mussten. Eine Platanenallee führte durch die Anlage und man konnte hier wunderbar entlangflanieren. Das neu eröffnete Damenschwimmbad lag gleich nebenan.

Sophie hatte sich in einen weiten Mantel gehüllt, der ihre Leibesfülle etwas verbarg und Johann stolzierte in seinem Sonntagsanzug Arm in Arm neben ihr. Es herrschte reges Treiben im Park. Viele Kinder mit ihren sonntäglich herausgeputzten Eltern spazierten fröhlich am Mainufer entlang, daneben fuhr auch noch eine laute Dampflok auf den am Ufer verlegten Schienen vorbei. Johann rang mit sich. War nun der richtige Augenblick gekommen, Sophie seine Pläne zu verraten, denn aufregen wollte er sie in ihrem jetzigen Zustand nicht.

»Sieh nur, wie schön und majestätisch diese Palme in der Mitte steht«, meinte Sophie und deutete auf das Pflanzenrondell, in dessen Mitte eine mächtige Palme ihre Wedel im Wind hin und her bewegte. »Weißt du noch, was wir für wundervolle Palmen in Lissabon gesehen haben?«, fragte sie weiter und schaute Johann von der Seite abwartend an. »Und überhaupt, wie wundervoll es in Portugal war?«, hakte sie nach. Dabei seufzte laut sie auf. So also würde sie die Erinnerung daran sie schmerzen.

Das ist nun der richtige Zeitpunkt, dachte Johann. Er räusperte sich, fasste sich ein Herz und sagte: »Was würdest du sagen, wenn du solche Palmen jeden Tag sehen könntest?«

Sophie tat absichtlich überrascht und machte ihm große Augen. »Was meinst du denn damit? Natürlich würde ich gern jeden Tag solch wundervolle Pflanzen wie hier sehen. Du weißt doch, wie sehr ich es liebe!«

»Dann habe ich eine Überraschung für dich!«, meinte Johann geheimnisvoll. Er konnte ja nicht wissen, dass Sophie

nur drauf wartete, dass er ihr endlich sagen würde, weshalb er mit Hinnerk nach Lissabon gereist war.
»Wenn du willst, können wir nach Barreiro in eine Villa mit großem Garten umziehen. Herr von Koss hat mir ein sehr gutes Angebot gemacht. Das Haus müsste noch etwas renoviert werden, aber bei deinem Talent, könnte es sehr schön werden.«
Endlich!, dachte Sophie und strahlte ihren Mann überglücklich an. Endlich hatte er ihr reinen Wein eingeschenkt und zum Glück hatte er sich für Portugal entschieden. Er war ja der Herr im Haus und sagte, wo es langging.
»Das ist das Schönste, was du mir je geschenkt hast!«, sagte sie deshalb und küsste ihn vor aller Augen auf den Mund. Und sofort sprudelten viele Ideen aus ihr heraus, die sie sich bereits schon lange vorher überlegt hatte. »Jetzt fängt das Leben richtig an!«, flüsterte sie ihm noch ins Ohr und drückte sich ganz fest an ihn.

Geburt des 1. Kindes

Dann endlich war es so weit, man schrieb den 26. Juni 1901 und Sophie gebar ihr erstes Kind. Es war eine Tochter, die die überglücklichen Eltern in der Lutherkirche zu Frankfurt evangelisch lutherisch auf den Namen Else Margarete Ferdinande taufen ließen. Sie hatten es relativ eilig mit der Taufe, weil Johann das Angebot von Herrn von Koss angenommen hatte. Ab diesem Zeitpunkt drehte sich – neben dem Kind – fast alles nur noch um die Einzelheiten des bevorstehenden Ortswechsels nach Portugal.
Beide freuten sich auf das große Haus, das unweit vom Tejo am Ortsrand von Barreiro stand und bei günstigen Wetterbedingungen einen wunderschönen Blick auf Lissabon und den Fluss bot. Es war ein u-förmiges Haus, umgeben von

einem großen, verwilderten Garten mit alten, Schatten spendenden Bäumen. Wie Johann wusste, bedeutete das Sophie viel, da sie sich bereits seit ihrer Hochzeitsreise einen eigenen Garten wünschte und sich sehr für Pflanzen interessierte. Da er die kreativen Fähigkeiten seiner Frau kannte, war er guten Mutes, dass sie aus dem Haus schnell ein gemütliches Heim machen würde.
Die Villa war von außen nicht gerade eine Schönheit, weil sie bereits einige Jahre leer stand. Nachdem die Vorbesitzer nach Angola ausgewandert waren, hatte Herr von Koss das alte Gebäude für die Firma preiswert erwerben können. Die Lage zum Tejo war sehr günstig, und irgendeine Verwendung würde sich schon ergeben. Da er an Johanns Mitarbeit sehr interessiert war, fiel ihm die Entscheidung leicht, ihm und seiner Familie das Haus als zusätzlichen Anreiz zu seinem Salär zu überlassen. Es bot ausreichend Platz für eine große Familie und mit der nötigen Fantasie konnte man bestimmt ein Schmuckstück daraus machen.
Herr von Koss beauftragte einige Arbeiter, erst einmal die Wände innen neu zu streichen. Auch die reichlich vorhandenen Azulejos, die typischen portugiesischen Fliesen, mussten gesäubert werden, und es war noch einiges anderes zu tun, um alles bewohnbar zu machen. Der große Kamin im Wohnzimmer war ein besonderes Schmuckstück des Hauses und die noch vorhandenen dunklen, alten Möbel waren recht gut erhalten. Sie wurden erst einmal im Schuppen aufbewahrt. Man wollte abwarten, was davon die neuen Bewohnern verwenden wollten.
Für Sophie gab es kein Halten mehr. Sie fuhr nach Heidelberg und besuchte dort Carlos, zu dem sie stets Kontakt gehalten hatten und der dort studierte. Sie überredeten ihn, doch in den Semesterferien nach Frankfurt zu kommen. Er könnte dann bei ihnen wohnen, und wenn sie nach Portugal

umziehen würden, könnte er die Wohnung weiterhin kostenlos nutzen. Als Gegenleistung erbat sie sich Unterricht für alle in Portugiesisch.

In Frankfurt wurden schon bald die Koffer gepackt. Es war Ende September 1901 und Else war gerade mal drei Monate alt. Die Wohnung blieb so eingerichtet, wie sie war, weil sie vorerst zur Sicherheit noch einen Rückzugsort in Frankfurt behalten wollten.

Nun war Sophie in ihrem Element! Planen und Ideen schmieden, das war genau ihr Ding. Wenn sie nicht gerade mit dem Baby beschäftigt war, das sich bestens entwickelte und völlig pflegeleicht war, schrieb sie sich penibel auf, was alles zu tun war, damit auch ja nichts vergessen wurde.

An Emma wurde, zusätzlich zu ihren anderen Pflichten, die Rolle des Kindermädchens übertragen. Sophie fand die Idee, sie mitzunehmen, sehr praktisch.

»Dann haben wir jemanden, der sich auch auf der Zugreise ums Baby kümmern kann, und wir hätten in Portugal gleich eine tüchtige Hilfe«, meinte sie überzeugend.

Da Johann ihr von dem großen, verwilderten Garten erzählt hatte, stattete sie ihrer Tante Margarete noch einen Besuch ab und deckte sich mit allerlei Samen aus deren Garten ein. »Sicher ist sicher«, meinte sie zu ihr. »Wer weiß, ob die in Portugal das gleiche Gemüse wie du anbauen.« Auch Stecklinge nahm sie noch einige mit, die ihre Tante bereits in kleinen Töpfchen vorgezogen hatte.

Dann ging es schon bald ans große Kofferpacken und Sophie verpackte mit Emmas Hilfe alles in große Kisten, die dann per Schiff nach Lissabon transportiert wurden. Man war bei O. HEROLD informiert und wollte die Gepäckstücke im Haus einlagern.

Emma war begeistert! Sophie hatte ihr schon so viel über Portugal erzählt, dass sich auch bei ihr eine gewisse Sehn-

sucht, dieses Land mit eigenen Augen zu sehen, eingenistet hatte.
Und dann ging endlich die große Fahrt los!
Das Baby war zum Glück recht friedlich auf der Reise. Es hatte einen gesunden Appetit und war ein knuddeliger Wonneproppen, der von Emma hin und her getragen und beschmust wurde. Ein Schlafwagenabteil gehörte allein den Eltern, ein weiteres Abteil bewohnte Emma mit dem Baby. Hier lagen auch alle Utensilien für die Pflege des Babys bereit, und Sophie kam zum Stillen ins nebenliegende Abteil. Die Reise war ähnlich angenehm wie die erste, und alle kamen gut erholt am Lissabonner Bahnhof *Santa Apolónia* an.
Schon beim Anblick des Tejo klatschte Emma beglückt in die Hände. Sie war sehr aufgeregt. Schließlich war dies die erste große Reise ihres Lebens.
Obwohl es bereits Anfang Oktober 1901 war, zeigte das Thermometer noch 18 Grad an, als sie aus dem Zug stiegen, was alle veranlasste, ihre Kleidung zu lüften und die Mäntel aufzuknöpfen.
Alle großen Gepäckstücke wurden vom Gepäckträger in die bereits wartende Kutsche geladen. Kurz darauf hörte man das Hufgeklapper der beiden Zugpferde, die sich langsam in Bewegung setzten.
Emma war sprachlos angesichts des Treibens hier am Bahnhof und machte große, staunende Augen, denen die Vorfreude auf die kommende Zeit anzusehen war. Sie hielt Else fest in ihren Armen und trug dazu noch eine kleine Tasche mit Babyutensilien über der Schulter, die sie sicherheitshalber zusätzlich mit einem Gürtel festgebunden hatte. Dabei atmete sie tief die frische Brise ein, die sie das Meer erahnen ließ.
Die langsam untergehende Sonne färbte den Himmel bereits in glühendes Rot, als sie am Ufer des Tejo ankamen.

Dort erwartete sie bereits das große Boot und der Kapitän begrüßte Johann und seine Begleiter wie alte Bekannte. Er wusste schon, dass er einen der neuen Direktoren der Fabrik nebst Familie in Empfang nahm. Eifrig lud er die Gepäckstücke aufs Boot und bemühte sich, dass alle es bequem hatten.

Johann war nervös. Man sah ihm die Anspannung an, denn er wusste nicht, wie Sophie reagieren würde, wenn sie ihr neues Zuhause zum ersten Mal sah. Er hoffte, alles in einem guten Zustand anzutreffen. Hoffentlich war alles so renoviert, wie ich es gewünscht habe, dachte er.

Das Boot fuhr an und bewegte das blaugrüne Wasser, das durch die untergehende Sonne wie mit Diamanten besetzt funkelte. Es passierte noch einen Lastkahn und drehte gleich darauf bei, denn sie waren am Ufer von Barreiro angelangt. Sophies Herz klopfte vor Aufregung bis zum Hals. Ihr fiel auf, dass die Seeleute auf dem Schiff alle barfuß waren, nur der Kapitän trug einfache Schuhe mit Bandverschluss. Da muss das Wetter ja noch mild sein, dachte sie.

Es wartete erneut eine Kutsche auf die Deutschen, die sie zum neuen Domizil fahren sollte.

Das neue Haus

Sophie verbarg ihre Enttäuschung, als sie in der einsetzenden Dämmerung das neue Domizil zum ersten Mal sah. Es war wahrlich keine Schönheit. Sie schaute ernüchtert auf einen großen dreistöckigen Bau mit einem ungepflegten, verwilderten Vorgarten. Fensterrahmen und Haustür waren, soweit sie es sehen konnte, rissig und abgeblättert. Aber sie wollte Johann nicht enttäuschen. Tapfer lächelte sie ihn an, als sie sah, wie verzagt er zu ihr hinüberschaute.

»Lass uns erst einmal hineingehen, ich denke, dort sieht es wesentlich besser aus«, meinte er beschwörend. Und tat-

sächlich! Innen waren die Wände schön weiß verputzt und die halbhoch gefliesten Azulejos glänzten frisch poliert. Es roch würzig und trocken. Der muffige Geruch, der Johann bei der Besichtigung des Hauses aufgefallen war, war wie weggefegt. Zur Begrüßung standen frische Blumen mit einem Willkommensgruß auf einem Tischchen im großen Flur und Sophie durchschritt erst einmal Raum für Raum und machte bereits ein wesentlich fröhlicheres Gesicht.
»Schau nur, was für ein toller Kamin«, rief sie Johann begeistert zu, der lächelnd auf sie zuschritt und sie in die Arme nahm.
»Ich wünsche dir und uns allen ein wundervolles Leben hier am Tejo«, flüsterte er ihr ins Ohr und küsste sie herzlich auf den Mund.
Sophie drückte sich fest an ihn und schaute in seine dunklen Augen. Ihr Gesicht wurde glatt und weich und jeglicher Zweifel war urplötzlich aus ihr entschwunden. Sie lächelte glücklich und optimistisch der Zukunft entgegen.
»Das wird schon alles, Liebster! Du wirst schon bald sehen, wie schön unser Leben sein wird.«
Emma durchlief mit Else auf dem Arm staunend das große Haus. Vor allen Dingen die große Küche hatte es ihr sofort angetan.
»Wo soll ich denn die Koffer hintragen?«, fragte sie freudig erregt.
Nun holte Johann eine kleine Wohnraum-Skizze aus seiner Jacke, die er vorsorglich vorher angefertigt hatte.
»Warte einen Augenblick, ich will das erst einmal mit Sophie besprechen.«
Er breitete die Skizze auf dem großen, alten Eichen-Küchentisch aus, den er extra hatte stehen lassen, und ging mit Sophie die Zimmer durch. Schnell war ihnen klar, wer wo ein Zimmer beziehen konnte. Die oberen Zimmer blieben

vorerst noch leer. In ihnen sollten später einmal die noch ungeborenen Kinder wohnen.
Das Schlafzimmer des Paares lag im ersten Stock, Elses Zimmer vorerst daneben, während Emma unten ein Zimmer neben der Küche beziehen sollte. Dieses Zimmer war mit dunklen portugiesischen Möbeln aus schwerer Eiche bereits eingerichtet. Es war ein großer Raum mit einem wunderschönen Bett und hatte einen schönen Blick auf den Fluss, was Emma besonders gut gefiel. Die vorhandenen Klappläden konnten die Sonne abhalten und ließen sich von innen verriegeln, was sie auch gut fand, weil sie somit keine Angst vor Eindringlingen haben musste. Nun kümmerte sie sich erst mal um Else, die einen eindeutigen Duft verströmte, der jedem klar machte, dass sie frisch gewickelt werden musste. Es war sowieso erstaunlich, wie problemlos sich dieses Baby verhielt. Die lange Reise und die Beschwerlichkeiten der Babypflege, das alles ließ sie nicht nur reibungslos über sich ergehen, sondern verbreitete dabei sogar noch eine Fröhlichkeit, die ansteckend wirkte.
Die Küche war mit vielen gemauerten Einbauten praktisch eingerichtet. Auch hier waren wieder alle Holzteile aus dunkler Eiche, und an der Decke hingen allerlei Töpfe und Kellen. Rundum waren die Wände halbhoch mit Azulejos verkleidet, und an der Seite befand sich ein riesiges Spülbecken aus Stein. Daneben führte eine Tür in den Garten sowie eine schmale Treppe nach oben, die zu einem kleinen Abstellraum führte.
Die große Vorratskammer war auf Anweisung von Herrn von Koss vorsorglich mit allerlei portugiesischen Köstlichkeiten gefüllt worden, so dass Emma schon bald ein einfaches Abendessen zubereiten konnte. Verwundert schaute sie allerdings auf die an einer Stange hängenden, bretharten Fischfilets, die man in Portugal *Bacalhau* nannte und die immer zuerst bis zu drei Tage in Wasser gelegt werden

mussten, bevor man sie weiterverarbeiten konnte. Dass dieser Fisch traditionell in Portugal auf den Tisch kommt, sollte Emma später noch genauer erfahren.

Johann ging mit Sophie die breite Treppe nach oben und sie durchschritten gemeinsam noch einmal Zimmer für Zimmer. Das bereits vorher von Johann ausgewählte Schlafzimmer bot ebenfalls einen herrlichen Blick auf den Tejo, und weil der Himmel ohne Wolken und völlig klar war, konnten sie in der Ferne die Lichter von Lissabon erkennen. Es war ein atemberaubender Blick.

Ein riesiges Bett mit Blick auf die schimmernden Lichter war bereits für die Nacht zurechtgemacht, so dass sich Sophie lachend rückwärts hineinfallen ließ.

»Ich bin so müde«, murmelte sie und kuschelte sich in die weichen Federn. »Komm, lass uns bald schlafen gehen, damit wir morgen ausgeruht ans Einrichten gehen können. Ich bin schon ganz voller Tatendrang!«

Johann lachte und ließ sich ebenfalls rückwärts ins Bett fallen. Kurz darauf hörten sie Else aus dem Nebenzimmer schreien.

»Oh, Else hat Hunger. Ich muss ja erst noch stillen.«

Sie ging hinüber ins Kinderzimmer, wo ihr Emma das Baby bereits frisch gewickelt in die Arme legte.

Als Sophie zurück ins Schlafzimmer kam, lag Johann noch völlig angezogen im fast dunklen Zimmer fest schlafend im Bett. Sie hörte seinen tiefen, gleichmäßigen Atem, der auch gern schon mal in ein leises Schnarchen überging. Sophie deckte ihn vorsichtig zu und machte sich im angrenzenden Bad fertig für die erste Nacht im neuen Zuhause.

Es war Vollmond und sein silberner Lichtkranz schaukelte auf den reflektierten Wellen. Dass es ja der gleiche Mond war, der auch über Frankfurt schien, wurde ihr mit einem Mal bewusst, und sie spürte urplötzlich ihre Verbundenheit mit der alten Heimat, und sandte imaginäre Grüße hinaus in die Ferne. Sie saugte die sich ihr bietenden Bilder förmlich in sich auf. Wie schön, dachte sie. So erdverbunden hatte sie sich zuvor noch nie gefühlt, denn wenn sie in Frankfurt aus dem Fenster schaute, sah sie auch zu später Stunde noch Menschen auf der Straße, und der Lärm der Großstadt drang zu ihr hinauf.

Sie blieb noch lange am Fenster stehen, bis auch sie die Augen nicht mehr aufhalten konnte. Also schlüpfte sie zu Johann ins Bett und schmiegte ihren Körper an den seinen, ganz vorsichtig, um ihn nicht aufzuwecken. Sie konnte jedoch vor lauter Aufregung nicht einschlafen. Die ungewohnten Geräusche und die neuen Eindrücke beschäftigten sie. Es war zudem durch den Mond recht hell im Zimmer. Die Grillen zirpten, in der Nähe bellte ein Hund und in der Ferne gab ein anderer darauf Antwort. Alles Geräusche, die fremd für sie waren. Sie hatte das Fenster weit geöffnet und die Fensterläden waren nicht geschlossen. Das waren sie aus Frankfurt nicht anders gewohnt. Sie schliefen immer ohne Fensterläden, gingen bei Dunkelheit ins Bett und standen, wenn es hell wurde, wieder auf. Das konnte sich Johann als Chef erlauben.

Alles war so neu für sie. Durch das offene Fenster drang die immer noch milde Abendluft mit einem süßlichen, betörenden Duft. Sophie wusste nicht, woher er kam. Das wollte sie aber gleich am nächsten Tag erkunden. Am Himmel glänzten Milliarden von Sternen, und ein leichter Windhauch bewegte leise hörbar die Blätter der Bäume. In der Ferne sah man das Lichtermeer von Lissabon auf der anderen Seite des Flusses und man hörte die Geräusche der Wellen, wenn sie am Ufer anschlugen.

Sie schaute in das schlafende Gesicht ihres Mannes, der tief ein- und ausatmend wie ein Baby neben ihr lag. Seine Gesichtszüge waren völlig entspannt und seine schwarzen Haare glänzten weich und glatt im Mondlicht.

Sie lächelte ihm glücklich zu und schmiegte sich wieder an ihn. Allmählich glitt auch sie ins Reich der Träume hinüber.

Sophie wachte am nächsten Morgen erst auf, als die Sonne schon längst im Osten aufgegangen war. Es war noch still im Haus. Sie schaute vom Bett aus durch das Fenster und sah den im Morgenlicht glänzenden Fluss vor sich. Johann atmete gleichmäßig ein und aus und hatte ein völlig entspanntes, zufriedenes Gesicht. Sie musste lächeln und streichelte liebevoll über seine Arme. Leise schlich sie sich aus dem Bett, schaute in den Flur und lauschte, ob sie vielleicht von Else etwas hören konnte. Aber nichts. Scheinbar schliefen noch alle.

Es war recht kühl im Zimmer, auch deshalb, weil sie das Fenster offengelassen hatte. Leise schloss sie es und legte noch eine Decke über Johann, bevor sie ins Bad ging. Dort stand im schmiedeeisernen Ständer mit dem herausnehmbaren Waschbecken aus Keramik eine volle Wasserkanne für sie bereit. Sowohl Becken als auch Kanne waren mit wunderschönen Blumen verziert und eine absolute Augenweide. Ein Nachttopf mit gleichem Blumenmuster stand auf der untersten Ablage.

Das Wasser war kalt und Sophie schüttelte sich etwas. Das wollte sie gleich Emma auftragen, dass morgens warmes Wasser bereitstehen sollte. Schnell wusch sie sich und zog sich an. Sie war zu neugierig, was sie heute bei Helligkeit erwarten würde. Von unten hörte sie nun Geräusche aus der Küche. Emma hatte das Baby bereits frisch gemacht und war gerade dabei, etwas von dem neumodischen Kindermehl von Nestlé zu verfüttern, das als ein gesunder, nährstoffreicher Ersatz für Muttermilch länderweit seinen Siegeszug angetreten hatte. Das machte die Babys vom Stillen der Mutter völlig unabhängig und Else bekam es vor-

züglich. Emma fuhr erschrocken herum, als sich die Küchentür öffnete.
»Ach, Sie sind es, gnädige Frau«, sagte sie erleichtert.
»Wer sollte es denn sonst sein? Vielleicht der Klabautermann?«, grinste Sophie. Nun lachten sie beide.
Der Herd in der Küche verbreitete eine angenehme Wärme. Emma hatte ordentlich Kohlen eingelegt, die aus England importiert wurden und ausreichend im Schuppen vorhanden waren. Sie war ganz begeistert von dem Herd. Er war aus Eisen und fest eingemauert, hatte seitlich ein Warmwasserschiff, ein Extrafach für Holz oder Kohle und oben auf der Esse eine Ablage für die Topfdeckel. Offensichtlich hatte sich der Vorbesitzer diesen aufwendigen Herd aus England kommen lassen und talentierte Maurer hatten ihn eingepasst.
»Ist das nicht eine wunderschöne Küche, gnädige Frau?«, fragte sie mit einem Lächeln im Gesicht.
Sophie sah sich um und konnte diese Aussage nur bestätigen. Es war alles vorhanden, was das Hausfrauenherz begehrte. Ein großer Tisch stand in der Mitte des Raumes, und da noch nicht alle Möbel an ihrem Platz standen, bat sie Emma, hier den Frühstückstisch zu decken, auch weil es schön warm im Raum war.
»Es ist alles noch so ungewohnt. Ich höre ständig unbekannte Geräusche. Daran muss ich mich erst noch gewöhnen. Soll ich schon Frühstück machen?« Emma schaute sie fragend an.
»Nein, warte noch, bis mein Mann wach ist, und bring ihm bitte noch etwas warmes Wasser nach oben, damit er sich wohlfühlt, wenn er ins Bad geht.«
»Sehr gern«, meinte Emma und übergab Sophie das Baby, das sie zufrieden und glücklich anlächelte.
»Durch diese Tür kommt man auch in den Garten!« Emma deutete auf die seitliche Küchentür.

Mit dem Baby auf dem Arm öffnete Sophie die Gartentür, die direkt von der Küche ins Freie führte. Wieder empfing sie dieser unvergleichliche Duft und sie erkannte sofort den großen Orangenbaum seitlich der Küchentür, der übervoll mit reifen Orangen war.

»Riechen Sie den süßen Duft, Emma?«

»Ich habe schon mal an der Pflanze geschnuppert. Das sind die vielen weißen Blüten hier am Baum«, meinte Emma.

»Schau mal Else, alles leckere Früchte für uns!«, begeisterte sich Sophie, hielt Elses Nase an eine Blüte, küsste sie und drückte sie voller Liebe an sich.

»Das wird ein schönes Leben, mein Schatz!«

»Ach, das ist ja interessant, das hier muss ein Mandarinenbaum sein. Wie wunderbar!«, entzückte sie sich, als sie einen weiteren kleinen grünen Baum sah, der ebenfalls übersät mit weißen Blüten war. Auch an ihm hingen gleichzeitig Blüten und kleine orangene Früchte.

Sie sog den intensiven Duft ein und fasste die dunkelgrünen, ledrigen Blätter an.

»Diese Früchte habe ich schon mal in Lissabon gekauft und gegessen. Sie schmecken ganz köstlich!«, erklärte sie der dazukommenden Emma. Ihr fiel der Frankfurter Palmengarten ein. Auch hier hatte sie so einen Baum schon mal gesehen, und viele der exotischen Pflanzen von dort hatte sie in ihrem Gedächtnis abgespeichert.

»Hast du den Garten schon angeschaut?«, fragte sie Emma und gab ihr Else zurück.

»Ja, der sieht nach viel Arbeit aus.«

Sophie hob ihren Rock etwas an und steckte ihn seitlich in den Bund, damit sie im hohen Unkraut besser laufen konnte. Nun ging sie mit forschem Blick durch den Garten und erkannte tatsächlich manche Pflanze, die sie zuvor bereits in ihren Büchern studiert hatte.

Sie sah einen kleinen Anbau, der wohl als Gartenhaus ge-

dient hatte, und hier standen diverse Gartengeräte an der Wand.
Sie war trotz der Wildnis total begeistert. Alles, was sie sah, beflügelte ihre Fantasie und sie sah sich im Geiste bereits in einem blühenden Paradies sitzen. Zistrosen, Lavendel, Rosmarin und all die wundervollen Pflanzen, die sie damals im Korkeichenfeld gesehen hatte, standen auch hier in stattlicher Größe.
Es war ihr klar, dass hier zuerst einmal ein Gärtner vonnöten war, der die vielen Unkräuter beseitigen und die Bäume fachgerecht beschneiden musste. Wege, die längs und quer durch den Garten führten, konnte sie auch ausmachen, wenn sie auch fast zugewuchert waren. So ergab sich nach und nach ein Bild in ihrem Kopf, was zuerst zu tun war.
Hinter dem Haus war Süden. Deshalb gab es hier bereits eine große Pergola, die mit Wein bewachsen war. Die Trauben hingen reichlich herunter, waren jedoch schon alle vertrocknet, was sie schade fand. Aber die alten, großen Bäume, die sie fast alle bestimmen konnte, warfen viel Schatten in die Beete, was bei Hitze bestimmt von Vorteil war.
Sie schaute Richtung Küche und ihr war sofort klar, dass gleich davor eine Kräuterecke angelegt werden musste. Die Samen dafür hatte sie in ihrem Gepäck. Die Aussaat war aber erst im Frühjahr sinnvoll, dachte sie. Das Grundstück wurde ringsum von einer Mauer eingefasst, die auch den Vorgarten mit umschloss. Sie lief um das Gebäude, um festzustellen, welcher Duft sie am Vorabend im Schlafzimmer so betört hatte. Und dann sah sie, dass genau unter dem Fenster ein alter Orangenbaum stand, der in voller Blüte stand und auch ein paar reife Früchte hatte.
Es war ein wundervoller Spätherbsttag, die Luft so klar und warm, dass es ein Entzücken war, das helle, flutende Licht

zu sehen, das Menschen aus dem Norden stets wie ein Zauber umfängt.
Drei mannshohe Drachenbäume konnte man zwischen dem wild wuchernden Unkraut nur erahnen. Sie pustete sich eine Haarsträhne aus der Stirn und hörte dem Gesang der Vögel zu. Eine Eidechse huschte an ihren Füßen vorbei. Der Wind spielte mit den Blättern der Bäume und blies sie in einer Ecke zusammen.
Sie klatschte vor Freude in die Hände und pflückte eine reife Orange ab. Die Schale löste sich leicht und sie probierte die saftige Frucht, die herrlich schmeckte.
Sogleich pflückte sie mehrere reife Früchte ab und legte sie in ihren angehobenen Rock. Damit wollte sie Johann und Emma zum Frühstück überraschen.
Aber zuerst war es Zeit, das Baby zu stillen. Emma hatte Else erneut frisch gemacht und übergab sie Sophie, die sich voll und ganz dem Baby zuwandte und es liebkoste.
Nach dem Stillen ging sie zum *Bäuerchen machen* noch eine Weile im Zimmer auf und ab und spazierte dann mit dem Baby auf dem Arm ins Esszimmer.
Der Tisch war bereits gedeckt und Johann wartet frisch und ausgeschlafen auf seine kleine Familie.
»Wo hast du denn die ganzen Köstlichkeiten her?«, fragte sie Emma und schaute dabei hungrig über den Tisch.
»Das hat ganz früh ein Arbeiter aus der Fabrik gebracht. Es war wohl ein Geschenk von einem Herrn von Koss, wenn ich ihn richtig verstanden habe.«
»Na, hast du schon mal ein paar Wörter in Portugiesisch ausprobiert?«, fragte sie Johann.
»Ich habe mich nicht getraut.« Emma lächelte verlegen und entschwand lautlos in die Küche. Sie hatte mit Sophie vereinbart, die Möbel im Schuppen durchzusehen, denn es fehlte doch so einiges zum Wohlfühlen.

Sophie war beim Frühstück sehr redselig. Sie sprudelte nur so vor Ideen, was sie mit dem Garten alles anfangen wollte. »Du glaubst ja nicht, was für schöne alte Bäume im Garten stehen. Einige tragen sogar noch Früchte. Da ist zum Beispiel so ein großer Baum voll mit Früchten, die wie Brombeeren aussehen. So einen habe ich noch nie gesehen. Die schmecken lecker. Aber schau mal meine Finger an. Die Flecken gehen kaum ab«, lachte sie Johann an, öffnete ihre Hand und hielt ihm zwei große Beeren mit ihren verfärbten Fingern entgegen. Sie sahen tatsächlich wie Brombeeren aus und schmeckten köstlich.
»Der ganze Baum hängt voll«, sagte sie noch voller Elan. »Das krieg ich schon noch raus, was man damit machen kann!«
Die Begeisterung seiner Frau steckte ihn an. »Ich sehe schon, hier wird's dir nicht langweilig«, meinte er zufrieden und genoss erst einmal das reichliche Frühstück.
»Aber eins muss ich gleich mit dir klären, Sophie. Ich muss mich jetzt voll und ganz der neuen Aufgabe als technischer Direktor widmen und werde für Haus und Garten wenig Zeit haben. Das musst du alles mit dem Dienstmädchen allein machen. Ich werde mal sehen, ob ich noch einen Arbeiter für dich abstellen kann.«
»Das weiß ich doch, das macht mir doch gerade so einen Spaß. Ich bin die neue Chefin des Hauses«, lachte sie, sprang auf und gab ihm einen Kuss.
»Das ist doch genau das, was ich will«, beteuerte sie noch. »Du wirst schon sehen, es wird traumhaft! Bleib du ruhig noch sitzen, ich gehe mit Emma mal nach den Möbeln schauen.« Und schon war sie winkend verschwunden.
Johann lachte ihr hinterher. Da habe ich mir ja einen Wirbelwind eingefangen, dachte er und biss in ein lockeres Törtchen, das wohl so ein Puddingtörtchen war, wie sie es

bei ihrem Ausflug zu den Korkeichen gegessen hatten. Es schmeckte herrlich!

Während Johann noch am Esstisch saß, ging Sophie mit Emma in den Schuppen. Dort standen viele gut erhaltene Möbelstücke herum, die sie eingehend anschauten. Sie zogen Schubladen auf, prüften Türen an Schränken und Sophie schrieb sich eine Liste von allen Möbelstücken, die sie unbedingt nach oben holen wollte.

»Emma, die Möbel sind besser als unsere eigenen, und alles, was wir nun ausgesucht haben, musst du gründlich auswaschen und einölen«, sagte sie bestimmt.

»Dann lassen wir einen Arbeiter kommen, der alles an seinen Platz stellt. Ich mache mir dazu einen Plan.«

Fröhlich summend ging sie nach oben, um nach Else zu schauen, die absolut brav in ihrem Bettchen lag. Sie hatte ein Tuch im Mund und spielte daran herum.

Johann rief die Treppe herauf: »Die Kutsche ist da. Ich fahre schon mal rüber in die Fabrik und begrüße alle!«

»Ja, mach nur. Wir sehen uns dann zum Mittagessen!«

So beschwingt und frei hatte sich Sophie noch nie gefühlt. Sie war am Ziel ihrer Träume angelangt. Sie hatte einen Mann, der sie als Frau so akzeptierte, wie sie nun mal war. Der sie nicht herumdirigierte, wie das ihr Vater all die Jahre mit den weiblichen Mitgliedern seiner Familie gemacht hatte. Für ihn waren Frauen mehr schmückendes Beiwerk, die nichts zu melden hatten und nur dem Mann für alle Annehmlichkeiten zur Verfügung stehen mussten. Ja, selbst bei der Kindererziehung schrieb ihr Vater der Mutter vor, was sie zu tun und zu lassen hatte. Er sah sie nur als Gattin und Mutter, die hinter ihm zu stehen, viele Kinder zu gebären und Gäste im Salon repräsentativ zu empfangen hatte. Ihr eigener Spielraum war da ziemlich begrenzt und ihre Mutter fand das auch durchaus in Ordnung, sie fand es völlig normal und fügte sich.

Sophie hatte schon immer dagegen rebelliert, was zu vielen Diskussionen mit dem Vater geführt hatte, die er oft mit einem energischen »Nun ist genug, Sophie, schweig!«, beendet hatte. Trotzdem hatte er einen weichen, ja sogar manchmal sentimentalen Kern und seine Töchter konnten mit weiblicher List und Schmeicheleien doch etwas bei ihm erreichen und seinen anfänglichen Widerstand aufbrechen. Auch Johann als Ehepartner hatte sie ihm so nach und nach schmackhaft gemacht, obwohl er bereits einen anderen Verehrer für sie vorgesehen hatte.
Diesem Unterordnen der eigenen Bedürfnisse war sie nun zum Glück durch ihre Heirat entflohen und wollte alles von nun an ganz anders machen. Sie wollte mehr Partnerin ihres Mannes sein, mehr mitbestimmen, wie ihr Leben zu verlaufen hatte. So hatte sie bereits nach ihrer Schwangerschaft beschlossen, kein Korsett mehr zu tragen, was ihr oft die Luft abschnürte. Sie war schlank genug, sich ohne dieses einzwängende Kleidungsstück zu kleiden, und fand es sehr modern und schick, ohne auszukommen.
»Ich bin eben eine moderne Frau, die weiß, was sie will!«, meinte sie scherzhaft zu Johann, dem es wahrscheinlich gar nicht aufgefallen war. Er fand sie so oder so schön!
Emma war mit dem Einreiben der vielen Schränke, Kommoden und Tischchen beschäftigt. Sie nahm dazu ein ihr unbekanntes Öl, das sie in der Speisekammer gefunden hatte. Sie prüfte erst, ob man das zum Einreiben verwenden konnte, und war vom Ergebnis begeistert. Alle Möbel glänzten schon bald wundervoll, sie musste sie nur noch polieren.
Sophie hatte unterdessen aufgeschrieben, wo die einzelnen Möbel aufgestellt werden sollten. Sie wartete eigentlich nur noch auf ein oder zwei kräftige Träger, die die Stücke im Haus verteilen sollten.

Noch bevor Johann zum Essen kam, klopften zwei Arbeiter an die Tür, die ihr mit vielen Fingerzeichen mitteilten, dass sie zum Tragen abgestellt waren.
Nun übernahm Emma das Kommando. Sie war vor Aufregung ganz rot im Gesicht, weil sie kein Wort verstand und sich nur mit Handzeichen verständigen konnte. Ein Gefühl der Hilflosigkeit überkam sie. Aber sie ging mutig voraus in den Schuppen und deutete aufgeregt mit vielen Gesten nach oben, was die breit grinsenden Arbeiter offensichtlich verstanden. Ein Stück nach dem anderen trugen sie an den ihm zugewiesenen Platz.
So langsam bekam das neue Zuhause ein Gesicht und Sophie strahlte immer mehr.
Plötzlich stand Johann in der Tür. Er hatte schon etwas besser Portugiesisch gelernt und beeindruckte die beiden Frauen mit den wenigen Worten, die er mit den Arbeitern sprach.
»Heute gibt es nur eine dicke Suppe«, meinte Sophie zu ihm. »Wir müssen erst noch auf dem Markt einkaufen gehen.«
»Dicke Suppe, das klingt doch gut!«

Es wird

Emma und Sophie waren sehr fleißig. Das Haus veränderte sich hin zu einem sehr gemütlichen Heim. Die mitgebrachten Dinge fanden nach und nach ihren Platz und Sophie betrachtete alles mit großem Wohlgefallen.
Es wurde schon etwas kühler, so dass auch die verschiedenen Kamine befeuert wurden. Vor allen Dingen musste das Kinderzimmer gut temperiert werden, denn hier hielten sich, außer dem Baby, auch Emma und Sophie gern etwas länger auf.

Heute wollte sie sich endlich etwas mehr dem Garten widmen. Draußen war es leider etwas unfreundlich. Ein kühler Wind blies dicke, graue Wolken vor sich her, doch an manchen Stellen kamen dennoch ein paar Sonnenstrahlen durch, was die Landschaft wie ein Gemälde erscheinen ließ. Die kühle Luft blies ihr ins Gesicht, so dass sie für einen Moment die Augen schloss und die würzige Meeresluft tief einatmete. Sie schaute auf die regennasse Straße mit den vielen Pfützen, sog noch einmal tief den Duft ein und schaute voller Bewunderung den Orangenbaum an. Sie zog einen Zweig voller Blüten näher an sich heran und schnupperte daran. »Wundervoll«, sagte sie leise zu sich selbst und lief an der Mauer hinters Haus in den Garten. Auf dem Weg zur Weinpergola zupfte sie hie und da hohe Unkräuter aus, die sich leicht aus dem Boden ziehen ließen. Ein riesiger Rosmarinstrauch stand seitlich der Mauer und blühte in einem wundervollen Blau. Nun hielt sie nichts mehr zurück. Auch dieser ihr bisher unbekannte Duft, beschwingte sie geradezu und sie machte sich gut gelaunt ans Werk. Aus dem Geräteschuppen holte sie Schere und Hacke, um den Strauch von Unkraut zu befreien und gleichzeitig ein dickes Bündel abzuschneiden, das sie im Esszimmer aufstellen wollte.

So in Gedanken versunken verbrachte sie einige Stunden im Garten, zupfte und schnitt in Form und vergaß völlig die Zeit, während Emma im Haus kochte, putzte und sich um Else kümmerte. Stunden später hatte sie viel Unkraut beseitigt und betrachtete hochzufrieden ihre Arbeit. Die Bougainvilleen waren wieder sichtbar und zeigten ihre rote und violette Blütenpracht. Auf einer Blüte saß ein bunter Schmetterling, flatterte mit seinen Flügeln und trank vom Blütennektar.

Bis beide Johann laut rufen hörten: »Wo seid ihr denn alle?«

Emma kam mit dem Baby auf dem Arm in den Flur und Sophie kam aus dem Garten angerannt.
»Oh je, ich habe völlig die Zeit vergessen«, meinte Sophie entschuldigend und schaute den Arbeiter, den Johann mitgebracht hatte, interessiert an.
»Das ist Antonio. Er wird dir im Garten helfen!«, meinte er, während der schwarzhaarige junge Mann verlegen grüßte. Er war braungebrannt und gab beiden unterwürfig eine rissige Hand, der man die schwere Arbeit ansah.
»Der Tisch ist schon gedeckt, gnädiger Herr«, meinte Emma. »Ich kann gleich servieren.«
»Wir essen in zehn Minuten«, meinte nun auch Sophie. »Erst zeige ich Antonio, was er bereits im Garten machen kann.«
Sie fasste ihn spontan am Arm und machte ihm gestenreich klar, ihr zu folgen. Dann zeigte sie ihm, was er im Garten schon mal anpacken konnte.
Bei Tisch erzählte ihr dann Johann, dass er über Herrn von Koss einen Portugiesischlehrer aus der Deutschen Schule bestellt habe.
»Morgen geht's los!«, meinte er lachend. »Dann hören hoffentlich die vielen Handzeichen auf und wir alle können uns etwas mit den Portugiesen unterhalten.«

Antonio

Antonio war eine gute Wahl. Er stammte aus einem Bergdorf im Hinterland Portugals. Man nannte die Gegend im tiefsten Nordosten Portugals *Tras-os-montes (hinter den Bergen)*. Es war eine Landschaft mit tiefen Schluchten und ärmlichen Bergbauernhöfen und gerade die jungen Leute machten sich auf den Weg in die Großstadt zu einem besseren Leben.

Antonio arbeitete als Hilfskraft in der Korkeichfabrik und man setzte ihn überall dort ein, wo man ihn gerade gebrauchen konnte.
Johann hatte einen sehr positiven Eindruck von ihm gewonnen. Er schien ihm anpackend und zuverlässig und gerade richtig als Unterstützung für seine Frau.
Und er hatte sich nicht getäuscht. In kürzester Zeit hatte Antonio den Garten von allem befreit, was Sophie nicht haben wollte. Es war offensichtlich, dass er sich mit Gartenarbeit auskannte. Fachmännisch stutzte er die großen Obstbäume, die er Sophie sogar auch benennen konnte.
Antonio arbeitete gern für die Deutschen und strengte sich an, diese Arbeit auch zu behalten. Deshalb war er bei allem, was er tat, mit großem Eifer dabei. Es entwickelte sich ein fast familiäres Vertrauensverhältnis, und besonders Emma schien ihm zu gefallen, die ihm auch immer wieder etwas aus der Küche anbot. Wenn sie sich vorerst auch nur mit Blicken und Gesten vorerst verständigen konnten, blieben Sophie und Johann ihre verschämten Avancen nicht verborgen und sie amüsierten sich darüber.
Der Winter überraschte die Deutschen. Während in der Heimat die grauen Tage Einzug hielten, Schnee fiel und die Temperaturen unter den Gefrierpunkt fielen, sorgte hier die Wintersonne für ein warmes Licht und es war stets frühlingshaft warm.
Deshalb wagte es Sophie, ihre Kräuterecke jetzt schon vor der Küche anzulegen, und bald schon keimten die ersten Pflänzchen.
Sie hatte sich in den Kopf gesetzt, viele Lebensmittel, soweit es möglich war, selbst herzustellen. Das erforderliche Wissen hatte sie von ihrer Tante, und schließlich konnte auch Johann, als Sohn eines Landwirts einiges dazu beitragen. Und Emma erst. Sie hatte von ihrer Mutter viele Rezepte erhalten und bereits früher eifrig bei allen

Hausarbeiten mitgeholfen. Sie wollte nun zeigen, was sie alles konnte.
Ganz in der Nähe befand sich eine Gezeitenmühle, die die Kräfte von Ebbe und Flut nutzte, aber auch mit einer Dampfmaschine betrieben werden konnte. Von dieser Mühle bezogen sie Weizenmehl, das sie zu Brot verarbeiteten. Das Rezept war denkbar einfach: Das Mehl wurde mit Sauerteig, Salz und Wasser vermischt und daraus ein leckeres Bauernbrot gebacken, das recht lange frisch blieb und sich von dem portugiesischen Weißbrot, das oft auch mit Maismehl gebacken wurde, unterschied. Diese Aufgabe übernahm von nun an Emma, die mit großem Eifer regelmäßig neuen Sauerteig ansetzte.
Damit sie den Teig auch in einer großen Backmulde gut bearbeiten konnte, erklärte Johann dem staunenden Antonio, wie man aus einem Baumstamm einen großen länglichen Holztrog zurechtschnitzen konnte. Antonio machte sich gleich an die Arbeit und formte mit seinen Händen und dem nötigen Werkzeug eine große Backmulde, die er an den Seiten mit Eisenbeschlägen versah, damit man sie transportieren konnte. Auch unten verschraubte er sie noch etwas, damit sie stabiler war und nicht auseinanderbrechen konnte. Emma sah ihm bei der Arbeit öfter zu und staunte nicht schlecht, wie kraftvoll er das Holz bearbeitete.
Da das Haus über keinen Keller verfügte, kamen alle Vorräte in einen kühlen, recht dunklen Lagerraum, der nur ein kleines Fenster hatte, das auch noch mit einem Klappladen abgedeckt war, damit es schön kühl im Raum blieb. Auch hier kamen alte Gewohnheiten aus der Rhön zum Zuge. Offene Holzschränke und Regale, die schon vorhanden waren, wurden mit engmaschigen Netzen bespannt, so dass die Vorräte vor Schädlingen geschützt waren und dennoch belüftet wurden. Hier konnten dann die Brote und Schinken aufbewahrt werden.

Alle vier Wochen buk Emma nun das klassische hessische Bauernbrot, sehr zur Freude von Sophie und Johann. Manchmal experimentierte sie auch ein wenig mit den Broten und probierte etwas Neues aus. So gab sie schon mal ein paar Nüsse hinzu oder schmackhafte Kräuter, auch Zwiebeln probierte sie als Zutat aus, was speziell Johann begeisterte. Dann wollte sie auch Kuchen und Törtchen machen, siebte das Mehl aus, bis es fast wie portugiesisches Weißmehl war, und überraschte die Herrschaften mit süßen Köstlichkeiten.

Sophie, die mittlerweile durch die deutschen Hausfrauen in ihrem Verein erfahren hatte, was es mit den dunklen Beeren an dem großen Baum auf sich hatte, war auch nicht untätig. Sie wusste nun, dass es sich um einen Maulbeerbaum handelte und dass eine Marmelade davon köstlich schmeckte. Also erntete sie mit Emma den Baum ab und kochte die Früchte ein.

Auch von den vielen Orangen machte sie Saft und Marmelade und war stolz auf das Ergebnis. So sammelten sich nach und nach viele Vorräte im Lagerraum an, was sie mit kindlicher Freude erfüllte.

Der Garten verwandelte sich mehr und mehr zu dem Paradies, das sie sich erträumt hatte. Immer wenn sie von Mitgliedern des Deutschen Vereins eingeladen wurde, erfuhr sie Neues über die Pflanzen des Landes. So wusste sie nun, dass sie eine Vielzahl von Köstlichkeiten im Garten hatte und eine reiche und vielfältige Ernte erwarten konnte. Auf manche Früchte musste sie jedoch noch warten, um zu wissen, wie sie schmeckten. So war sie auf die pflaumengroßen, gelben bis orangeroten Früchte der japanischen Wollmispel gespannt, die wunderbar schmecken sollten. Dieser immergrüne, kleine Baum mit seinen weißfilzig behaarten Blättern gefiel ihr gut und sie hatte sich schon gefragt, was es wohl mit ihm auf sich hatte, bis die Damen sie

über die Vielseitigkeit der Früchte informierten. Man konnte sie für Fruchtsalat, Kuchenbelag oder als Gelee oder Marmelade verarbeiten.
Aber auch über die vielfältige Zubereitung von Fischgerichten erfuhr sie eine Menge. Fisch hatte bisher nur selten auf ihrem Speiseplan gestanden.
Hier, wo es nie richtig kalt wurde, nie ein Winter wie in Deutschland herrschte und die Räume nur mit Kaminen beheizt wurden, gediehen Pflanzen hervorragend, die in Deutschland nur unter Glas wuchsen. Es gab viele brasilianische Pflanzen, wie Sophie mittlerweile wusste, und sie wuchsen frei ausgepflanzt in der Erde.
Im Garten gab es einen gemauerten Brunnen. Er hatte ein eigenes Bohrloch für wirklich gutes und naturreines Trinkwasser. Das Wasser für den Garten musste von einer Quelle in der Nähe zu ihnen geleitet werden und sammelte sich in einer kleinen Zisterne. So gab es auch so gut wie keine Wassernot und der Garten konnte damit versorgt werden. Manchmal verstopfte das Quellbecken, weil sich nach einer stürmischen Herbstnacht Blätter und Äste darin verfangen hatten. Oder auch, weil sich die ortsansässigen Wildschweine an Sommerabenden nichts Erfrischenderes vorstellen konnten, als sich genüsslich im Becken zu suhlen. Dann musste man in mühsamer Arbeit das Becken säubern, damit man wieder Trinkwasser entnehmen konnte.
Gerade ab Herbst gab es starke Regengüsse, oft verbunden mit heftigen Stürmen. Sie verwandelten die Bäche aus den Bergen, die im Sommer ganz ausgetrocknet waren, in reißende Ströme und die Zisternen füllten sich.
Für das Schmutzwasser gab es im Garten eine große Klärgrube, die regelmäßig geleert werden musste.
Ohne Antonio wäre Sophie bei all dem kräftemäßig gescheitert. Er nahm ihr jede schwere körperliche Arbeit ab und freute sich, wenn er helfen konnte. Sehr zur Freude von

Emma, die ihn immer mehr anhimmelte und sich schon einigermaßen mit ihm unterhalten konnte.
Wenn das junge Ehepaar Sehnsucht nach Gesellschaft hatte, fuhren sie mit dem Schiff hinüber nach Lissabon. Dort trafen sie sich dann im Deutschen Verein, der bereits 1870 gegründet worden war, mit Gleichgesinnten. Es war eine Begegnungsstätte für deutschsprachige Menschen, die sich gern zu kulturellen Veranstaltungen trafen. Die Frauen hatten mehrere Gruppen, in denen sie sich austauschen konnten. Gespräche über das Leben fern der Heimat, Handarbeitskreise und eine bedeutende Bücherei waren die Favoriten. Man kannte sich oder lernte sich kennen und private Treffen waren zwangsläufig eine Folge der Zusammenkünfte. Silvester- und Karnevalsbälle waren genauso beliebt, wie Konzerte, Vorträge und Dichterlesungen, die man zusammen mit portugiesischen Freunden besuchte. Natürlich gab es auch so etwas wie einen Männerclub, in dem sich die angesehensten deutschen Bürger der Stadt trafen.
Johann und Sophie fühlten sich willkommen und waren dankbar für diese Anlaufstellen.
Hinzu kam noch die kirchliche Betreuung durch die deutsch-evangelische Kirchengemeinde, die sie zum Gottesdienst regelmäßig besuchten. Dann flanierten sie Arm in Arm sonntäglich gekleidet zuerst durch die Straßen von Lissabon, bevor sie zum Gottesdienst erschienen. Das war ein wiederkehrendes Ritual, das ihnen wichtig war.
Mit Carlos' Familie waren sie mittlerweile so gut bekannt, dass man sich regelmäßig gegenseitig nach Hause einlud. Dann servierte Emma jedes Mal ein typisch deutsches Gericht, über das sich die Gäste besonders freuten.
Es war ein herrliches, unbeschwertes Leben und die Liebe des jungen Paares wuchs mit jedem Tag, so dass es nicht verwunderlich war, dass Sophie schon im nächsten Sommer

erneut schwanger wurde. Die Freude war groß, denn das Ziel von beiden war, viele Kinder um den großen Tisch zu versammeln.

Der kleine Johannes

Der Frühling des Jahres 1903 kündigte sich an. Sophie stand kurz vor der Niederkunft und Emma hatte alles für eine reibungslose Geburt vorbereitet. Vom Deutschen Verein wurde ihnen eine Hebamme vermittelt, die sich im Haus einquartierte und nur darauf wartete, dass das Kind endlich kam.

Johann war nervös. Er trug eine Weste, an deren Knopf eine goldene Taschenuhr befestigt war, darüber seinen Gehrock. Auf seinem Gesicht zeichneten sich selten große Gefühlsregungen ab. Meistens trug er einen strengen, reservierten Ausdruck zur Schau, der sich nur zu Hause etwas milderte, was sich durch das Zwirbeln seines Schnurrbarts bemerkbar machte. Und diesen zwirbelte er in letzter Zeit häufiger.

Dann war der Tag der Geburt endlich gekommen. Es war der 20. April 1903. Die Korkernte stand schon vor der Tür und die Blütenpracht, die im Garten explodierte, war eine Augenweide.

Sophie bedauerte, in dieser herrlichen Blühphase keine Gartenarbeit machen zu können. Aber Antonio hatte alles gut im Griff und Emma werkelte mittlerweile ebenfalls gern im Garten herum, besonders dann, wenn Antonio dort anwesend war.

Der kleine Johannes, den alle sofort *Hans* nannten, kam ziemlich rasch zur Welt. Er konnte es wohl nicht abwarten, ins Freie zu kommen. Erst platzte Sophias Fruchtblase bei einem Gartenrundgang und dann ging alles schnell. Aber zum Glück war ja in weiser Voraussicht eine erfahrene Hebamme im Haus, die die Geburt sicher überwachte.

Während Else ein unkompliziertes Kind war, erwies sich Johannes als das genaue Gegenteil. Er forderte alle Aufmerksamkeit und konnte ausdauernd brüllen, bis er seinen Willen durchgesetzt hatte.
Sophie stillte ihn nur eine kurze Zeit, weil er ihre Brustwarzen so malträtierte, dass sie schnell wund wurden. Also stieg man schon frühzeitig auf die moderne Nestlé-Ernährung um, was für alle ein Segen war.
Beim regelmäßigen Handarbeitstreffen im Deutschen Verein hatte Sophie zuvor für Else baumwollene Jäckchen gestrickt und gehäkelt, mit langen Ärmeln und hinten offen, die Else mittlerweile zu klein waren. Diese und die vielen Erstlingshemdchen aus Leinen, Lätzchen aus Pique, Unmengen an Windeln, die durch das viele Waschen immer weicher wurden, und viele andere Babyutensilien kamen nun in Johannes' Zimmer, das direkt neben dem von Else lag.
Emma hatte nun alle Hände voll zu tun und es war allen klar, dass noch eine weitere Haushaltshilfe zur Unterstützung nötig war. Sophie fragte Antonio, ob er vielleicht jemanden wüsste. Er versprach seine Schwester zu fragen, die bestimmt gern ihr Dorf verlassen würde. Sie war erst 18 Jahre alt, aber geschickt und fleißig, wie er meinte und bestimmt gut zu gebrauchen.
Und so kam es, dass schon bald Maria zu ihnen kam, die unten neben Emmas Zimmer einen Raum bezog. Sie war eine kräftige, dunkelhaarige Bauerstochter, die noch nie fern ihres Heimatortes gewesen war. Emma freundete sich schnell mit ihr an und man hörte oft, wie die beiden Sprachübungen machten und sich dabei amüsierten. Emma strengte sich an, denn einfach war das Portugiesisch für ein Mädchen aus der Rhön nicht gerade.
Maria war eine stets gutgelaunte Person, die gern Lieder aus ihrer Heimat sang. Sie brachte viele neue Rezepte mit,

die den Speiseplan der Familie gut ergänzten. So zeigte sie Emma, dass man den reifen Zapfen der Pinien die Kerne entnehmen und diese rösten konnte. Das war zwischen Oktober und April möglich. Einige Zapfen lagen bereits auf dem Boden, und sie schlug aus der imposanten, schirmförmigen Baumkrone der großen Pinie im Vorgarten mit einer langen Stange weitere Zapfen herunter. Vorsichtig pulte sie die etwa zwei Zentimeter großen Kerne heraus, entfernte die Samenhaut und röstete sie anschließend in einer Pfanne. Die so gerösteten Kerne wurden danach in einem Säckchen aufbewahrt.

Diese aromatischen, nussähnlichen Pinienkerne verwendete Maria zum Backen köstlicher Kuchen. Oder sie streute die zarten Kerne über Obst, Salat und Gemüsegerichte. Außerdem harmonierte der Geschmack wunderbar mit Fleisch, Fisch, Nudeln und Reis.

Zögernd probierten die Deutschen die Kerne, denn so etwas hatten sie zuvor noch nie gegessen. Doch es schmeckte ihnen vorzüglich und schon bald waren Pinien aus der Zutatenliste nicht mehr wegzudenken.

Die Vorräte in dem separaten Lagerraum wuchsen ständig an. Es gab jede Menge eingemachtes Obst, Marmeladen, Säfte und Soßen und man musste sich nur umschauen, auf was man gerade Lust hatte. Das alles war für Sophie wichtig, weil in den heißen Sommermonaten das Wasser knapp werden konnte und nur wenig zu ernten war.

Da das Haus am Ortsrand lag, konnte eine seitlich gelegene Wiese mit großen, alten Pinien und einigen Johannisbrotbäumen dazugekauft werden. Die zäunte Antonio ein und sie nutzten die eine Hälfte für einen reinen Gemüsegarten, auf die andere Hälfte stellten sie ein paar Ziegen und zwei Maulesel, die die Wiese kurz hielten. Aus der Ziegenmilch machte Maria einen köstlichen Käse und die beiden Maul-

esel lieferten Dünger für die Beete. So griff eines ins andere, und alles wurde verarbeitet.
Aus der Frucht des Johannisbrotbaumes machten sie Saft und Sirup, und das gemahlene Pulver verwendeten sie zum Backen und für Süßspeisen. Die Früchte wurden im September geerntet, kurz bevor sie reif vom Baum fielen. Dazu mussten die Baumstämme kräftig mit langen Stöcken geschlagen werden. Anfangs war das Fruchtfleisch weich und schmeckte intensiv süß. Später wurden die Samen aber hart und man konnte sie lagern und mahlen.
Dann stand da noch ein Baum, der sie sprachlos machte. Seine sattgrünen und leicht glänzenden Blätter erinnerten an einen Lorbeerbaum. Er blühte mit kleinen weißen und rosafarbenen Glockenblüten in Büscheln, die auf den ersten Blick wie Maiglöckchen aussahen. Vom Herbst bis zum Ende des Jahres stand er in voller Pracht und trug zeitgleich rote, kugelige Früchte, die Erdbeeren ähnelten. Antonio klärte sie auf.
»Das ist ein Erdbeerbaum, der in Portugal zu dem bekannten Obstschnaps *Medronho* verarbeitet wird. Er heißt hier Arbutus und seine Früchte sind eigentlich nicht besonders schmackhaft. Aber immerhin sieht er schön aus!«
Die Ziegen und Maultiere hatte Antonio besorgt. Er kannte sich mit diesen Tieren schon von Kindheit an bestens aus. Zuerst baute er einen stabilen Stall und kümmerte sich von nun an auch um die Ernährung der Tiere. Alle hatten Spaß mit den Mauleseln, die Antonio so nach und nach auch ans Ausreiten gewöhnte. Weiter benutzte er die Tiere als Lastentiere für alle möglichen schweren Aufgaben wie Holz holen, Säcke transportieren oder für Pflanzentransporte, wenn er für Sophie im Gelände wieder einmal eine besonders schöne Pflanze gesehen hatte, die er ausgrub und zwischen das Blütenbeet mit Lavendel, Bartblumen und Perovskin setzte. Zuletzt hatte er im Mai in den Kork-

eichenfeldern eine große, rosarote Zistrose für sie entdeckt. Die üppige Blüte und die leuchtende Farbe waren ihm aufgefallen. Nun saß sie an gut sichtbarer Stelle im Garten und erfreute alle. Gleichzeitig schnitt er von anderen Zistrosen kleine Sträußchen, die er kopfüber im Gartenhaus aufhängte, damit sie im Wind trocknen konnten. Dann füllte er die getrockneten Blätter und Blüten in einen Jutesack und übergab diesen Emma, die den Inhalt zum Teekochen verwenden sollte. Er klärte alle auf, dass die Zistrose eine alte und starke Heilpflanze war.
»Sie stärkt die Widerstandskraft, ist gut bei Durchfall, bei Grippe und bei Hautproblemen. Man trinkt einen Tee daraus oder legt Kompressen auf die Haut«, erzählte er den staunenden Zuhörern.
Emma und Maria hatten einen Heidenspaß mit den Maultieren, und auch Else wurde auf den Rücken eines Tieres gesetzt und auf der Wiese im Kreis geführt. Das animierte Sophie, es ihnen gleich zu tun. Sie wusste sofort, dass ihr das eine gewisse Unabhängigkeit geben könnte. Nur musste sie davon erst einmal Johann überzeugen. Natürlich war ihr klar, dass sie nie allein unterwegs sein durfte. Das schickte sich nicht. Aber gemeinsam mit Antonio, oder noch besser mit Johann, das müsste doch möglich sein. Die Geburt von Johannes war einige Monate her und sie fühlte sich gesund und kräftig genug für einen Ausritt. Vorsorglich hatte sie sich einen weiten Rock so zurechtgenäht, dass er zu einem Hosenrock wurde. Diese Idee fand sie genial, wenn auch für sie ein Damensattel nach wie vor notwendig war, wollte sie Johann nicht verärgern.
»Du musst nicht alles anders machen als die Frauen hier in unserer Umgebung!«, sagte er einmal recht vorwurfsvoll zu ihr. »Wir sollten uns schon etwas anpassen. Die Damen hier sind noch nicht so emanzipiert wie du. Auch wenn du

mit Emma über den Markt gehst, sollte Antonio immer dabei sein.«

»Ach Johann! Einer muss doch mal damit anfangen, etwas zu ändern. Schau mal hier. Es gibt in England bereits Reithosen für Frauen. Die nennen sich Jodhpurs-Hosen und sollen ideal zum Reiten sein. Sie wurden ursprünglich in Indien getragen.«

»Hm«, war alles, was er dazu sagte.

Aber Sophie gab nicht auf.

»Lass uns doch mal zusammen mit den Maultieren in die Korkeichenwälder reiten. Es war doch so herrlich dort. Jetzt im September ist noch schönes Wetter und wir nehmen uns einen Picknickkorb mit und genießen mal den Tag.«

Dabei schaute sie ihn so steinerweichend an, dass er lächeln musste.

»Warst du hier auf der Wiese denn schon mal auf einem Maulesel?«, fragte er, und Sophie war sofort klar, dass die erste Hürde bereits geschafft war.

Voller Eifer bejahte sie die Frage und Johann war klar, dass er verloren hatte.

Kaiser Wilhelm in Lissabon

Die Freude in der deutschen Gemeinde war groß, als bekannt wurde, dass der deutsche Kaiser Wilhelm II. auf dem Weg nach Marokko im Frühjahr 1905 dem portugiesischen König Carlos I. in Lissabon und Sintra einen Besuch abstatten wollte. Er verstand sich gut mit Carlos I. und war vom 27. bis 30. März sein Gast. Im Palast von Belém und Sintra empfing er in diesen Tagen viele Persönlichkeiten aus Politik, Wissenschaft und Kultur. Auch eine Abordnung der deutschen Kolonie durfte den Kaiser treffen, angeführt vom damaligen Generalkonsul und Vorsitzenden des Deutschen Vereins, Daehnhardt. Dass sich der Kaiser äußerst lo-

bend über den Verein aussprach, der das Deutschtum hochhalten und ihm alle Ehre machen würde, machte die Anwesenden stolz und glücklich. Auch der König von Portugal habe sich lobend über die Deutschen ausgesprochen.
Noch lange schwärmten sie von der Ehre, die ihnen allen zuteilgeworden war, und bei den regelmäßigen Treffen der Honoratioren der Gemeinde gab es lange kaum ein anderes Thema.
Auch Sophie und Johann ergriffen die Gelegenheit, sich bei einer anschließenden Gala in dem Gemeindehaus mit Abendgarderobe sehen zu lassen.
War das eine Aufregung für Sophie! Während Johann sich im Frack präsentierte, musste Sophie sich selbstverständlich neu einkleiden. Sie besuchte mit Emma mehrere Modehäuser, stets im Schlepptau mit Antonio, der sich etwas deplatziert vorkam, während Emma völlig begeistert war, denn so edle und außergewöhnliche Kleidung hatte sie zuvor noch nicht gesehen. Mit gebührlichem Abstand liefen sie und Antonio hinter Sophie her, beide beladen mit den Einkäufen ihrer Hausherrin, nicht ohne verliebte Blicke zu tauschen. Es war nun nicht mehr zu verbergen, dass sich beide sehr sympathisch waren.
Im letzten Laden fand Sophie endlich das Kleid, das sie sich vorgestellt hatte.
»Emma, das ist es«, rief sie begeistert aus. »So habe ich es mir vorgestellt.«
Sie entschwebte mit dem hellgelben Abendkleid in die Umkleidekabine, gefolgt von einer übereifrigen Verkäuferin, die ihr unentwegt versicherte, dass sie das beste Stück des Hauses ausgewählt hätte und es bestimmt zauberhaft an ihr aussehen würde.
Und so war es auch. Als sie aus der Kabine kam, klatschte Emma vor Freude in die Hände.

»Sie sehen wunderschön aus, gnädige Frau.« Auch Antonio stand mit leicht geöffnetem Mund daneben, denn so einen Einkauf, hatte er in seinem ganzen Leben noch nicht erlebt. Wie auch! Mit seinem mageren Gehalt würde er seiner Frau niemals solch ein teures Kleid kaufen können.
Sophie ging leichtfüßig auf den Spiegel zu, wohlwissend, dass sie bezaubernd aussah.
Ihre letzte Schwangerschaft hatte keine Spuren hinterlassen, ihre Figur war wieder schlank und rank, so dass sie sich solch ein Kleid ohne Wenn und Aber leisten konnte.
»Das ist es!« Sophie lächelte glücklich Emma an, die begeistert zustimmte. Dass es auch Antonio gefiel, konnte sie an seinem erröteten Gesicht erkennen, das er immer dann hatte, wenn er sich freute. Auch die Verkäuferin machte ihr die größten Komplimente.
Elegant und verführerisch stand Sophie vor beiden und strich mit den Händen an einer Vielzahl an floralen Stickereien und Rüschen entlang, die auf mehrlagigen Tüllschichten aufgenäht waren. Die Spitzenborte mit feinen Volants am Ausschnitt sowie einige Pailletten am Oberteil und ihre schlanke Taille zelebrierten ihre Weiblichkeit. Der zweilagige Tüllrock verhinderte hierbei tieferen Einblicke.
Sophie drehte sich im Kreis und lachte. Sie fühlte sich schön wie lange nicht mehr und freute sich schon darauf, Johann das Kleid zu zeigen.
»Oh, oh«, meinte sie allerdings, als sie den Preis erfuhr.
»Das muss ich kaufen, oder ich sterbe auf der Stelle«, lachte sie Emma an.
»Das Fest kann kommen!« Überschwänglich vor Freude verließ sie mit ihren Bediensteten den kleinen Laden und marschierte zufrieden Richtung Boot, um nach Haus zu fahren.

Die Korkfabrik

Während Sophie mit Unterstützung ihrer Bediensteten aus dem Haus nach und nach ein gemütliches Zuhause machte, war Johann in der Korkfabrik voll und ganz eingespannt. Voller Eifer sog er wissbegierig alles auf, was er sah und grübelte ständig darüber nach, was man noch besser machen könnte.

Die Fabrikbesitzer waren die Gebrüder Georg und Carl Jerosch, die ursprünglich hauptsächlich Kohle aus Wales, chemische Düngemittel und Maschinen importierten und den Export von Salz betrieben. 1890 begannen sie, zuerst recht bescheiden und mit wenigen Arbeitern, mit der Herstellung von Planken- und Korkenstopfen. Die Geschäfte liefen gut und sie kauften nach und nach riesige Flächen von Korkeichenfeldern in *Barreiro, Sines und Vendas Novas* hinzu, wobei ihre Geschäfte durch die Anbindung an die Eisenbahn begünstigt wurden. So konnte die Korkfabrik O. HEROLD & Cie. mit ihren drei Fabriken schon bald über 900 Mitarbeiter beschäftigen. Weiter hatten sie Niederlassungen in Madrid und Hamburg, für die Hinnerk Jansen als freier Vertreter arbeitete.

Johann arbeitete eng mit Herrn von Koss zusammen, dem die Generaldirektion über alle Fabriken oblag. Von Koss war als preußischer Reserveoffizier dem deutschen Kaiser nach wie vor treu ergeben. Johann, der allein schon durch seinen stattlichen Kaiser-Wilhelm-Bart seine Gesinnung signalisierte, verstand sich auch auf dieser Ebene ausgezeichnet mit seinem neuen Chef.

Mit Begeisterung widmete sich Johann den anstehenden technischen Fragen. Er war ständig auf den Beinen und kontrollierte die Maschinen, machte Verbesserungsvorschläge und beaufsichtigte die Arbeiter, die sogenannten *Corticeiros*, die dankbar für jede Unterstützung waren. Wie sie überhaupt dankbar waren, Arbeit zu haben und ihre Fa-

milien einigermaßen ernähren zu können. Meistens arbeiteten auch deren Frauen mit in der Fabrik. Als Unterkünfte standen ihnen einfache, flache Gebäude zur Verfügung, die allerdings jeglichen Komfort vermissen ließen. Trotzdem gab es unter den Arbeitern einige, die sich dem kommunistischen *Verein Corticeiros do Barreiro* anschlossen, der schon 1890 gegründet worden war und der Unfrieden unter den Arbeitern schürte. Die Kommunisten prangerten die unwürdigen Wohn- und Arbeitsbedingungen an und hetzten gegen den Export von Rohkork, der ihnen zu billig erschien, was sie als Grund für die schlechten Löhne ansahen. Das war der Firmenleitung natürlich ein Dorn im Auge.
Aber es gelang Johann immer wieder, für Ruhe und Ordnung zu sorgen. Er machte den Arbeitern klar, dass nur durch die ausländischen Aufträge ihre Arbeitsplätze gesichert seien. Da die meisten von ihnen weder lesen noch schreiben konnten, versammelte er die Corticeiros hin und wieder auf dem Hof und informierte sie über Fortschritte. Er wollte ihnen vermitteln, wie wichtig es war, dass alle gemeinsam an einem Strang zogen. Entscheidend war für Johann, dass die Vorarbeiter hinter ihm standen, die eine gewisse Autorität bei den Corticeiros genossen. Aber auch hier hatte er ein wachsames Auge, dass keiner von ihnen sich zu sehr aufspielte und die Leute schikanierte.
»Nur wenn jeder von euch sein Bestes gibt, sind die Arbeitsplätze gesichert«, sagte er ihnen von Zeit zu Zeit, wenn er merkte, dass einige wieder einmal als Störenfriede unterwegs waren.
»Seid stolz darauf, dass ihr hier arbeiten dürft und durch eure Arbeit Geld für euch und eure Familie verdienen könnt, denn keiner schenkt euch was!«
Dann lächelten sie meistens, fühlten sich wertgeschätzt und gingen an ihre Arbeit zurück. Ausgenommen davon waren die Spezialisten, die die Korkeichen schälten. Sie kamen

nur in der Saison, verdienten mehr als die anderen und zogen nach getaner Arbeit weiter.
Besonders gern nahm sich Johann ein Pferd aus dem Stall und ritt zu den Korkeichenfeldern. Obwohl die nächste Ernte der Bäume erst ab Mai bis August anstand, wollte er sich dennoch mit den Bäumen und der Landschaft mehr und mehr vertraut machen. Jetzt im Herbst waren die Temperaturen noch mild und der Regen, der um diese Zeit die Wiesen wieder begrünte, durchfeuchtete die von der Sommerhitze ausgetrockneten Böden. Wie ein Schwamm saugten sie das Wasser auf und er meinte, ein Aufatmen der Natur zu spüren.
Es lief gut in der Fabrik. Johann hatte seinen Bereich gut im Griff und erzählte abends Sophie begeistert von seinem Arbeitstag.

Der Ausritt

Sophie hatte es geschafft. Sie durfte mit Johann oder mit Antonio ausreiten. Es wurde extra ein Damensattel für sie gekauft und ihr erster Ausflug ging mit Johann in das kleine Korkeichenwäldchen, in dem sie schon während ihrer Hochzeitsreise gewesen waren.
Johann, der sich mittlerweile zum absoluten Korkspezialisten entwickelt hatte, erklärte ihr mit großer Begeisterung vieles, was er selbst erforscht hatte.
»Schau nur, kein Baum gleicht dem anderen. Manche Bäume wurden zu recht bizarren Baumgestalten. Sie benötigen viel Licht und Luft, deshalb haben sie einen großen Abstand zum nächsten Baum, was wiederum die Tiere freut, weil sich viele Wildkräuter zwischen ihnen niederlassen. Aber pass auf! Es gibt hier Skorpione und giftige Taranteln! Und achte mal auf die Baumkronen. Hier gibt es viele Greifvögel wie Adler und auch den Schwarzen Milan,

die in den Baumkronen horsten. Dann streifen noch Füchse und Luchse durch das Gelände.«
Sophie sah vom Maulesel aus staunend in die Baumkronen, konnte aber nichts erkennen.
»Dann sind wir also hier im Paradies!«, sagte sie versonnen und lachte ihn an.
»Und unser Haus liegt im Garten Eden!«, rief sie ihm jubelnd hinterher und schwenkte dabei ihren Hut.
Sie stieg vom Muli und breitete eine große Decke unter einer riesigen Korkeiche aus.
»Komm, lass uns etwas essen und ein bisschen in den Himmel schauen, bevor es dämmert.«
Johann stieg auch ab und band beide Tiere an einem Baum fest, darauf achtend, dass sie noch grasen konnten.
Dann langten beide ordentlich zu, denn Emma hatte ihnen die erlesensten Köstlichkeiten eingepackt. Johann strich sich mit der rechten Hand seinen Bart in Form, bevor er sich aufseufzend zurück auf die Decke legte.
Er starrte eine Weile abwesend in den Himmel, bevor er sich zu Sophie umdrehte, die gerade am Einschlafen war. Liebevoll schaute er lange in ihr völlig entspanntes Gesicht und schloss ebenfalls mit einem Lächeln auf den Lippen die Augen, bevor auch er in einen erholsamen Schlaf hinüberglitt.
Ein Schrei ließ ihn hochfahren. Sophie stand aufgelöst vor ihm. Doch sie lachte laut auf, als sie feststellte, was passiert war.
»Ich habe mich zu Tode erschreckt!«, rief sie aus. »Das Schwein da hat mein Gesicht mit seinem Kringelschwanz gestreift, als es unsere Reste auffraß«, lachte sie. Dabei deutete sie auf ein schwarzes Schwein, das gerade die Flucht ergriff.
Nun mussten beide herzhaft lachen.
»Besser ein Schwein, als ein Skorpion!«, ulkte Johann und

schickte sich an, ihre Sachen einzupacken und auf den Mulis zu verstauen.

»Sophie, du hattest recht. Heute war ein schöner Tag. Das sollten wir öfter machen.«

»Sag ich doch. Und wenn unsere Kinder älter sind, nehmen wir sie mit. Das macht denen bestimmt auch Spaß!«

»Stimmt, das machen wir«, bestätigte Johann, stieg auf sein Muli und der Rückweg begann.

Die Familie wächst

Es war Weihnachten 1903, als Sophie mit Johann und Else beim Weihnachtsessen saß und verkündete, dass sie erneut schwanger sei. Sie erwarte ihr drittes Kind im Juli 1904. Das war für Johann Anlass genug, eine Flasche Champagner zu öffnen, von dem Sophie allerdings nur einen kleinen Schluck trinken durfte.

Emma, die den Nachtisch servierte, wurde von Johann sofort eingeweiht und die Freude war ihr anzusehen. Jetzt, wo sie die Unterstützung durch Maria hatte und Antonio fast täglich im Haus war, schreckte sie die Mehrarbeit nicht ab.

»Das werde ich gleich mal Maria und Antonio erzählen. Die werden sich bestimmt freuen. Herzlichen Glückwunsch!«, sagte sie freudestrahlend, bevor sie zu den beiden anderen in die Küche zurückging. Auch das Personal feierte Weihnachten, allerdings im Küchentrakt. Sie hatten sich sogar einen Weihnachtsbaum aus einer Stechpalme aufgestellt und genossen das gleiche opulente Festmahl, wie es den Herrschaften serviert wurde.

Spät abends gingen Sophie und Johann noch in die Mitternachtsmesse der evangelisch-lutherischen Kirche in Lissabon, in der Johannes im Juli getauft worden war. Sie ließen sich von Antonio mit dem kleinen Boot, das sie sich vor kurzem angeschafft hatte, über den Tejo fahren, und ver-

einbarten einen Zeitpunkt zum Abholen, während Emma und Maria die Kinder ins Bett brachten und sie mit leisen Weihnachtsliedern in den Schlaf sangen.
»Was würden wir nur ohne Antonio machen?«, fragte Sophie und Johann nickte nachdenklich.
»Du hast recht, ohne ihn wäre uns vieles nicht möglich. Ich werde ihn fragen, ob er bei uns einziehen und fest für uns arbeiten will. Und wenn mal Not am Mann in der Fabrik ist, könnte er ja einspringen.«
»Das wäre sehr gut«, war Sophies Antwort. »Platz genug haben wir und ich weiß auch schon, wer sich am meisten darüber freuen wird.« Sie lächelte Johann vielsagend an und er wusste genau, was sie meinte.
So dauerte es nicht lange und Antonio bezog ein Zimmer in ihrem Haus. Sie hatten das Personal in den seitlichen Anbau verlegt, wobei aus Gründen der Schicklichkeit Antonio sein Zimmer nur von außen erreichen konnte.
Natürlich strahlte Emma über das ganze Gesicht und ihre Freude war nicht zu übersehen.
So hatte sich die Familie zum Vorteil aller vergrößert. Fortan gingen Emma und Maria nur noch in Antonios Begleitung auf den Markt nach Lissabon, oder sie arbeiteten gemeinsam im Garten, in dem mittlerweile viele Obst- und Gemüsepflanzen herangezogen worden waren. Sehr zur Freude der Herrschaft, die so mit köstlich frischem Gemüse versorgt wurde.
Emma begeisterten die Angebote auf dem Markt. Die Gerüche waren so ganz anders als auf den deutschen Märkten. Wenn sie an den Ständen für Kräuter und Gewürze vorbeilief, blieb sie immer einen Moment stehen. Es roch so köstlich und fremd und sie atmete die würzigen Düfte tief ein. Und ihren Augen bot sich ein exotisches Feuerwerk an Farben. Sie kannte nur wenige der angebotenen Gewürze und Antonio bemühte sich, ihr einige der aromatischen Kräuter

zu erklären. Zimt, Safran, Vanille, Chili, Oregano, Thymian, all diese Gewürze waren ihr fremd. Zu Hause auf dem Bauernhof kannte man zwar einige der angebotenen Kräuter, aber diese Vielfalt begeisterte sie. Um auch deren Geschmack zu kennen, kaufte sie stets eine neue Sorte und probierte sie zu Hause aus.

Sophie gebar im Juli 1904 eine weitere Tochter, die Irene genannt wurde, was sich aber schon bald in die Kurzform *Rena* verwandelte. Bereits ein Jahr später, im Dezember 1905, kam Hildegard Adelheid, kurz *Hilde* genannt, auf die Welt und die Familienplanung war damit abgeschlossen. Nun waren sie die große Familie, die sie immer sein wollten und um den Esstisch versammelten sich von nun an vier kleine Kinder mit ihren Eltern.

Johannes war als einziger Sohn der Hahn im Korb, der sich immer etwas mehr erlauben durfte. Er sollte mit preußischer Strenge erzogen werden, was seinem Charakter aber überhaupt nicht entsprach. Er war ein wilder Junge mit einem Dickschädel, der die Mädchen oft ärgerte und ständig zur Ordnung gerufen werden musste. Um seine Zügellosigkeit etwas zu bändigen, wurde er oft Antonio anvertraut, der ihn mit handwerklichen Dingen beschäftigte und sein Temperament in ruhigere Bahnen lenken sollte. Er nahm ihn mit zu den Tieren, übertrug ihm dort feste Aufgaben und schipperte mit ihm sogar auf dem Fluss, was Sophie immer in große Aufregung versetzte.

»Erst müssen die Kinder schwimmen lernen, bevor sie mit aufs Boot dürfen!«, schärfte sie Antonio ein.

Das ließ er sich nicht zweimal sagen. So oft es das Wetter erlaubte, lehrte er die Kinder das Schwimmen.

Dann war es eines Tages so weit, dass alle sonntags, wenn auch Johann Zeit hatte, an den Tejo zum Schwimmen gingen. Die Dienstmädchen durften auch mit, denn die regelmäßige Überfahrt über den Fluss war auch für sie

gefährlich, sollte das Wetter umschlagen oder das Boot kentern. Alle sollten schwimmen können.
Frühmorgens packten sie ihre Badesachen ein und Antonio trug alles zum Flussufer. Dann fuhr man mit dem für eine Saison gemieteten Badeboot hinaus auf den Fluss, auf dem sie mit vielen anderen Familien auf Booten zusammentrafen. Sie kamen aus allen Stadtteilen Lissabons und der Umgebung und versammelten sich mitten auf dem Wasser. Man ankerte die Boote und ließ ein Sonnensegel herunter, damit sich die Frauen ungestört umziehen konnten. Die Männer zogen sich im vorderen Teil des Bootes um, schlüpften in ihren Badeanzug und sprangen ins Wasser, um den Damen später die Hand zu reichen, während die Kinder bereits in die Fluten sprangen. Es war ein Gekreische und Geschnaube. Die Freude der Kinder war weithin nicht zu überhören.
Hans musste immer wieder zur Ordnung gerufen werden, wenn er unter seinen Schwestern durchschwamm und sie dann von unten packte. Oder, noch schlimmer, wenn er sich lautstark über dicke Frauen lustig machte, die es reichlich gab und die beim Hochklettern ihr Boot fast zum Kentern brachten. Das war dann immer der Moment, wo Johann ein Machtwort sprechen musste, denn er wollte als Deutscher mit seiner Familie nicht unangenehm auffallen.

Die Feuerwehr

Der größte Feind der Korkindustrie war das Feuer. Wenn die Korkeichen brannten, dann waren sie zwar nicht gänzlich vernichtet, weil sie vom Boden aus erneut austrieben. Aber es gingen wertvolle Erntejahre verloren, da es immer wieder Jahrzehnte dauerte, bis die Bäume aufs Neue geschält werden konnten. Was lag da näher, als für Barreiro endlich eine Feuerwehr aus der Taufe zu heben?

Der Direktor, Albrecht von Koss hatte durch seine militärische Ausbildung die notwendige Kompetenz, um die Freiwillige Feuerwehrvereinigung O. HEROLD zu gründen, ihre Übungen und Einsätze zu organisieren und Helfer entsprechend auszubilden. Dazu wurde ein Gebäude erstellt, das mit allen nötigen Hilfsmitteln zur Feuerbekämpfung ausgestattet wurde.
Da es in Barreiro keine anderen Feuerwehrmänner gab, bekämpften diese auch alle Brände in der Umgebung.
Johann engagierte sich ebenfalls über Gebühr. Er hatte bereits in der Rhön Erfahrungen gesammelt und konnte sie an die Mitarbeiter weitergeben. Auch Antonio wurde einbezogen und lernte schnell. Hinzu kam für beide die Abenteuerlust, sich körperlich voll einzusetzen. Da spielte es keine Rolle, wer der Chef war. Es musste ein Ziel erreicht werden und der engagierte Einsatz eines jeden war dafür erforderlich.
Für die Region war es ein Segen, dass Feuer, die durch die große Hitze im Sommer schnell ausbrachen, nun wirksam bekämpft werden konnten.
Das Ansehen, das die Leiter der Korkfabrik genossen, verhinderte aber nicht, dass die Korkarbeiter in den Streik traten. Sie forderten von der Regierung, den Export von Kork zu verbieten, weil die wichtigsten korkimportierenden Länder für Korken und andere Korkprodukte hohe Einfuhrzölle verhängt hatten. Das drückte auf die Preise, Kosten mussten gespart werden und es drohten Entlassungen. In dieser Frage waren die Geschäftsleitung und die Arbeiter einer Meinung und Johann und seine Kollegen hatten alle Hände voll zu tun, die Firma auf stabilen Beinen zu halten. Die republikanischen und sozialistischen Ideologien von politischen und bürgerlichen Vereinigungen prägten immer mehr das Bild von Barreiro.

Johann war unermüdlich im Einsatz für seine Firma, reiste ständig von einer Niederlassung zu anderen, um nach dem Rechten zu sehen und die Arbeiter immer wieder aufs Neue zu motivieren.

Hans

»Wo ist denn Hans?«, fragte Emma.

Alle schauten von ihrer Arbeit auf und blickten sich suchend um.

»Er wird zurück ins Haus gegangen sein«, vermutete Antonio. »Ich schaue mal nach«, meinte er und bewegte sich gleich auf das Wohnhaus zu.

Keuchend und mit hochrotem Kopf kam er zurück. Man sah ihm seine Aufgeregtheit an.

»Im Haus oder Garten ist er nicht. Wir haben laut gerufen. Nichts!«, meinte er besorgt. »Wo kann er bloß sein?«

»Er wird doch nicht zum Ufer gelaufen sein?«, fragte Emma, die genau wusste, dass Hans zu unüberlegten Handlungen neigte.

Es war ein Gewitter im Anmarsch und der Wind blies bereits so heftig, dass am Ufer hohe Wellen zu sehen waren, die in regelmäßigen Abständen anrollten und Unrat an Land trieben.

»Er wird doch nicht …?« Emma verschlug es fast die Sprache. Sie war zu aufgeregt, weil sie sich gern das Schlimmste ausmalte. Alle liefen zum Tejo hinunter und riefen seinen Namen.

Wilde, schaumgekrönte Wellen schlugen gegen die Kaimauern, die teilweise bis in den Tejo hinausgebaut waren. Hier spritzte die Gischt hoch empor, ein gewaltiger Blitz, dem ein wütender Donner folgte, durchzuckte die fast schwarzen Wolken und die ersten großen, schweren Tropfen fielen hernieder.

»Hans, wo bist du? Antworte doch!«, schrie Emma laut und alle anderen rannten ebenfalls am Ufer hin und her und riefen seinen Namen.
»Schaut mal, dort treibt doch etwas auf dem Wasser«, schrie nun auch Sophie erregt und deutete auf einen dunklen Fleck auf dem Tejo. Sie war durch das laute Rufen aufmerksam geworden und kam ebenfalls angerannt.
Sofort sprang Antonio trotz des beachtlichen Wellengangs in das am Ufer vertäute Boot und ruderte an die Stelle, wo etwas Dunkles zu sehen war.
Erleichtert stellte er fest, dass es sich nur um einen dicken Baumstamm handelte, der durch den beginnenden Sturm angespült worden war.
Als er wieder zurück ans Ufer kam, fuhren heftige Blitze über den Fluss und krachende Donnerschläge schlossen sich an.
Sophie und die Mädchen waren außer sich.
»Wo ist er nur?«, jammerten alle.
Das Gewitter kam näher und näher und es blitzte und krachte, dass ihnen nichts anderes übrig blieb, als zurück zum Haus zu rennen, weil alle bereits völlig durchnässt waren.
Antonio holte sich schnell einen Regenmantel und suchte draußen weiter nach Hans.
Er wollte die Maultiere vor dem Gewitter noch schnell zu dem kleinen Unterschlupf führen, als er ein leises Wimmern vernahm.
»Hans, bist du das? Ich höre dich doch. Wo bist du?«, radebrechte er.
Hans hatte sich schon eine Weile in der Baumkrone der riesigen Korkeiche, die auf der Wiese bei den Maultieren stand, versteckt gehalten. Anfangs hatte er sich über die Suchenden amüsiert und das Geschehen durch die Äste beobachtet. Das Blattwerk des Baumes verdeckte ihn fast

vollständig und er genoss von hier oben den Anblick der aufgeregten Suchenden. Er grinste in sich hinein und verharrte still, damit sie ihn nicht entdeckten.
Doch das Wetter machte ihm einen Strich durch die Rechnung. Ihm war mittlerweile das Herz in die Hose gerutscht, weil er Angst vor dem Sturm hatte, der den Baum ordentlich durchschüttelte. Er merkte langsam, dass er doch etwas zu weit gegangen war, denn ein paar Äste waren durch den heftigen Wind bereits abgeknickt und gaben die Sicht auf die hellen Blitze mit dem sich anschließenden Donner frei. Nun hatte er nur noch Angst und Tränen liefen ihm die Wangen hinunter.
»Hier oben bin ich«, rief er zaghaft, wohlwissend, dass er mit einer Strafe zu rechnen hatte, denn die Aufgeregtheit, die die ganze Familie erfasst hatte, war ihm nicht verborgen geblieben. Zuerst fand er es nur lustig. Aber nun hatte er genug. Er war nass bis auf die Haut. Außerdem hatte er klebrige Hände vom Harz des Baumes und auch seine Kleidung klebte an ihm.
Antonio schaute den Baum hoch und machte ein grimmiges Gesicht.
»Komm sofort runter! Das ist nicht lustig! Was machst du, wenn der Blitz in den Baum fährt?«, fragte er wütend, um ihm etwas Angst zu machen.
Nun war ihm seine Abenteuerlust gänzlich vergangen. Er weinte fürchterlich und schnuffelte:
»Ich kann nicht runterkommen. Es ist viel zu hoch!«
»Wer hoch kommt, kommt auch runter«, meinte Antonio säuerlich, aber insgeheim musste er grinsen. Das wird ihm eine Lehre sein, dachte er und lief zu der kleinen Holzleiter, die er normalerweise für die Obsternte benutzte.
Er stellte sie an den Baumstamm und Hans kletterte langsam hinunter.

Laut rief Antonio Richtung Wohnhaus. »Ich habe ihn gefunden. Es ist nichts passiert!«
Und schon schwoll der Regen zu einem grollenden Gewitter an und es regnete in Strömen. Blitze sausten über den Fluss, Wind und Sturmböen schlossen sich an. Antonio schnappte sich den kleinen Hans und rannte mit ihm hinüber zum Haus, wo er von den Frauen erwartet wurde. Sophie schloss ihren kleinen, völlig durchnässten Sohn in ihre Arme und drückte ihn fest an sich.
»Wo warst du denn, du Schlingel?«, fragte sie vorwurfsvoll, weil sie sich schon denken konnte, dass er wieder eine Dummheit angestellt hatte.
Kleinlaut erzählte er seine Schandtat und setzte dabei eine Unschuldsmiene auf, der niemand widerstehen konnte. Heimlich grinsten alle in sich hinein, ohne es ihn merken zu lassen.
»Geh sofort mit Emma hinauf auf dein Zimmer und zieh trockene Sachen an. Die anderen spielen oben. Und wenn du dein Zimmer aufräumst, erzähle ich auch Papa nichts.«
Sophie sprach bewusst in scharfem Ton. Kleinlaut und mit hängenden Schultern ging Hans mit Emma hinauf auf sein Zimmer, und die anderen konnten sich das Lachen nun nicht mehr verkneifen.

Die Deutsche Schule Lissabon

Else kam als Älteste 1907 in die Schule. Die Deutsche Schule lag in der Oberstadt von Lissabon und der Weg dorthin war weit und beschwerlich.
Antonio fuhr das Kind mit dem Boot über den Fluss und lief mit ihr die *Rua Aurea* hinauf bis zum Aufzug *Elevador de Santa Justa*, der den Stadtteil *Baixa* mit dem höher gelegenen Stadtteil *Chiado* verband. Die Stahlkonstruktion des Aufzuges, der 1902 erbaut wurde, war 45 Meter hoch

und beherbergte zwei Kabinen für je 24 Personen. Zuerst wurde er durch eine Dampfmaschine angetrieben, die ab 1907 durch Elektromotoren ersetzt wurde.
In der Oberstadt angekommen, liefen sie immer noch ein gutes Stück bis zur Schule, die ihren Sitz in einem großen Gebäude in der *Rua da Emenda* hatte. Es war die zweitälteste aller deutschen Auslandsschulen. Der Direktor war ein aus Deutschland entsandter Philologe, der diese Aufgabe vom Schulgründer, einem evangelischen Pfarrer, übernommen hatte.
Der Unterricht begann um neun Uhr und dauerte bis dreizehn Uhr. Dann gab es eine zweistündige Mittagspause, in der die mitgebrachten Mahlzeiten verzehrt wurden. Nachmittags folgten zwei weitere Schulstunden. In den Zeiten dazwischen turnten die Kinder entweder auf dem großen Hof, sie sangen oder erledigten unter Aufsicht ihre Hausaufgaben. Als besonders wichtig galt das Schönschreiben und das Auswendiglernen.
Häufig fuhren Emma oder Maria morgens mit hinüber nach Lissabon, um mit Antonio auf dem Markt einzukaufen.
Mit voll beladenem Boot fuhren sie dann wieder zurück, bevor Antonio erneut über den Tejo fuhr, um Else abzuholen.
Ihren Einkauf luden sie an Land auf den Rücken eines Maultieres und transportierten ihn zum Haus. Besonders das Olivenöl, das sie in großen Behältern kauften, behandelten sie äußerst vorsichtig, damit nichts verloren ging.
Emma hatte durch Maria die Vorzüge des Olivenöls kennengelernt. Sie benutzte es praktisch für alles. Anfangs schmeckte es keinem der Deutschen und sie rümpften etwas die Nase. Bis Maria ihnen das naturtrübe Öl kredenzte, das sie auf einem Bauernbrot verteilte und mit Salz bestreute. Es war ein bescheidenes Essen, aber ein Genuss! Weiter nahm sie das Öl zum Braten, für Salate und Soßen und, So-

phie wollte es erst nicht glauben, sogar für die Körperpflege. Auch die alten Holzmöbel wurden damit eingerieben und glänzten danach wunderbar. Da sie selbst einige knorrige Olivenbäume auf der Muli-Wiese hatten, die zwischen Apfelsinenbäumchen und Steineichen wuchsen, hatten Maria und ihr Bruder vor, Mitte November und Anfang Dezember, wenn die Olivenernte anfing, selbst einmal versuchsweise Olivenöl herzustellen. Sie wollten die Früchte zur Schonung mit der Hand pflücken und schnellstens verarbeiten. Dazu durften nur die unverletzten, nicht überreifen Früchte ohne Blätter und Fremdkörper gepresst werden. Und das nicht später als vierundzwanzig Stunden nach dem Pflücken. Sie hatten Emma bereits alles genau erklärt und sie freute sich schon darauf.
Else war unglaublich stolz darauf, dass sie schon in die Schule gehen durfte, und war eifrig am Lernen. Die kleineren Geschwister fragten sie Löcher in den Bauch, und so oft es ging, spielten alle gemeinsam Schule, wobei Else natürlich die Lehrerin war.
Es herrschte ein deutsch-portugiesisches Sprachengewirr im Haus der Deutschen, weil ständig einer vom anderen etwas lernen wollte. So sprachen die beiden Portugiesen mittlerweile leidlich Deutsch und die Deutschen verbesserten sich von Tag zu Tag im Portugiesischen. Oft hörte man Gelächter, wenn wieder einmal Gesten und Hände für die Verständigung herangezogen werden musste. Aber irgendwie verständigte man sich immer, zur Not mit gestenreichen Demonstrationen.

1908

Es waren unruhige Zeiten in Portugal. Am 1. Februar 1908 wurden auf die Kutsche des *Königs Karl I. von Portugal* und dessen Thronfolger, seinem Sohn *Ludwig Philipp*, auf

der *Praça do Comércio* in Lissabon Schüsse abgegeben. Der König verstarb sofort an den Folgen des Attentats, sein Sohn erlag zwanzig Minuten später seinen Verletzungen. Ihre einbalsamierten Leichen wurden in glasbedeckten Särgen in der Kirche *Santa Clara* aufgebahrt und jeder konnte sie dort betrachten.
Das Attentat hatte zur Folge, dass der zweite Sohn des Königs, *Emanuel II.*, im Alter von erst achtzehn Jahren den portugiesischen Thron bestieg.
Durch das starke Anwachsen republikanischer und sozialistischer Strömungen wurden schon bald Neuwahlen ausgerufen. Die Monarchisten hatten die Mehrheit in der Kammer erobert, Republikaner wurden nur in beschränktem Umfang gewählt. Bei Zusammenstößen in Lissabon und anderen Städten gab es zahlreiche Verwundete und Tote. Es war eine Zeit der Putsche und Bombenanschläge. Oft wurde man nachts durch Explosionen geweckt, und ein großer Teil des Volkes hatte sich mit Handgranaten bewaffnet, die sie sich selbst bastelten, indem sie zum Beispiel abgedrehte Geländerknäufe mit Sprengstoff füllten. Das Volk war leicht zu beeinflussen, da etwa siebzig Prozent Analphabeten waren. Ja, selbst einzelne Damen aus gutem Hause konnten weder lesen noch schreiben.
Ein weiteres Attentat konnte verhindert werden. Dem jungen König fiel ein Wachposten auf, der falsch salutierte. Die sofortige Untersuchung ergab, dass es sich gar nicht um einen Soldaten handelte, sondern um ein Mitglied vom *Schwarzen Kreuz*, dem auch die beiden erschossenen Königsmörder angehört hatten. Die Palastwachen wurden deshalb verstärkt.
Aber auch die Korkfabrik hatte Probleme, denn es gab immer wieder Streiks der Arbeiter, die von den Kommunisten angefeuert wurden, um Lohnerhöhungen durchzusetzen. Sie forderten, dass die Regierung den Export von

Korkplatten verbieten solle, weil die wichtigsten korkimportierenden Länder Korkprodukte mit hohen Einfuhrzöllen belegten. Daher war die Zahl der Arbeiter in den Fabriken zurückgegangen. Es ging wie ein Lauffeuer durch die Korkfabriken der Umgebung, und sie fanden zudem die Unterstützung der Dorfhändler. Nun war Johann häufiger noch als sonst in der Firma und gemeinsam mit den anderen Geschäftsführern versuchten sie, die Gemüter zu beruhigen.

Die Reise nach Frankfurt 1908

Hin und wieder kam es vor, dass Sophie Heimweh nach Frankfurt verspürte. Sie wollte zu gern ihre Schwestern und Eltern wiedersehen und den vertrauten Frankfurter Dialekt wieder hören. Schon lange hatte sie im Kopf, sich in den Zug zu setzen und loszufahren. »Lass uns doch mal nach Deutschland fahren, bitte, bitte!«, bat sie Johann eindringlich.

Aber er fand immer wieder Ausreden, warum er gerade jetzt nicht verreisen könne.

»Die Firma! Immer wieder nur die Firma!«, warf sie ihm dann vor.

»Die Kinder kennen noch nicht einmal ihre Tanten und Großeltern«, lamentierte sie in solch düsteren Augenblicken. Johann versuchte sie dann immer wieder zu beruhigen.

»Lass doch die Verwandtschaft aus Frankfurt zu uns reisen, das wäre doch auch mal schön – für uns alle! Dann könnten sie sehen, wie gut wir hier leben und wohnen.«

Aber es war so, dass die betagten Eltern Angst vor so einer weiten Reise hatten und die Schwestern ihre Ehemänner nicht überzeugen konnten.

»Eine Dame macht doch nicht allein so eine weite Reise«, meinte ihre Schwester Fernande, der sie am nächsten stand.

»Wenn der Berg nicht zum Propheten kommt, muss der Prophet zum Berg«, befand Sophie schließlich trotzig. »Wir fahren in den Sommerferien!«
Johann spürte, dass dies der Moment war, wo er nachgeben musste, wollte er nicht einen Krach heraufbeschwören. Er klärte alles mit Herrn von Koss und als die Sommerferien von Else begannen, fuhr die komplette Familie zum ersten Mal mit dem Zug nach Deutschland. Bei dieser Gelegenheit wollten sie Rena und Hilde in Frankfurt endlich taufen lassen und dieses Fest im Kreis der gesamten Familie feiern. Emma begleitete sie und freute sich genauso auf das Wiedersehen mit ihrer eigenen Familie. Zu gern hätte sie Antonio mitgenommen, aber diese Bitte auszusprechen schien ihr doch zu gewagt. Maria und Antonio blieben deshalb zurück und kümmerten sich um die Tiere, den Garten und das Haus.
Das Wiedersehen war ein Fest! Alle Familienmitglieder waren in Frankfurt versammelt, um diesen Tag gebührend zu feiern und die Auswanderer zu begrüßen. Die Kinder wurden von einem zum anderen gereicht und liebevoll begutachtet. Die Großeltern waren begeistert von ihren Enkelkindern und bestellten gleich einen bekannten Frankfurter Fotografen, der diesen denkwürdigen Besuch in Bildern festhalten sollte. Der Großvater hatte schon vorher seine Beziehungen spielen lassen und alles für eine würdige Taufe organisiert.
Die Kinder wurden in Frankfurt vom *Militär-Oberpfarrer Falke* der kaiserlich preußischen Armee getauft. Das sich anschließende Fest fand wieder im Café Milano auf der Zeil statt.
Anschließend tobten die Kinder mit ihren Cousins und Cousinen durch die Wohnung und waren aufgedreht, denn es gab Geschenke, die ausprobiert werden mussten. Ein Peitschenkreisel aus Holz war eindeutig der Favorit. Die

Von links nach rechts: Rena, Else, Hilde, Hans

Frankfurter nannten ihn *Dopsch!* Jedes der Lissabonner Kinder bekam einen Kreisel geschenkt und sie waren begierig darauf, auf der Zeil damit zu spielen. Zuvor erhielten sie jedoch strenge Anweisungen, auf dem Trottoir zu bleiben, denn der Verkehr mit Fuhrwerken, Straßenbahnen und auch mit Automobilen nahm von Tag zu Tag zu. Überhaupt war ein reges Treiben auf der Zeil. Die Menschen flanierten und kauften in den zahlreichen Geschäften ein, die sich an der breiten Straße entlangzogen.
War das ein Spaß! Der kegelförmige Kreisel wurde zunächst mit einer langen Schnur umwickelt, die an einer Peitsche befestigt war. Mit einem schnellen Zug wurde der Kreisel dann in Rotation versetzt, und durch geschickte Peitschenhiebe musste er in der Drehbewegung gehalten werden. Wer ihn am längsten drehen konnte, hatte gewonnen. Natürlich waren die Frankfurter Kinder die Besseren, denn sie spielten mit dem Kreisel schon geraume Zeit und hatten Übung darin. Einer von ihnen konnte sogar Hindernisse damit überwinden, was von allen bewundert wurde. Selbst Hans ordnete sich gut in die Kinderschar ein und fiel nicht unangenehm auf.
Ein weiterer Höhepunkt in der Woche darauf war die Festfeier zur Eröffnung des *XI. Deutschen Turnfestes* in der neu errichteten Frankfurter Festhalle in Anwesenheit von Oberbürgermeister *Dr. Franz Adickes.* Es war eine Rekordveranstaltung mit rund 55.000 Teilnehmern aus 3326 Vereinen und es war die erste in der neuen, noch nicht fertiggestellten Festhalle. Von den insgesamt über 800.000 deutschen Turner waren viele nach Frankfurt gekommen. Damit war Frankfurt 1908 nach 28 Jahren die erste Stadt, die zum zweiten Mal ein deutsches Turnfest ausrichten durfte.
Der *Kronprinz Friedrich Wilhelm von Preußen* kam eigens aus Berlin und 200 Sonderzüge mit 200.000 Besuchern

wurden erwartet. In den Festausschüssen saßen alle, die Rang und Namen in Frankfurt besaßen und dem Finanzausschuss gehörten allein neun Bankiers an. Freiwillige Kaufleute und Ärzte standen ebenfalls hilfreich zur Seite.
Es herrschte eine Begeisterung, die Behörden wie Geschäftsleute erfasste. Der Festausschuss sammelte Geld ein für die Veranstaltung und schnell war eine Million zusammen. Eine riesige Summe, wenn man bedenkt, dass auf dem Festplatz eine Wurst mit Kraut und Kartoffeln 50 Pfennige kostete und ein komplettes Turneressen mit Vorspeise und Dessert für eine Mark zu haben war.
Der Festplatz entstand auf einem 230.000 Quadratmeter großen Gelände neben der Festhalle. Straßenbahnen fuhren im Dreißigsekundentakt. 2,4 Millionen Personen wurden in fünf Tagen befördert. Mehrere hunderttausend Menschen feierten den traditionellen Festzug, am Ende zählten die Turner etwa 400.000 Besucher. So hatte sich dank des Engagements vieler das Deutsche Turnfest 1908 zu einem Volksfest entwickelt.
Zu Hause versuchten die Kinder, die gesehenen Turnübungen nachzumachen, was ihnen jedoch nur kläglich gelang. Sophies Schwester Fernande, die mit ihrem Mann im Frankfurter Westend wohnte, hatte sich in die kleine Hilde verguckt. Selbst kinderlos geblieben, war sie völlig verrückt nach der Kleinen, die sie über Gebühr verwöhnte. Seit sie wusste, dass Hilde ständig kränkelte, viel Husten hatte und schwach auf der Brust war, bat sie Sophie unentwegt, Hilde doch eine Zeitlang bei ihr zu lassen, damit sie sich ausschließlich um ihre Gesundheit kümmern konnte. Sie pries die ärztliche Versorgung in Frankfurt in den höchsten Tönen an.
»Ich könnte auch mal mit ihr an die Ostsee fahren«, flötete sie werbend.

»Au ja, Mama, hier bei Tante Fernande ist es schön!«, war die begeisterte Antwort von Hilde.
Dann wäre sie endlich mal der Hahn im Korb, malte sie sich aus.
»Das geht doch auch nur noch jetzt, solange sie noch nicht in der Schule ist.« Fernande sah Sophie bittend an.
»Das kann ich nicht allein entscheiden. Da muss ich mit Johann drüber sprechen«, wich Sophie aus, die sich überhaupt nicht vorstellen konnte, eines ihrer Kinder in Frankfurt zurückzulassen.
Da sie die eigene Wohnung in Frankfurt schon seit Jahren an eine Familie vermietet hatten, wurden die Kinder auf die Schwestern verteilt. Sie selbst schliefen mit Hans bei den Eltern, Hilde und Rena bei Tante Fernande und Else war bei Tante Änne untergebracht. Alle Kinder waren damit zufrieden. Sie wurden nach Strich und Faden verwöhnt, und wenn sich die Familie abends um den großen Tisch bei den Großeltern zum Abendessen versammelte, schwatzten sie munter durcheinander und erzählten sich, was sie am Tag alles erlebt hatten.
Johann nutze die Zeit, um seinen Frankfurter Partner aufzusuchen. Er wollte ihm die komplette Firma verkaufen, da er nicht die Absicht hatte, jemals wieder nach Frankfurt zurückzukehren. Seine neue Heimat war Barreiro und er war glücklich dort.
Sein Compagnon war erfreut über die Möglichkeit, alleiniger Inhaber der Korkfabrikation zu werden. Die Geschäfte liefen hervorragend und er erhielt durch Johann gute Konditionen von O. HEROLD. Das wollte er möglichst beibehalten. Schon bald war man sich über den Kaufpreis einig und Johann war froh, eine Verantwortung weniger zu haben, wenn auch etwas Wehmut mit dabei war. Aber er musste seine Kräfte einteilen. Den Verkaufserlös deponierte er auf seinem Frankfurter Bankkonto. Es war gut zu wissen,

dass auch in der Heimat Geld für alle Fälle zur Verfügung stand.
Die Zeit verging wie im Fluge und schon bald mussten sie zurück nach Portugal. Johann hatte zugestimmt, dass Hilde bis zum Herbst bei Fernande bleiben durfte. Deshalb war der Abschied am Bahnhof noch etwas tränenreicher als ohnehin. Hilde wurde es auch etwas mulmig, nun ohne Eltern hier zu bleiben, und auch Sophie fiel der Abschied äußerst schwer.
Sie vereinbarten, dass Fernande ihnen Hilde im Herbst nach Barreiro zurückbringen würde. Dann wollte sie ein paar Wochen bei ihnen bleiben und die neue Heimat ihrer Schwester besichtigen.
So fuhren sie mit den Kindern und mit vielen Geschenken beladen ohne Hilde zurück. Ganz besonders die beiden Bilderbücher *Der Struwwelpeter* und *Max und Moritz* hatten es den Kindern angetan. Sophie und Johann wechselten sich mit dem Vorlesen ab und mussten selbst herzlich über die Geschichten lachen, wenn sie ihnen auch aus pädagogischer Sicht etwas fragwürdig erschienen. Aber die Kinder drängelten und drängelten und wollten die Geschichten immer wieder hören. Dazu schauten sie sich lange die Zeichnungen an. Hans konnte schon den Anfang von Max und Moritz auswendig aufsagen, was er auch unentwegt tat. Die Eltern ließen ihn gewähren, schließlich musste die lange Fahrt unterhaltsam durchgestanden werden. Und schon wieder fing er an zu rezitieren:

Ach, was muss man oft von bösen
Kindern hören oder lesen!
Wie zum Beispiel hier von diesen,
welche Max und Moritz hießen.
Die, anstatt durch weise Lehren,
sich zum Guten zu bekehren,

Oftmals noch darüber lachten,
und sich heimlich lustig machten.
Ja, zur Übeltätigkeit,
ja, dazu ist man bereit!
Menschen necken, Tiere quälen,
Äpfel, Birnen, Zwetschgen stehlen,
das ist freilich angenehmer,
und dazu auch viel bequemer,
als in Kirche oder Schule,
festzusitzen auf dem Stuhle.
Aber wehe, wehe, wehe!
Wenn ich auf das Ende sehe!!
Ach, das war ein schlimmes Ding,
wie es Max und Moritz ging.
Drum ist hier, was sie getrieben,
abgemalt und aufgeschrieben.

Dazu hob er am Ende der Einleitung wichtigtuerisch den Zeigefinger. Dann musste einer der Erwachsenen weiterlesen und die Kinder hingen gebannt an dessen Lippen.
Diese Geschichten waren genau das Richtige für Hans. Sie passten zu seinen Streichen, wie die Faust aufs Auge.
»Wisst ihr was?«, fragte er bedeutsam. Als ihn alle fragend anschauten, klatschte er begeistert in die Hände. »Ab sofort heißen unsere Mulis Max und Moritz, damit ihr es nur wisst!« Dazu stampfte er bekräftigend mit dem Fuß auf.
Somit war es beschlossene Sache und alle fanden die Idee gut. Fortan hatte jeder der beiden Mulis einen Namen erhalten und Hans übte eifrig mit ihnen, bis sie auf Rufen ankamen.
Dann stand ein Ereignis in der Zeitung, das Sophie allen vorlas. Es versetzte speziell Hans in Aufruhr und die übrige Familie fand es amüsant.

In dem kleinen portugiesischen Küstenort Paradelba wurde eine seltsame Entdeckung gemacht. Der kleine Ort liegt unmittelbar am Meeresrand. Er hat schon seit Jahrzehnten unter dem Zerstörungswerk der kraftvollen Wellen zu leiden, die immer mehr die angrenzenden Häuser unterhöhlen und das Land Stück für Stück erobern. Gestern brach ein gewaltiger Sturm los und ein Teil der Küste wurde fortgeschwemmt. Die Fischer waren nicht wenig erstaunt, als sie kurz danach feststellten, dass die Wucht der Elemente ihnen einen kostbaren Schatz in die Hände gespült hatte. Durch das Abbrechen des Landes war eine Stelle freigelegt worden, die einmal als Schatzkammer gedient hatte, denn man fand eine große Menge altertümlicher Gold- und Silbermünzen, juwelenbesetzte Kreuze, Ringe, silberne und goldene Kirchengeräte, Medaillons und weitere wertvolle Schmuckstücke. Die ganze Bevölkerung eilte sofort mit Schaufel und Spaten zur Fundstätte, um nach weiteren Kostbarkeiten zu graben. Einige Fischer trugen eilig Goldmünzen davon, die einen großen Wert hatten. Seit der Entdeckung haben die Anwohner ihre Arbeit vernachlässigt und beschäftigen sich nur noch mit dem Suchen nach weiteren Kostbarkeiten, die offensichtlich Seeräuber aus vergangenen Zeiten aus Beutezügen auf den Seewegen zwischen Spanien und Portugal an den Küsten vergraben haben. Es wurden schon öfter nach derartigen Naturereignissen ähnliche Schätze gefunden.

Hans war nun ganz aus dem Häuschen. Er suchte sich sofort einige Tücher und verwandelte sich nach und nach in einen Seeräuber. Dazu schnitzte er sich aus einem dicken Stock einen Säbel und stürmte mit lautem Geschrei zum Strand. Hier stand er dann vor den recht kleinen Wellen und stocherte aufgeregt im Sand. Seine Schwestern folgten ihm schreiend und auch Antonio, der froh war, dass alle wieder aus Deutschland zurück waren, lief lachend hinter ihm her.

1909 bis 1911

Die Jahre vergingen unbeschwert und fröhlich für die ganze Familie. Bis auf ein Ereignis am 23. April 1909, das sie alle in Angst und Schrecken versetzte. *Benavente* und *Samora Correa* war das Epizentrum eines großen Erdbebens, das auch bei ihnen die Wände wackeln ließ. Es überraschte die kleinen Ortschaften mit einer derartigen Wucht, dass ein Großteil der historischen Bauwerke zerstört wurde. Es war das größte Erdbeben in diesem Jahrhundert und weiträumig auf der iberischen Halbinsel zu spüren. Hinzu kamen meterhohe Flutwellen, die das Erdbeben ausgelöst hatte. Es gab hunderte Tote und viele Verletzte.
So etwas hatten sie noch nie erlebt und alle ergriff das Grauen, wenn sie nur daran dachten.

Hilde wurde von Tante Fernande erst nach einem ganzen Jahr zurückgebracht, verwöhnt und strotzend vor Gesundheit, außerdem ausgestattet mit vielen hübschen Kleidchen, so dass einige neidische Blicke der Schwestern festzustellen waren. Aber Fernande hatte auch für sie eine Menge Geschenke dabei, so dass der Neid schnell verflog.
Fernande blieb fast einen ganzen Monat bei der Familie. Sie war begeistert von dem sonnigen Land wie von dem prächtigen Garten. Jede freie Minute verbrachte sie in einer schattigen Ecke und bewunderte die Blütenpracht. Bei ihrer Abreise versprach sie, im nächsten Jahr mit ihren Eltern wiederzukommen, sollten sie bei guter Gesundheit sein.
Sie hatten es gar nicht vorgehabt, aber Sophie wurde erneut schwanger und sie verabschiedete ihre Schwester im Sommer 1909 bereits mit einem kleinen Bäuchlein.
Hochschwanger flanierte sie kurz vor der Niederkunft noch einmal mit Johann durch Lissabon. Die frische Luft in der unvergleichlich schönen Winternacht durchwehte die Straßen und Plätze von Lissabon und war so erquickend und

belebend. Der milde Wind umschmeichelte ihre Stirn und Wangen, so dass sie unwillkürlich zum Himmel emporblickte, an dessen tiefblauem Himmel die Sterne wie zu einem Freudenfest funkelten. Der Mond gab seinen hellen Schein dazu, er glitt über die Dächer der Stadt und ließ sie traumhaft aussehen. Viele waren noch auf den Beinen und die Plätze waren von Menschenmengen belebt. Das war für Sophie immer eine Augenweide und sie drückte sich fest in Johanns Arm.
An Heiligabend 1909 kam das Nesthäkchen Heinrich Adam auf die Welt und das Windelwaschen, Stillen und die Babypflege fingen von vorn an.
Dann war es eines Tages so weit. Die Kinder kamen nach und nach in die Schule, so dass es vormittags ungewohnt ruhig im Haus zuging. Nur der kleine Heini, wie er allgemein genannt wurde, krabbelte durch das Kinderzimmer und wurde meistens von Emma versorgt.
Sophie, die in ihrer Mutterrolle bisher völlig aufgegangen war, konnte sich wieder etwas mehr ums Haus kümmern und sich mit Freundinnen in Lissabon treffen. Die Gemeinschaft mit den Frauen aus der deutschen Gemeinde war ein guter Ausgleich zu ihren hausfraulichen Aufgaben. Hier wurde diskutiert, Rezepte wurden getauscht, es wurde gestrickt, gehäkelt und über Gott und die Welt geredet.
Ihre moderne und fortschrittliche Art gefiel nicht jedem. Besonders die älteren Semester tuschelten gern hinter ihrem Rücken und lachten. Aber viele Frauen in ihrem Alter bewunderten sie insgeheim und eiferten ihr in vielem nach. Es gingen Einladungen hin und her. Man traf sich abwechselnd zum Plaudern beim Tee und auch die vielen Kinder, die mit ihrem Müttern hinzukamen, hatten ihren Spaß.
Sophie blühte zudem in ihrem Garten auf. Sie war mit jeder ihrer Pflanzen vertraut und freute sich über die Blütenpracht und den Duft, die die meisten von ihnen ausströmten. Wer

sie hätte belauschen können, hätte gehört, dass sie sogar mit ihren Pflanzen sprach.

Im Gemüsegarten standen reichliche Ernten bevor, deren Erträge dann eingemacht in die große Vorratskammer wanderten. Hier war Emma, die bestens mit den Verarbeitungsmethoden vertraut war, eine unersetzliche Hilfe. Sie hatte das 1845 veröffentlichte Standardwerk *Praktisches Kochbuch* immer zur Hand, das ihr ein wertvoller Ratgeber war. Wie viele Hausfrauen griff sie bei der Haltbarmachung von Obst und Gemüse auf die Methode des Chemikers Rudolf Rempel zurück, der ein Verfahren entwickelt hatte, wie man mittels Einkochen und Luftabschluss Lebensmittel – ohne Beigabe von Alkohol – fast unbegrenzt haltbar machen konnte. Mit einer Klammer aus Federstahl wurde ein mit Gummiring abgedichteter Deckel auf dem Glas befestigt. Während des Erhitzens im Wasserbad dehnte sich die restliche Luft im Glas aus und entwich. Durch den starken Unterdruck, der beim Abkühlen entstand, wurde der Deckel fest auf das Glas gedrückt und damit verschlossen. Zuvor kochte sie die Gläser und Gummiringe aus, ohne sie abzutrocknen.

Aber sie trockneten auch Dörrobst. Dazu schnitten sie Ringe oder Schnitze von Äpfeln und Birnen. Kleinere Früchte wie Pflaumen, Feigen, Kirschen, Erdbeeren, Mirabellen oder Trauben wurden als Ganzes gedörrt. Sie wurden in der Sonne auf Schnüren getrocknet und lagerten zuerst auf luftigen Holzrosten, bevor sie in Gläser kamen, die mit dicken Korkstopfen verschlossen wurden. So hielt sich das Obst über Wochen und Monate und sie mussten im Winter nicht auf Vitamine verzichten. Wichtig war bei diesem Verfahren, dass sich die Früchte beim Trocknen nicht berührten und dass die Luft zirkulieren konnte.

Es wurde durchweg alles verarbeitet, so dass der Tisch immer reichlich gedeckt werden konnte und Vorräte für den

Winter bereitstanden. Wenn die Früchte nicht frisch von den Bäumen gegessen wurden, wanderten sie als Marmelade, Trockenfrüchte, eingemachtes Obst und das Gemüse roh geschnippelt oder vorgekocht in die Gläser.
Sophie überließ diese Arbeiten völlig Emma und Maria, die aus solchen *Einmachtagen* immer ein kleines Fest machten. Dann stand die Küche Kopf und niemand durfte sie betreten. Am Abend wurden dann stolz die ersten Ergebnisse bei Tisch serviert. Es erinnerte Emma immer ein wenig an die Schlachtfesttage in der Rhön, an denen auf dem Bauernhof alle etwas abbekamen.
Sophie genoss die gewonnene Zeit lieber für Ausritte mit ihrem Mann, ohne die Kinder. Sie sattelten dann beide Mulis, die offensichtlich auch ihre Freude an den Ausflügen hatten, und ritten über Wiesen und Felder. Sie wagten sich mit jedem Mal ein Stück weiter ins Gelände. Meistens ritten sie in Richtung Vendas Novas. Dort hatte O. HEROLD & Cie. eine Niederlassung, zu der Johann öfter mit dem Zug reiste, wobei er dann die Landschaft vom Zugfenster aus in Augenschein nahm.
Sie ritten durch die friedliche Provinz Alto Alentejo, die eine wunderbare Natur mit ausgedehnten Getreidefeldern zu bieten hatte, unterbrochen durch Gruppen von Korkeichen, Feigen- und Olivenbäumen. Der Landstrich grenzte ganz im Osten an *Badajoz* in Spanien und der große Fluss *Guadiana* trennte die Region Alentejo auf der portugiesischen Seite von der Region Extremadura auf der spanischen Seite. Dieses Gebiet wurde im Orangen-Krieg von Spanien besetzt und friedlich von Portugal abgetreten. Deshalb sprach man hier immer noch Portugiesisch und die Namen, die Bauwerke und das Essen waren ebenfalls portugiesisch. Es war eine fruchtbare Gegend, die man auch als Brotkorb Portugals bezeichnete. Die Felder mit Feldblumen im Frühling und Sonnenblumen im Sommer führten sie über leicht

ansteigende Hügel, vorbei an weiß getünchten Mühlen und weit verstreuten Häusern. Es begleitete sie ein vielseitiges Vogelgezwitscher und oft sahen sie nistende Störche, die es sich hoch oben in den Baumwipfeln bequem machten.
Immer hatten sie einen Korb voller Leckereien dabei, die ihnen Emma zubereitet hatte. Auf einer ausladenden Decke genossen sie die Stille und die flirrende Luft im Schatten eines Baumes, um nach einem köstlichen Picknick satt und glücklich darunter einzuschlafen.
Gern suchten sie sich dafür einen Platz, auf dem sich Thymian ausgebreitet hatte, weil sie der Geruch, der durch den dicken Stoff der Decke drang, so herrlich einschlafen ließ. Wenn sie wieder wach wurden, überkam die beiden meist ein unbändiger Drang nach Zärtlichkeiten. Hier waren sie ungestört, kein Mensch weit und breit, keine Kinder, die ins Zimmer kommen konnten. Nur vereinzelt hörte man Schafe blöken oder Schweine grunzen. Es hatte sich ein Ritual zwischen ihnen entwickelt, das beide nicht missen wollten. Sophie pflückte eine Handvoll Lavendel, Rosmarin und Thymian und verrieb die Blüten auf Johanns nacktem Rücken, der sich das genüsslich gefallen ließ. Die ätherischen Öle der Pflanzen drangen in seine Haut ein und er roch danach wunderbar. Dieses Spiel machte er auf gleiche Weise bei Sophie, und beide steigerten sich durch die zärtlichen Berührungen immer mehr in Ekstase, bis sie sich am Ende leidenschaftlich vereinten. Nur die Mulis standen staunend dabei und Sophie lachte über die Tiere, die ihnen die ganze Zeit zusahen. Eng umschlungen lagen sie noch eine Weile und schauten in den blauen Himmel. Sie fühlten sich so leicht und frei und dankten Gott, dass sie es so gut getroffen hatten.
»Na, Max und Moritz, hat es euch gefallen, was ihr gesehen habt? Aber nichts verraten!«, lachte sie und hielt sich den Zeigefinger vor die Lippen.

Die Kinder blieben zu Hause bei Emma und Antonio und hatten alle Freiheiten, die man sich für Kinder nur wünschen konnte. Es war ein Leben wie im Paradies. Johann ging ganz in seiner Arbeit auf und war mit Freude in der Fabrik. Er fühlte sich wertgeschätzt von den Arbeitern und den Inhabern, wenn auch die Probleme mit den Kommunisten nicht unproblematisch waren und es durchaus Arbeitsprobleme gab, die es zu bewältigen galt. Aber die deutschen Geschäftsleute und Techniker genossen in Portugal einen guten Ruf und spielten eine wichtige Rolle in der Wirtschaft des Landes. Die politische Lage im Land war jedoch weiterhin von vielen Unruhen geprägt. So wurde am 5. Oktober 1910 auf dem Balkon des Rathauses die *Erste Portugiesische Republik* ausgerufen. König Emanuel II. floh daraufhin ins Exil nach England. Damit endete die 771-jährige Geschichte der portugiesischen Monarchie.

Immer im Frühling kam Hinnerk aus Hamburg angereist, um seine Verhandlungen mit O. HEROLD für seine Kunden zu führen. Sein Weg führte ihn über Spanien. Dort besuchte er die Niederlassung von O. HEROLD in Madrid sowie weitere Korkfabriken in Barcelona, für die er ebenfalls tätig war.

Das Wetter war umgeschlagen. Der empfindlichen Kälte folgte ein weicher Südwind mit einem tropischen, heftigen Regen. Große Wassermengen fielen in Sturzwellen aus der dichten, grauschwarzen Wolkendecke hinab. Die Palmen und Magnolien bogen sich unter der immer neu hereinbrechenden Flut, die von dem Dach des Hauses als Sturzbach den Boden suchte und nur langsam abfloss.

Mit diesem Wetter empfingen Sophie und Johann Hinnerk bei sich zu Hause. Sie freuten sich auf ihn, weil sie von ihm stets das Neueste aus der Heimat erfuhren. Hinnerk kam überall in Deutschland herum und wusste immer Interes-

santes zu erzählen. Aber die größte Neuigkeit freute die beiden ganz besonders: Hinnerk hatte sich verlobt! Er hatte Alma bei Freunden kennengelernt. Sie war Witwe und hatte einen kleinen Sohn. Hinnerk schwärmte von ihr in den höchsten Tönen und wollte sie so schnell wie möglich heiraten. Da es für Sophie, Johann und die Kinder zu umständlich war, zur Hochzeit nach Hamburg zu reisen, luden sie kurzentschlossen Hinnerk mit seiner Alma in ihr Haus ein. Sie könnten sich dann näher kennenlernen und boten ihm an, seine Flitterwochen bei ihnen zu verbringen.
»Das ist eine gute Idee«, meinte er strahlend. »Ja, ich glaube, das würde auch Alma gut gefallen. Sie war noch nie im Ausland und ihr Sohn, er heißt übrigens Anton und ist vier Jahre alt, dem würde es hier bestimmt auch gut gefallen. Der Fluss, die Mulis und das ganze Drum und Dran hier bei euch, das wäre bestimmt ein Abenteuer für ihn .«
Man sah ihm an, wie er sich die Idee durch den Kopf gehen ließ.
»Ich müsste natürlich Alma erst mal fragen. Aber ich danke euch für die Einladung! Das freut mich wirklich. Alma wird euch bestimmt auch gefallen. Sie ist sehr natürlich und geradeheraus. Ganz, wie ich Frauen mag!«
Sophie strahlte ihn an.
»Ja, mach das! Eine deutsche Frau hier im Haus, der ich alles zeigen könnte, das würde uns allen guttun. Wir freuen uns jedenfalls auch, nicht wahr, Johann?«
Dieser nickte nur zufrieden und man sah ihm an, dass er es vergnüglich fand, wieder mit Hinnerk plaudern zu können. Sie verstanden sich ausnehmend gut.
Hinnerk blieb aber meistens nur wenige Tage. Sein Terminkalender war voll und seine Geschäfte liefen bestens. Zudem wollte er schnell wieder zu seiner Alma zurück.

1912

Regelmäßig versammelte sich die Elite der wichtigsten und größten Händler und Industriellen um den deutschen Gesandten *Dr. Friedrich Rosen*, der seit 1912 seine glänzende diplomatische Karriere im Namen des deutschen Kaisers in Portugal fortsetzte. Rosen war ein hochgebildeter Mann, der als Orientalist, Diplomat und Politiker unter anderem Gedichte von *Omar Chayyam* ins Deutsche übertragen hatte. Seine Kindheit hatte er in Jerusalem verbracht und dort neben Englisch auch Arabisch und Türkisch gelernt, was seinen Entschluss, die arabische Sprache zu studieren, beeinflusst hatte. Er wurde schnell ein wichtiger Teil des gesellschaftlichen Lebens der deutschen Gemeinschaft in Lissabon.

Bei solchen Treffen waren auch die Brüder Georg und Carl Jerosch dabei, die Besitzer der O. HEROLD Korkfabrik. Auch der Schwiegersohn von Georg Jerosch, Albrecht von Koss, war bei diesen Treffen anwesend, da er als preußischer Reserveoffizier, dem Kaiser sehr ergeben, im ständigen Austausch mit dem deutschen Gesandten war.

Als dann 1914 der Erste Weltkrieg begann, verließen viele junge Deutsche das Land, um freiwillig für ihre deutsche Heimat zu kämpfen.

Albrecht von Koss wurde 1915 mobilisiert, um als Geheimagent bei der deutschen Gesandtschaft in Madrid in den Dienst der deutschen Armee gestellt zu werden. Von dort aus wurde er auf eine Mission in die von Frankreich kontrollierten Berge von Marokko geschickt, um die aufständische Bewegung zu unterstützen.

Deshalb musste Johann zusätzliche Aufgaben in der Fabrik übernehmen, was er verantwortungsvoll und voller Tatkraft in Angriff nahm.

Die Schreckensnachricht 1916

Wenn auch schon hin und wieder eine antideutsche Stimmung im Land festzustellen war, die durch die Engländer angeheizt wurde, so spürten Johann und Sophie in Barreiro recht wenig davon. Johann war ein angesehener Chef, der sich um einen fairen Umgang mit seinen Arbeitern bemühte. Dennoch war auch ihm klar, dass die Beziehungen zu den Portugiesen auf wackligen Füßen standen. Er informierte sich bei seinen Treffen im Deutschen Verein stets über die aktuelle Lage und war wachsam – besonders, nachdem im Dezember 1915 zweiundsiebzig deutsche Schiffe, die zu dieser Zeit in portugiesischen Häfen lagen, von der portugiesischen Regierung beschlagnahmt wurden, um sie den Engländern zu übergeben. Die deutschen Flaggen wurden eingeholt und durch portugiesische Flaggen ersetzt. Da die Schiffe in den Hoheitsgewässern eines neutralen Landes gelegen hatten, wurde ihre Enteignung als seeräuberischer Akt angesehen. Der kaiserliche Gesandte Friedrich Rosen übergab daraufhin im Auftrag Kaiser Wilhelms II. der portugiesischen Regierung im Februar eine Beschwerde, um die Freigabe der Schiffe zu erreichen.

Die führenden deutschen Unternehmer wussten durch ihre engen Kontakte zur Führungselite schon etwas früher, dass mit massiven Schwierigkeiten zu rechnen sein würde. Einige von ihnen waren so clever und veräußerten ihren Besitz an vertraute Portugiesen aus ihren Firmen. Sie verkauften zum Beispiel zu Spottpreisen an ihre Buchhalter mit der Vereinbarung, wenn alles vorbei sei und sie wieder zurückkommen könnten, zum gleichen Preis ihre Güter zurückkaufen zu können. Natürlich nur auf dem Papier, denn die Käufer hatten in der Regel überhaupt nicht so viel Geld. So ein Handel war selbstredend nur mit absolut vertrauenswürdigen Personen möglich.

Dieses Prozedere kam auch Johann bei Besprechungen mit vielen Führungskräften zu Ohren. So grübelte er, welche Möglichkeiten für ihn und seine Familie bestehen könnten, irgendetwas an Wert zu retten. Seit Beginn des Krieges 1914 hatten schon einige Deutsche das Land verlassen und der deutsche Verein am *Pátio de Pimenta 2* sah sich immer größer werdenden Schwierigkeiten gegenüber.
Während die Regierung Portugals so tat, als hätte sie den Brief von Rosen nie erhalten, nach dem Motto »Mein Name ist Hase, ich weiß von nichts«, war die Empörung seitens der Deutschen immens groß. Die Spannungen zwischen Deutschland und Portugal verschärften sich und Rosen wandte sich ein weiteres Mal in schärferem Ton an die Verantwortlichen.
Die Regierung gab zunächst vor, ein entsprechendes Schreiben nicht erhalten zu haben und lehnte die Bitte am 4. März ab. Die Quittung kam umgehend. Deutschland erklärte Portugal am 9. März 1916 den Krieg.
Als Folge der Kriegserklärung kam das Dekret, dass alle Deutschen binnen fünf Tagen das Land zu verlassen hatten, und das Heim des Deutschen Vereins am *Pátio de Pimenta 2* wurde einschließlich aller ihm anhängenden Einrichtungen aufgelöst. Alles wurde beschlagnahmt und liquidiert, einschließlich der bedeutenden Bücherei des Vereins.
Damit war eine glanzvolle Zeit in der Geschichte des Deutschen Vereins zu Ende gegangen.
Bis zum 21. April 1916 mussten alle Deutsche das Land verlassen und ins Exil gehen. Das gesamte Vermögen wurde konfisziert und vom Staat als feindliche Güter beschlagnahmt. Es fand eine Enteignung im großen Stil statt und jeder durfte nur einen Koffer pro Person mitnehmen. Keiner hatte die Möglichkeit, sich dagegen zu wehren. Es spielte keine Rolle, wer man war oder was man für das Land geleistet hatte.

Als Johann den Umschlag mit der Ausweisung in Händen hielt, verfolgte Sophie voll düsterer Vorahnung, wie Johann das Schreiben aus dem Umschlag zog, und sah, wie seine Miene beim Lesen erstarrte.
»Das ist ja ungeheuerlich!«, presste er hervor und hielt ihr den Befehl vor die Nase.
»Ausweisung, Ausweisung!«, stieß Sophie heftig hervor und hätte bei ihrem wilden Gestikulieren fast ihr Glas umgeworfen. Ihre Augen wurden feucht, und sie blinzelte die Tränen fort. Um Fassung bemüht, starrte Johann seine Frau an.
Nun stand das Leben von einer Sekunde zur anderen auf dem Kopf. Sophie konnte nicht aufhören zu weinen. Sie versteckte es vor den Kindern und vor Johann, so gut es eben ging. Aber wenn sie mit Emma allein in der Küche saß, weinten beide Frauen herzerweichend und lagen sich schluchzend in den Armen.
Die Familie erstarrte wie in einer dumpfen Betäubung. Jegliche Unbekümmertheit war verflogen, und Bitterkeit stieg in Sophie auf.
Sie fühlte sich frei und glücklich in diesem Haus und spürte, dass es ihr wahres und einziges Zuhause war, von dem sie immer geträumt hatte. Sophie kroch die Erschöpfung in alle Glieder. Sie war wie paralysiert.
Sie beobachtete, wie der Mond aufging und den Tejo erhellte, was eine mystische Stimmung heraufbeschwor. Durch das geöffnete Fenster trug der Wind den salzigen Geruch des Meeres herein. Die Schreie der Seevögel vermischten sich, wie sie sich unerbittlich um ihre Beute stritten. Es war wunderschön, dem Wind und den Lauten der Tiere zu lauschen.
Das alles werde ich bald nicht mehr spüren und hören. Und wieder liefen ihr dicke Tränen die Wangen hinunter.

Der Tag der Ausweisung war ein schwarzer Tag für die Familie. Johanns Befürchtungen trafen von heute auf morgen ein und er musste schnellstmöglich handeln, wollte er seine Familie nicht dem Untergang weihen. Zurück nach Deutschland wollte er auf keinen Fall. Man hätte ihn bestimmt sofort an die Front geschickt und sein Leben wäre keinen Pfifferling mehr wert gewesen. Er hatte fünf Kinder und eine Frau, das war eine Verantwortung, die stärker war als seine Vaterlandsliebe.
Bei seiner fieberhaften Suche nach einer Lösung fiel ihm ein, dass Antonio von einer Cousine erzählt hatte, die in Spanien an der Grenze zu Portugal mit einem Fischer verheiratet war. Das schien ihm ein Wink des Schicksals zu sein.
Er sprang auf, um das Fenster zu öffnen und die kühle, klare Luft hereinzulassen. Er legte seine heiße Stirn an die Fensterscheibe, doch seine erregten Gedanken wollten nicht zur Ruhe kommen.
Johann rief Antonio zu sich in sein Büro auf dem Werksgelände. Hier konnte er ungestört mit ihm reden, ohne dass Sophie oder Emma etwas aufschnappen konnten. Denn es war ein etwas unausgegorener Plan, den er im Kopf hatte.
»Was meinst du, Antonio, würde deine Cousine dir einen großen Dienst erweisen? Bist du mit ihr gut gestellt?«, fragte er ihn.
Antonio, der überhaupt nicht wusste, worum es ging, war überrascht von der Frage und schaute Johann irritiert an.
»Ja, wir kennen uns von Kindheit an gut und haben uns immer gut verstanden. Sie ist die Tochter des ältesten Bruders meiner Mutter und bereits fast vierzig Jahre alt.«
Johann musste grinsen. Vierzig Jahre schien für Antonio uralt zu sein.
»Ich habe sie im letzten Herbst sogar einmal besucht«, erzählte er weiter. »Da fuhr ich mit dem Zug in unser Werk

nach *Vendas Novas* und von dort weiter in unser Lager nach *Montemor o Novo*. Sie selbst hatten mich doch dort hingeschickt.«

Johann nickte. Er erinnerte sich, dass Antonio danach einige Tage Urlaub genommen hatte.

»Wunderbar! Nun höre mir mal ganz genau zu, Antonio, was ich dir nun anvertrauen möchte. Das muss aber wirklich unter uns bleiben.«

Antonio nickte ernst und fühlte sich geehrt.

»Falls du es noch nicht gehört hast: Wir Deutschen müssen innerhalb von fünf Tagen das Land verlassen. Deutschland hat Portugal den Krieg erklärt. Deshalb muss unser Hab und Gut hierbleiben. Alles, was wir in all den Jahren hier aufgebaut haben, hätten wir damit verloren. Wir wären mit einem Schlag mittellos!«

Antonio schaute ihn mit weit aufgerissenen Augen fassungslos an. Die dramatischen Ereignisse waren völlig an ihm vorbeigegangen. Er konnte nicht lesen und schreiben und es hatte ihm bisher niemand etwas davon erzählt. Die letzten Tage war er ständig im Garten beschäftigt gewesen. Schließlich war Frühjahr und es musste vieles ausgesät werden. Seine Schwester half ihm dabei, so gut es ging.

»Ja, aber ...,« fing er an zu stottern. »Wie soll das denn gehen? Das Haus, der Garten, die Tiere?« Ihm fehlten die Worte.

»Deshalb habe ich dich ja hergerufen. Ich habe einen Plan, Antonio, und ich hoffe, dass wir nach dem Krieg wieder zurückkommen können.«

Johanns Worte gingen nun fast in ein Flüstern über, so dass Antonio näher an ihn heranrücken musste.

»Du bleibst mit deiner Schwester im Haus und versorgst alles wie bisher. Aber zur Sicherheit für meine Familie muss ich einen Trick anwenden. Ich muss viele wertvollen Dinge für uns retten. Dazu brauche ich deine Hilfe. Wir füllen hier viele Kisten mit unseren Wertsachen voll. Die transportierst du erst einmal mit dem Zug nach Vendas Nova in unsere Zweigstelle. Dort lädst du alles auf einen geschlossenen Leiterwagen um, deckst die Kisten dick mit frisch geernteter Korkrinde ab und spannst zwei der dortigen Mulis davor. Dann fährst du mit dieser Fracht immer geradeaus durch die Landschaft auf schmalen Wegen bis an den *Rio Guardian*. Das ist die Grenze zu Spanien. Die kleinen Ortschaften lässt du alle links liegen, damit du ungesehen reisen kannst. Solltest du jemand begegnen, der dumme Fragen stellt, dann sagst du, dass du den Kork am Fluss abliefern musst. Du suchst dir in der Nähe deiner Cousine die schmalste Stelle am Fluss, versteckst den Wagen und schwimmst hinüber. Vielleicht steht ja auch ein festgemachtes Boot bereit. Umso besser! Deine Cousine soll dann mit einem Boot kommen, die Kisten aufladen und alles bei sich lagern, bis es jemand für uns abholt. Ihr Schaden soll es nicht sein. Ich bezahle etwas im Voraus und später beim Abholen.«

Antonio stand mit offenem Mund vor Johann und hörte ihm staunend zu. Es dauerte eine Weile, bis er realisiert hatte, was Johann da von ihm verlangte. Aber schon bald lächelte er. Das war ja endlich mal ein richtiges Abenteuer! Na klar wollte er es für seine Herrschaft so machen. Sie hatten ihn immer gut behandelt. Das war er ihnen schuldig.

»Kisten haben wir genug im Keller, und wenn nicht, zimmere ich schnell welche. Das wäre doch gelacht!«

Nun war er ganz in seinem Element. Ihm war klar, dass es eilte. Fünf Tage waren schnell vorbei.

»Und Sie, was machen Sie denn? Und die Kinder ..?«

»Jetzt, wo ich weiß, dass du uns behilflich bist, werde ich gleich nach Hause fahren und dort alles regeln. Emma und Maria sollen sofort Rucksäcke auf der neuen Pfaff-Maschine nähen, damit jeder von uns einen Rucksack voll-

packen kann. Wir dürfen nur das mitnehmen, was wir tragen können. Also jeder einen Koffer und einen Rucksack. Dann fahren wir mit dem Zug zuerst zu unserer Niederlassungs nach Madrid. Der dortige Leiter weiß bereits Bescheid. Ich habe ihm telegraphiert. Er wird mir mein portugiesisches Geld in Peseten umtauschen. Meinem Freund in Hamburg habe ich auch ein Telegramm geschickt. Er soll unterstützend bei der Korkfabrik in Barcelona nachfragen, ob ich dort unterkommen kann.«
Er selbst hatte sofort nach Bekanntgabe der Ausweisung mit der Fabrik in Barcelona telegraphisch Kontakt aufgenommen. Sie kannten ihn seit Jahren gut und wussten, dass er in ihrer Firma gut zu gebrauchen war. Zumal er beste Kontakte zu deutschen Kunden hatte.
Johann wollte zu Hause Zuversicht vermitteln und biss die Zähne zusammen. Er durfte jetzt keine Schwäche zeigen und musste stark sein, wenn er auch innerlich total aufgewühlt war.
Du musst jetzt kämpfen, Johann, flüsterte er sich fast lautlos selbst zu. Dabei schlug sein Herz bis zum Hals.
»Such alle Wertgegenstände, die du finden kannst, zusammen. Deinen kompletten Schmuck, unsere wichtigsten Papiere und alles Geld, was du finden kannst. Es muss aber gut zu tragen sein«, schärfte er Sophie ein.
Emma und Maria wies er an, schnellstens für jeden einen Rucksack zu nähen. Für die Kinder einen kleinen für etwas Spielzeug und das Nötigste für die Reise. Für die Erwachsenen recht große, damit sie möglichst viel darin einpacken konnten. Den Stoff sollten sie von den dicken Gardinen nehmen, das erschien ihm reißfest genug.
Auch Antonio war mächtig aufgeregt. Wo er konnte, half er beim Zusammenpacken der wichtigsten Dinge, und war voller Sorge für die Zukunft. Wie sollte es für ihn und Maria weitergehen? Er wusste es nicht, denn ohne Geld waren

auch sie verloren. Haus und Garten hin oder her, das Überleben war auch hier ohne Geld nicht möglich.
Zuerst bastelte Johann mit Antonio geschickt einen großen Koffer mit doppeltem Boden zurecht, der nicht sofort ins Auge fiel. Hier versteckten sie alle flachen Wertsachen, die ihnen ein Gefühl einer gewissen Sicherheit gaben.
Dass sie nicht nach Deutschland zurückgingen, hatte er Sophie versprochen, die ihn weinend darum angefleht hatte.
»Wenn alle Stricke reißen, haben wir noch ein paar Reserven in Deutschland«, meinte er tröstend zu Sophie, denn zum Glück hatte er das Geld vom Verkauf der Firma und der Wohnung, wie er glaubte, sicher in Frankfurt auf der Bank angelegt.
Die Kinder spürten, dass etwas Schreckliches im Gange war. Vor allem der fünfzehnjährigen Else war bewusst, dass sie ihre Heimat verlassen mussten. Dass es ihre *Heimat* war, stand für sie außer Frage.
Hans dagegen saß rebellisch auf seinem Bett und schrie: »Ich gehe hier nicht weg. Ich will nicht!«
Dabei verschränkte er die Arme vor der Brust und schaute wütend zu Johann.
»Nun mach schon, Hans! Du als zweiter Mann hier im Haus musst auch mit anpacken. Wir haben nicht viel Zeit. Bitte hilf mit!«
»Na gut!«, klang es nach einer Weile gedehnt etwas versöhnlicher zurück, denn als Mann hatte ihn der Vater noch nie bezeichnet. Das stärkte sein Selbstbewusstsein und er erhob sich gnädig, um mit anzupacken.
Johann war froh, dass Antonio und Maria da waren. So blieb das Haus vorerst in guten Händen, und wer weiß, redete er sich ein, vielleicht konnten sie ja alle nach Ende des Krieges wieder zurückkommen.
Die glanzvolle Zeit der Deutschen in Portugal fand damit erst mal ein jähes Ende. Wer eine Zukunft im neutralen Spa-

nien sah, wanderte nach dorthin aus. Doch es gab auch viele Kaisertreue, die ins Deutsche Reich zurückkehrten, um das Vaterland zu verteidigen.
Er ging nach dem Essen ein letztes Mal hinunter zum Fluss, sah eine Weile auf das Lichtermeer Lissabons auf der anderen Seite und lauschte der Stille. Diese herrliche Stille in der Dämmerung. Die Wellen schlugen lieblich am Ufer an und noch immer zwitscherten die Vögel dazu. Gerade so, als wäre überhaupt nichts passiert. Eine unglaubliche Melancholie erfasste ihn. Ob er je wieder hier am Ufer stehen würde? Aufseufzend ging er zurück zum Haus und dachte daran, dass er doch bisher unglaubliches Glück gehabt hatte. Während seine Freunde von früher in den Krieg ziehen mussten, ja vielleicht schon tot waren, stand er hier am Ufer des Tejo und machte sich Gedanken. Ich sollte dankbar sein für alles, was wir bisher hatten. Dankbar für die wunderbaren Jahre hier in Portugal, für meine Frau und meine gesunden Kinder. Es wird schon alles wieder gut werden. Mit diesen etwas positiveren Gedanken betrat er das Haus, um auch von ihm Abschied zu nehmen.

Mit den Mulis nach Spanien

Nach einem tränenreichen Abschied von der Familie, ganz besonders von Emma, brach Antonio auf zu seiner abenteuerlichen Reise. Die Kisten wurden schnell gefüllt mit wertvollem Silber, teuren Anzügen und Kleidern, Eingemachtem sowie liebgewonnenen Erinnerungsstücken und Antonio brachte sie mit dem Zug unversehrt nach *Vendas Novas*. Dort wurden sie von Arbeitern entladen und ins Werk transportiert.
Antonio kümmerte sich sofort um eine stabile Kutsche mit Verdeck, spannte zwei Mulis davor und lud die Kisten auf den Wagen. Obendrauf, wie mit Johann besprochen, legte

er mehrere Schichten Korkrinde und deckte damit seine kostbare Fracht zu. Es war nicht mehr zu erkennen, dass etwas anderes als Kork geladen war. Dann versorgte er sich mit ausreichend Nahrung und jeder Menge Wasser für sich und die Tiere, weil er die nächsten Tage in keinem Dorf anhalten wollte.

Sein Weg führte ihn entlang alter Schmugglerpfade. Sein Ziel war, es bis nach *Montemor o Novo* zu schaffen und dort im Lager von O. HEROLD frisches Wasser zu organisieren. Dann wollte er weiter am *Rio Almansor* entlang und sich hier einen Platz zum Übernachten suchen. So könnte er es in weiteren zwei Tagen bis zum *Rio Guadiana* schaffen, dachte er. Vorsorglich hatte er in seinem Bund eine Pistole versteckt. Die hatte ihm ein Arbeiter geliehen. Sicher ist sicher, dachte er, denn es gab in dieser Gegend oft Wegelagerer, die gern Reisende ausraubten, wie man sich gelegentlich erzählte.

Die Mulis marschierten gut voran. Immer wieder legte er eine Pause ein, damit sie etwas weiden und Wasser trinken konnten. Er hielt sich meist im Schutz der Bäume auf und fuhr endlose Kilometer durch reine Natur. Die mittelalterlichen Burgen auf den kleinen Hügeln, die für Kriege wie für Frieden gebaut wurden, beherbergten meist innerhalb ihrer Schutzmauern die mittelalterlichen Ortschaften. Er passierte diese unauffällig in den Ebenen und war froh, dass es erst Frühling war und ihn deshalb die Sonne nicht verbrannte. Im Sommer war es im freien, ungeschützten Gelände nicht auszuhalten. Der Wagen rumpelte über die unebene Strecke und sein Schaukeln war einschläfernd. Staub lag in der Luft und kleine Orte zogen an ihm vorbei, während er durch die fruchtbaren, grünen Täler fuhr, die sich zwischen den Hügeln entlangzogen. Hin und wieder entdeckte er einige Hausdächer oder auch große, verfallene Steintürme. Als er durch ein kleines Wäldchen fuhr, ertönte

der Ruf eines Kuckucks, der wieder und wieder sein *Kuckuck, kuckuck* durch die Stille rief.
Hin und wieder wurde der Weg flacher und er entfernte sich etwas vom Fluss. Die Wiesen standen in voller Blüte und ihre Farbenpracht wechselte sich ständig ab. Es war ein unbeschreiblicher Duft in der Luft und felsige Stellen, die von Zistrosen und Dickicht umgeben waren, kreuzten seinen Weg. Wenn er an wilde Wasserquellen kam, füllte er seinen Wasservorrat nach und ließ die Mulis gleich an Ort und Stelle saufen. Es dämmerte bereits, als er sich einen Lagerplatz für die Nacht suchte. Die untergehende Sonne färbte den Himmel rot. Er fand eine ideale Stelle am Fluss, direkt wie für ihn gemacht. Ein dichtes Gestrüpp versperrte den Blick auf sein Fuhrwerk. Er band die Mulis mit langer Leine zwischen zwei Bäumen fest und bereitete sich ein Lager für die Nacht unter dem Verdeck des Leiterwagens. Als Untergrund hatte er ja die langen Korkstücke, die ihn etwas wärmten. Dann freute er sich auf sein Essen, das wirklich reichlich war. Er hatte an alles gedacht. Einige Vorräte vom Eingemachten, Schinken vom schwarzen Ibericoschwein – den *Pata Negra Bolota,* der eine wahre Köstlichkeit war – selbstgebackenes Brot von Emma und eine Flasche Wein.
Müde vom anstrengenden Tag und völlig entspannt schlief er schon bald danach ein.
Am nächsten Tag setzten heftige Regenfälle seiner Weiterreise ein jähes Ende. Er musste die Vorräte vor der Nässe schützen, sonst waren sie schnell verdorben. Schnell war er bis auf die Haut durchnässt. Aber schon bald verzogen sich die letzten Regenwolken und der Himmel zeigte immer öfter sein leuchtendes Blau. An die starken Regenfälle erinnerten bald nur noch wenige Pfützen, nur an den Blättern glitzerten noch einige Regentropfen. Antonio hielt sein Gesicht in die Sonne und atmete tief die frische Luft ein. Die

Wiesen dufteten und im Baum flötete eine Amsel. Er beobachtete eine friedlich grasende Schafherde und Vögel, die sich in den Pfützen ihr Gefieder putzten. Kurz danach brannte schon wieder die Sonne vom Himmel. Und weiter ging es vorbei an kleinen Weilern, ausgedehnten Felder, Weiden und Wäldern. Sand knirschte unter seinen Rädern. Antonio genoss die wunderschöne Landschaft und suchte sich erneut einen Platz für die Nacht. Niemand war ihm bisher begegnet, nur einige Tiere traf er an, mit denen er sich – wenn auch einseitig – unterhielt.
Plötzlich kam eine hochgewachsene Gestalt im Dämmerlicht auf ihn zu. Lediglich sein Gesicht verriet sein wahres Alter, denn sein Gang und seine Haltung sahen eher nach einem alten Mann aus. Aber sein Gesicht hatte etwas Jungenhaftes. Man sah seinen Händen die schwere körperliche Arbeit an. Sie waren rissig und stellenweise war die Haut sogar aufgeplatzt. Seine Kleidung war zerlumpt und hing an manchen Stellen in Fetzen an ihm herunter.
Antonio hatte bereits eine Hand am Holster der Pistole, um schnell reagieren zu können, sollte der Fremde böse Absichten haben. Aber diese Befürchtungen verflogen so schnell, wie sie gekommen waren, als der Junge lachte. Ihm fehlten einige Zähne, was lustig aussah, ihn aber nicht unbedingt hübscher aussehen ließ. Jedoch blickten ihn seine dunklen Augen so freundlich an, dass er ihn fragte, wer er sei und woher er komme.
»Ich wohne hier«, sagte er, weit die Arme ausbreitend, und zeigte ein breites Grinsen. Dabei deutete er auf ein kleines Versteck im Gebüsch, das er mit Zweigen und Blättern zugedeckt hatte.
»Wie, du wohnst hier im Gebüsch?«, fragte Antonio erstaunt und betrachtete den Jungen eingehender. »Hast du kein Zuhause?«

»Das ist mein Zuhause. Ich habe niemanden, der sich um mich kümmert. Keine Mutter, keinen Vater, keine Geschwister«, ergänzte er und hob dabei bedauernd seine Schultern. »Ich bin frei wie ein Vogel!«
»Und von was lebst du?«
»Ich esse, was ich hier finde. Manchmal geben mir die Bauern etwas, wenn ich ihnen bei der Ernte helfe, und manchmal auch ein freundlicher Wanderer, so wie du«, meinte er und sah ihn dabei auffordernd an.
»Hast du Hunger?« Antonio, dem der Junge leidtat, ging zum Wagen und packte etwas Brot und Wurst aus.
»Ja, ich habe Hunger!«
»Dann komm, ich kann dir etwas abgeben.«
Das musste er nicht zweimal sagen. Schon setzte sich der junge Mann neben ihn auf den Boden und griff nach den angebotenen Speisen. Gierig verschlang er das Brot, biss in den Schinken und man sah ihm an, wie gut es ihm schmeckte.
»Magst du auch etwas Käse?«
Ein Nicken mit vollem Mund war Antwort genug, so dass Antonio erneut zum Wagen ging, um Käse zu holen, den der Fremde mit leuchtenden Augen entgegennahm.
»Wohin willst du denn mit dem vollen Wagen?«, fragte der Junge.
Antonio antwortete ausweichend, denn er wollte dem Fremden nicht unbedingt verraten, was sein Ziel war.
»Erst mal bis zum Rio Guadiana. Dort wohnen Verwandte von mir. Kennst du dich denn hier aus?«
»Und ob! Ich kenne das Gebiet ganz genau. Vielleicht kann ich dir behilflich sein?«
»Wie alt bist du denn und wie heißt du?«, fragte ihn Antonio, der sich immer noch wunderte, dass ein so junger Mann hier allein in der Wildnis lebte.

»Ich heiße Fabio und bin 16 Jahre alt. Mehr musst du nicht wissen.«
Antonio überlegte nicht lange. Natürlich kann er mir behilflich sein, dachte er. Denn wenn er erst am Fluss war, wusste er noch nicht, wie er seine Cousine schnellstens benachrichtigen konnte, ohne seine Ladung gefahrlos abzustellen. Deshalb fragte er ihn, ob er ihn bis zum Fluss begleiten wollte.
»Hast du Lust und Zeit mich möglichst unbemerkt zum Fluss zu führen? Ich zahle dir auch etwas dafür und was zu essen bekommst du auch?«
»Aber ja, das ist mal was anderes. Bist du ein Schmuggler?« Dabei schaute er ihn kess an und zeigte beim Grinsen seine lückenhaften Zähne.
»Nicht ganz. Ich bringe nur etwas zu meiner Cousine über die Grenze, das nicht jeder sehen muss. Das ist alles.«
»Na gut, ich helfe dir gern, wenn für mich etwas dabei herausspringt. Im Moment gibt es nämlich hier nichts weiter zu tun.«
»Dann sollten wir uns zum Schlafen hinlegen und bei Sonnenaufgang losgehen, dann sind wir mittags am Fluss.« Antonio war müde und gähnte laut.
»Ich schlafe im Wagen und du in deiner Behausung. Also dann, bis morgen früh.«
In der Früh war ein kühler Wind aufgekommen und es lag Regen in der Luft. Gerade als sie erwachten, brach Sonnenlicht durch die Wolken, blendete und setzte funkelnde Blitze auf die Regentropfen, die an den Blättern hingen, und brach sich in den glitzernden Tropfen.
Den Fluss erreichen sie ohne Probleme und Fabio war für Antonio ein Glücksfall. Er schickte ihn mit einem kleinen Boot, das am Ufer versteckt war, auf die andere Seite des Flusses, und von dort aus war es nicht mehr weit bis zu Antonios Cousine.

Die staunte nicht schlecht, als sie von seinem Anliegen erfuhr, und schickte sogleich einen Eselskarren mit an den Fluss, den sie mit den Kisten beluden. Antonio entlohnte Fabio großzügig und gemeinsam verbrachten sie die Nacht bei der Cousine, die sie zudem noch aufs Köstlichste bewirtete.

Ein Planwagen aus dem Werk

Die Koffer werden gepackt

Johann fuhr sofort nach seinem Gespräch mit Antonio in die Fabrik und räumte hier alles Wichtige zusammen, das er mitnehmen wollte. Er wartete noch auf ein Antworttelegramm von dem Vertreter aus Madrid, denn nur im Büro stand ein Fernschreiber. Außerdem musste er sich mit den zurückbleibenden portugiesischen Direktoren der Fabrik abstimmen, wie es für sie weitergehen würde. Wehmütig schaute er hinaus in den Hof des Werksgeländes. Die Mor-

gensonne schien durchs Fenster und er ließ seinen Blick durchs Zimmer streifen, jedes Detail genau betrachtend, denn so bald würde er das alles nicht mehr wiedersehen. Wenn überhaupt!
Der Leiter der Madrider Filiale antwortete ihm, dass er ihn und seine Familie am Bahnhof in Madrid abholen wollte, um sie in die Filiale zu fahren. Er wusste ja selbst nicht, wie es weitergehen sollte.
Allen Deutschen in Portugal ging es ähnlich. Voller Verzweiflung packten sie die nötigsten Dinge, die sie mitnehmen durften. Luxuriöse Häuser und Wohnungen mussten aufgegeben werden, wertvolles Hab und Gut zurückbleiben. Die Tränen flossen reichlich in diesen Tagen. Portugal beschlagnahmte auf Veranlassung Englands alle deutschen Besitztümer im Land.
Während Antonio und Johann noch unterwegs waren, herrschte im Haus in Barreiro hektisches Treiben. Die einzelnen Koffer wurden gepackt. Sophie und Emma waren nur am Stöhnen und Schluchzen. Jedes Teil, das sie verpackten, wurde sorgsam ausgewählt, was bei Emma nicht so schwierig war, denn ihr Vorrat an Dingen, die in den Koffer konnten, war überschaubar. Das war natürlich bei Sophie schon etwas anders. Sie tat sich schwer mit Entscheidungen.
Else half derweil als Älteste den kleineren Geschwistern, nur die Sachen zusammenzusuchen, die unbedingt mitmussten. Natürlich war am Ende alles viel zu viel und es mussten viele Dinge zurückgelegt werden. Nur Hans stellte sich wieder einmal quer und saß motzend auf seinem Bett.
»Ich will nicht weg! Ich komme nicht mit!«, brüllte er und stampfte mit den Füßen auf. »Ich bleibe hier bei Antonio und verstecke mich!«
Es half alles nichts, Johann musste erst ein deutliches Machtwort sprechen, das mit trotzigen Tränen endete.

Emma und Maria halfen den Kindern beim Rucksackpacken. Hier wurden vorrangig Spielsachen eingepackt, damit die Zugreise für die Kinder erträglicher wurde. In die großen Rucksäcke der Erwachsenen wurde eine bunte Mischung von Lebensmittel eingepackt, die Maria zusammenstellte. Es war eine Fahrt ins Ungewisse. Keiner wusste, wo sie fürs Erste in Madrid unterkommen konnten und wie es weitergehen würde.
Emma und Maria schleppten anschließend Stück für Stück zum wartenden Boot und hievten die schweren Koffer hinein. Dann kam nach und nach die Familie und alle außer Johann weinten bitterlich. Aber auch er musste mehrmals schlucken und schaute zur Seite, damit niemand sehen konnte, wie auch ihn die Situation übermannte. Maria war völlig kopflos. Sie lief hin und her wie ein aufgescheuchtes Huhn und wusste überhaupt nicht, was sie nun machen sollte. Wenn nur Antonio wieder da wäre, dachte sie. Doch der kam bestimmt erst in ein paar Tagen wieder zurück. Tränenreiche Umarmungen und gute Wünsche, verbunden mit der Hoffnung, dass man sich bald wiedersehen würde, schlug allen aufs Gemüt.
Am Bahnhof herrschte hektisches Treiben. Menschen rannten durcheinander, man grüßte den einen oder anderen und man sah in viele verweinte weibliche Gesichter. Die Männer verkniffen sich ihre Gefühle, aber die Verzweiflung und die Trauer konnte man auch in ihren Gesichtern ablesen.
Sophie winkte in der Ferne einigen Frauen zu, die sie aus ihrem Handarbeitskreis erkannte. Alle stiegen schwer beladen in den Zug nach Madrid und verteilten sich in den Waggons. Fast jede Familie hatte ein eigenes Abteil, da die Kinderschar meist groß war. So auch bei Sophie und Johann, die mit Emma immerhin auf acht Personen kamen, so dass es schon eng im Abteil wurde. Die Kinder waren ängstlich und drängten sich an die Eltern, um sie ja nicht

zu verlieren, und besonders Emma behielt alle im Auge. Kaum war der lange, klagende Pfiff zur Abfahrt des Zuges ertönt, hatte Hans schon Hunger und Durst. Emma holte aus ihrem Rucksack ein paar belegte Brote und verteilte sie unter den Kindern. Wasser hatte sie mit etwas Himbeersirup vermischt und in Flaschen abgefüllt, die mit dicken Korken aus der Fabrik verschlossen waren. Hans trank wie ein Verdurstender, als hätte er tagelang nichts mehr getrunken. Dabei verschluckte er sich und fast wäre ihm der Saft wieder aus dem Mund geflossen. Alle schauten sich kopfschüttelnd an, konnten sich das Grinsen jedoch nicht verkneifen. Es war so sicher wie das Amen in der Kirche, dass Hans immer die Sonderrolle in der Familie spielen musste.
Nach wenigen Minuten hatte die Bahn die Peripherie der Stadt erreicht. Das Klack-Klack der Räder schläferte schon bald die Kinder ein. Auch Emma hatte die Augen geschlossen, während Sophie und Johann sich nur flüsternd unterhielten und niedergeschlagen die vorbeifließende Landschaft betrachteten.

Ankunft in Madrid

Der Zug fuhr langsam in den Bahnhof ein und lautes Stimmengewirr setzte ein. Man hörte überwiegend deutschsprechende Menschen, die nach ihren Kindern oder nach einen Gepäckmann riefen.
»Wir machen das jetzt alle sehr diszipliniert«, mahnte Johann recht laut. »Bleibt eng beieinander, damit keiner verloren geht! Ich geh mal über den Bahnhof und suche unseren Zweigstellenleiter.«
Dem autoritären Ton des Vaters, der keine Widerrede duldete, folgten die Kinder sofort. Selbst Hans war still und schaute sich neugierig um.

Johann lief suchend durch den Bahnhof und hatte Glück. Ein elegant angezogener Mann stand mit dem Rücken zu ihm und hielt ein Schild hoch, das er hin und her drehte. Darauf stand in großen Lettern O. HEROLD & Cie.
Vor ihm stand der Madrider Vertreter von O. HEROLD, Herr Oswald Becken. Johann kannte ihn nur von einigen Besuchen in Barreiro, ansonsten verkehrte er mit ihm nur telegrafisch. Becken begrüßte ihn äußerst herzlich und bedauerte den Anlass seiner Reise.
»Lieber Herr Dänner, ich habe mir bereits viele Gedanken gemacht, wie ich Ihnen helfen kann. Mit viel Glück habe ich eine Wohnung für Sie und Ihre Familie gefunden. Sie können sich denken, dass die Nachfrage nach Wohnungen aufgrund der derzeitigen Situation gigantisch ist. Aber ich habe durch meine Schwägerin etwas für Sie gefunden!«
Dabei grinste er Johann, dem ein Stein von Herzen fiel, triumphierend an.
Johann fasste ihn bei beiden Händen an und bedankte sich überschwänglich, denn ehrlich gesagt hatte er eher befürchtet, mit der ganzen Familie ins Hotel zu müssen, was seine finanziellen Möglichkeiten zurzeit etwas gesprengt hätten.
»Wo haben Sie denn Ihre Familie gelassen?«
Herr Becken schaute sich suchend um und auch Johann, der den Bahnhof ja zuvor in alle Richtungen durchquert hatte, ging mit den Augen auf die Suche nach seiner Familie.
Die standen derweil ängstlich um sich schauend in einer Ecke hinter ihren vielen Koffern und boten einen erbärmlichen Anblick. Es versetzte Johann einen Stich ins Herz, als er in Sophies Augen schaute. Sie war kurz davor, in Tränen auszubrechen, weil sie nicht wusste, wie es weitergehen würde.
»Wo sollen wir nur hin?«, flüsterte sie ihrer Ältesten ins Ohr, die ebenfalls ängstlich zu ihrem Vater sah.

Die beiden Männer eilten auf die Gruppe zu und bereits auf dem Weg dorthin organisierte Herr Becken einen Gepäckträger. Nach kurzer Begrüßung wurde alles auf den Gepäckwagen geladen und der Madrider dirigierte die Familie zu seiner wartenden Kutsche.
»Machen Sie sich nicht allzu große Sorgen, gnädige Frau«, sagte er beruhigend zu Sophie, die alle Kinder, wie an der Schnur aufgereiht, besorgt festhielt.
»Alles wird gut!«

Madrider Tage

Sie bezogen eine kleine Wohnung in Madrid, mitten in der Stadt gelegen. Sie war eng und muffig, doch alle waren froh, überhaupt ein Dach über dem Kopf zu haben. Dennoch empfanden sie es als belastend, in solchen Verhältnissen leben zu müssen. Nach all den Jahren des privilegierten Lebens, wo sie fast immer bekommen hatten, was sie wollten, spürten alle, dass es damit nun vorbei war.
Hans war, wie immer, der Schlimmste von allen. Er konnte sich einfach nicht fügen, und motzte unablässig herum und ging seinen Geschwistern mit seinen ständigen Stänkereien auf die Nerven.
Johann bemühte sich redlich, in Madrid eine angemessene Arbeit zu finden, was ziemlich aussichtslos war. Er war längst nicht so zuversichtlich, wie er sich vor der Familie den Anschein gab. Aber er wollte nicht noch mehr Ängste in ihnen schüren, als sie ohnehin hatten.
Da ja auch in Barreiro die Produktion nicht mehr so lief wie früher, war er im Büro von Herrn Becken ebenfalls nicht gefragt. Dieser hatte ihn bereits an die Korkfabrik in Barcelona weiterempfohlen und alle warteten auf deren Entscheidung. Dennoch hielt er sich unentwegt in dessen Büro auf, um telegrafisch erreichbar zu sein.

Spanien hatte zu Anfang des Ersten Weltkriegs seine Neutralität verkündet, was zur Spaltung der Bevölkerung beitrug, weil es von vielen nicht befürwortet wurde. Die Neutralen waren eine Minderheit, die beschuldigt wurde, den Interessen der Deutschen zu dienen. Die öffentliche Meinung war gespalten in zwei Seiten. Dem Deutschland zugeneigten Teil schlossen sich die Verteidiger der althergebrachten Ordnung an: der Adel, die Kirche und das Militär, unterstützt von den rechten Parteien. Den Alliierten standen diejenigen näher, die politische Reformen wollten: Akademiker und das Kleinbürgertum, ermutigt von liberalen, linken, republikanischen und antiklerikalen politischen Strömungen sowie von katalanischen Nationalisten und den meisten Intellektuellen. Diese Kämpfe wurden propagandamäßig besonders in der politischen Presse ausgefochten. Dennoch wurde durch den Krieg die spanische Wirtschaft angekurbelt und er brachte einen gewissen wirtschaftlichen Aufschwung für Spanien. Das Land belieferte alle kriegführenden Länder mit Rohstoffen, Fertiggütern und landwirtschaftlichen Produkten. Deshalb war es für Deutsche überhaupt möglich, eine Beschäftigung zu finden.

Und dann kam endlich das erlösende Telegramm aus Barcelona. Sie telegrafierten ihm, dass sie sich auf seine Mitarbeit freuten und auch eine Wohnung für ihn in Aussicht hätten.

Johann fiel ein Stein vom Herzen. Herr Becken, der das Telegramm ebenfalls gelesen hatte, holte gleich eine Flasche seines besten Weines und bat Johann in sein Empfangszimmer für Kunden. Dort brachte seine Mitarbeiterin noch etwas Gebäck und beide unterhielten sich über die Zukunft und rätselten, was sie wohl bringen mochte.

»Alles Gute für Sie und Ihre Familie! Sie werden sich bestimmt wohlfühlen in Barcelona. Es freut mich, dass es für Sie weitergeht, und wer weiß, vielleicht ist der Krieg ja

auch bald schon wieder vorbei und Sie können zurück nach Barreiro!«
Sie prosteten sich zu und Johann konnte seine Tränen nur schwer zurückhalten. Zu viel hatte sich in ihm in den letzten Tagen angestaut. Er fühlte sich die ganze Zeit wie in Ketten gefangen, abhängig von der Güte anderer. Das war er nicht gewöhnt. Bisher hatte immer er entschieden, was für ihn richtig oder falsch war.
»Ich danke Ihnen für Ihre Hilfe, Herr Becken. Das vergesse ich Ihnen nie!«, sagte er mit bewegter Stimme.
So machte sich die komplette Familie schon bald auf den Weg nach Barcelona. Wieder musste alles eingepackt und gut verstaut werden. Koffer und Rucksäcke wurden hin und her gereicht, bis sie endlich alle im Zug Richtung Meer saßen. Herr Becken hatte die Familie noch mit vielen Leckereien versorgt und auch er wusste eigentlich nicht genau, wie es für ihn weitergehen würde.

Barcelona 1916

Hinnerk hatte sich bereits telegrafisch gemeldet und seine baldige Ankunft in Barcelona angekündigt. Zu seinen Kunden gehörte die größte spanische Korkfabrik, deren Produktionsstätte sich in *Palafrugell* an der katalonischen Küste befand. Die Verwaltung hatte jedoch ihren Sitz in Barcelona und Hinnerk wollte Johann als neuen Mitarbeiter bei der Geschäftsleitung moralisch unterstützen.
Die Wohnung in Barcelona war etwas geräumiger. Immerhin hatten die Kinder zwei Zimmer, wobei man die Jungs und die Mädchen getrennt unterbrachte. Else als Älteste übernahm bei den Mädchen das Kommando. Sie wurde ja im Sommer schon fünfzehn Jahre alt, gefolgt von Rena, die schon zwölf, und Hilde, die im Dezember elf Jahre alt werden würde.

Bei den Jungs war der Altersunterschied schon etwas schwieriger. Hans war ausgerechnet am 20. April, also einen Tag vor der Ausweisung aus Portugal, dreizehn Jahre alt geworden. Er jammerte seiner ausgefallenen Geburtstagsfeier ständig hinterher und zeigte sich wenig einsichtig. Dafür spielte er sich mächtig als Chef gegenüber seinem kleinen Bruder Heini auf, der ja erst an Heiligabend sieben Jahre alt werden würde. Ihm gab er ständig Anweisungen und ließ sich von ihm rundum bedienen. Deshalb hörte man häufig Geschrei und lautes Weinen aus diesem Zimmer, und Emma musste viele Streitereien schlichten.
Das Leben in einer Großstadt wie Barcelona war eine enorme Umstellung für die Kinder. Die Freiheiten, die sie in Barreiro hatten, waren wie weggeblasen. Sie lebten mit vielen Familien in einem Mietshaus zusammen und man musste Rücksicht auf andere Bewohner nehmen, besonders als Ausländer. Es war also nichts mehr mit Herumstromern in den Wiesen und Feldern, keine Haustiere warteten auf sie, die gefüttert werden mussten. Auch auf den Bäumen herumzuklettern war nicht mehr möglich, was vor allem Hans beleidigt bemängelte. Es war nicht leicht für die Eltern, den Kindern klarzumachen, dass sie sich hier geräuschlos einfügen mussten, damit die Familie keinen Ärger bekam..
Aber auch Sophie befiel eine tiefe Traurigkeit, wenn sie an ihren wunderschönen Garten dachte, an die vielen Freunde in Lissabon und die Freiheiten, die sie alle in vollen Zügen genossen hatten. Sie blinzelte die Tränen weg und richtete sich auf. Nur keine Schwäche zulassen, beschwor sie sich immer wieder. Ich muss mich mit Arbeit ablenken, dachte sie und half Emma, wo sie nur konnte.
Zum Glück waren die Kinder tagsüber in der Deutschen Schule in *Esplugues de Llobregat* angemeldet, einem unmittelbaren Vorort von Barcelona, und konnten sich dort

auch im Spanischen üben, das sie schon bald ganz passabel sprachen. Besser jedenfalls als ihre Eltern.
Johann ignorierte ebenfalls seinen Schmerz über den Verlust seines Arbeitsplatzes in Portugal. Es blieb ihm ja auch nichts anderes übrig, und er fügte sich rasch in der neuen Firma ein. Von nun an arbeitete er nur noch im Büro und war dort für die deutschsprechenden Kunden zuständig. Aber schon bald erkannte die Firmenleitung seine Kompetenz in technischen Fragen und er konnte sich hier mehr und mehr einbringen.
Als er, wie so oft, aus dem Fenster seiner Wohnung auf das Treiben der Stadt sah, beschlich ihn ein seltsames Gefühl. Sophie trat zu ihm und legte ihm ihren Arm auf die Schulter.
»Na, Johann, du bist so nachdenklich, was ist los?«
»Ach weißt du, es ergreift mich gerade ein sentimentales Gefühl, das man wohl Liebe zur Heimat nennt. Es schlummert einem im Blut und macht sich immer wieder einmal bemerkbar. Man wird es wohl bis zum letzten Atemzug nicht los. Wenn ich auch insgeheim mich selbst belächle. Heimweh, Vaterlandsliebe, Muttersprache und so weiter, das hat mich doch bisher nicht interessiert. Wir sind aufgebrochen in ein besseres Leben und das haben wir doch auch in Portugal gefunden. Und jetzt stehe ich hier und fühle etwas Wehmut in mir aufkommen.«
Sophie nahm ihn in die Arme und seufzte herzerweichend auf. Auch sie spürte diese immer wiederkommende Traurigkeit in sich aufsteigen.
»Aber wir haben doch uns. Wir sind gesund und die Kinder sind es auch! Das ist doch das Wichtigste«, meinte sie entschlossen und sah ihm in die Augen.
»Du hast ja recht«, wiegelte Johann ab. »Komm, lass uns zu Bett gehen. Vielleicht ist ja der Krieg bald vorbei, und dann gehen wir wieder zurück nach Barreiro!«

Hinnerks Ankunft in Barcelona war für alle ein Segen. Er kam schon bald nach Beginn von Johanns neuer Tätigkeit und bot sich an, die geretteten Wertsachen bei Antonios Cousine abzuholen und mit der Bahn über Madrid nach Barcelona als Frachtgut aufzugeben. Das war natürlich ein Glücksfall für die Familie, denn Johann hätte das zeitlich überhaupt nicht geschafft.
So kam es, dass sie schon bald wieder im Besitz einiger Wertsachen waren, die ihnen ein größeres Gefühl von Sicherheit gaben.

Die Spanische Grippe 1918

Das Leben in Barcelona war zwar kein Vergleich mit Barreiro, aber man arrangierte sich und schränkte sich ein, wo es nur ging. Immer mit der Hoffnung vor Augen, dass man bald wieder ins alte Leben zurückkehren könnte. So gingen die Tage ins Land und jeder war mit dem täglichen Kleinkram beschäftigt. Alles war mühsamer als im portugiesischen Haus, auch weil die Räumlichkeiten sehr beengt waren. Es gab keinen Garten, aus dem man mal schnell ein paar Kräuter holen konnte, keinen Vorratskeller mit eingemachten Köstlichkeiten. Jede Kartoffel musste besorgt werden, jedes Stück Käse – alles Dinge, die vorher im Vorratsraum gelagert wurden und die zurückgelassen wurden. So war es auch mit vielen anderen Dingen. Das Leben war wesentlich mühsamer geworden. Zum Glück hatten sie Emma, die sich nicht unterkriegen ließ und tatkräftig mit anpackte.
Johann erwies sich in der Verwaltung als nützlicher Mitarbeiter, der seine bisherigen Kontakte zu deutschsprachigen Kunden in Deutschland, Österreich und der Schweiz von Spanien aus ausdehnen konnte, wenn auch die Nach-

frage kriegsbedingt nachgelassen hatte. Aus Kontakten mit Barreiro erfuhr er, dass hier alle deutschen Kunden ausblieben und die Geschäfte mehr schlecht als recht gingen. Von den kompetenten Leuten war niemand mehr da, die Firmeninhaber waren ebenfalls nach Spanien geflohen und warteten nur darauf, dass der Krieg vorbei sein würde.
Dann nahm ein Drama seinen Lauf, das keiner vorhersehen konnte.
Zuerst von Europa unbemerkt, verbreitete sich eine gefährliche Grippe in den USA, die in erster Linie die Armee heimsuchte. Die Soldaten, die überwiegend in Großzelten hausten, steckten sich explosionsartig gegenseitig an und die medizinischen Kapazitäten waren schon bald erschöpft. Ärzte und Krankenschwestern erkrankten ebenfalls. Die Grippe verbreitete sich schlagartig auch unter der Zivilbevölkerung, meist ausgehend von großen Fabriken, in denen viele Arbeiter beschäftigt waren. Die Zeitungen spielten diese Tatsache herunter und sprachen erst von einer ganz normalen Grippe. Dann behauptete man, dass die Deutschen die Grippe eingeschleppt hatten, denn ihnen traute man alles zu. Je mehr Tote zu verzeichnen waren, je mehr verbreitete sich eine Hysterie im Land.

Als dann die amerikanischen Soldaten über den Atlantik nach Europa segelten, um in Brest in Frankreich an Land zu gehen, breitete sich die Seuche in Windeseile auch in Europa aus. Als Erstes erkrankten im April 1918 französische Soldaten. Bereits im Mai 1918 hatte sich die Grippe in allen Teilen Westeuropas verbreitet. Als dann bekannt wurde, dass der spanische *König Alfons XIII.* ebenfalls erkrankt war und umfangreich darüber berichtet wurde, statt es wie in den kriegsführenden Ländern durch rigorose Pressezensur zu verheimlichen, bekam die Grippe in der Welt den Namen *Spanische Grippe.* Im neutralen, dünn besie-

delten Spanien registrierte man bereits acht Millionen Erkrankte. Man meinte, dass spanische Arbeiter, die in Frankreich Arbeit gefunden hatten und ständig hin und her reisten, ursächlich an der Übertragung schuld waren. Als die Gesundheitsämter endlich reagierten und gezielt Untersuchungen und Quarantäne bei den Reisenden anordneten, war es bereits zu spät. Die Grenzen nach Frankreich und Portugal wurden geschlossen. Dann berichteten die Gazetten, dass es auch in Deutschland, Holland, Schweden, Dänemark, ja in der ganzen Welt Erkrankte und Tote gab.
Panik verbreitete sich immer mehr und man schützte sich, so gut es nur ging. Die Viren befielen die Menschen in Windeseile. Sie wurden von der Atemluft der infizierten Personen an andere übertragen und die Inkubationszeit betrug nur wenige Stunden. Erkrankte brachen auf der Straße plötzlich zusammen. Die wichtigsten spezifischen Symptome ähnelten jenen anderer Influenza-Erkrankungen: Frösteln, Müdigkeit und Schwächegefühle, Gliederschmerzen, hin und wieder Reizhusten. Dann stieg meist die Körpertemperatur, oft bis auf 40 oder 41 Grad, und das Herz verlangsamte seinen Puls. Viele bekamen noch zusätzlich eine Lungenentzündung.

Die Diagnose war schwierig, da die Symptome voneinander abwichen. So litten manche Patienten vor allem unter Gliederschmerzen. Aufgrund der starken Schüttelfrostanfälle vieler Patienten tippten spanische Ärzte zunächst auf Malaria oder Typhus.

Da der Ärztemangel in Spanien groß war, schickte man Medizinstudenten aus Madrid in die ländlichen Gebiete, um die Kranken zu versorgen. Dort trafen sie häufig auf schlecht betreute Patienten, die von ihren Angehörigen mit allen möglichen Heilmitteln gegen Grippe versorgt wurden, die jedoch wenig hilfreich waren. Besonders waren einige von Zwiebeln und Knoblauch überzeugt, die sie den Kran-

ken verabreichten, und natürlich kam der Aderlass hinzu, der in Spanien sehr beliebt war.
Massenansammlungen wurden verboten, man trug eine Maske und das Spucken in der Öffentlichkeit war nicht erlaubt. Schulen wurden geschlossen, während in den Fabriken weiter gearbeitet wurde, was weitere Ansteckungen beförderte.
So blieb es nicht aus, dass fast jeder aus seinem direkten Umfeld an der Grippe Verstorbene kannte. Es gab auch einige wenige Genesende, was aber eher selten war.
Auch bei Johann in der Fabrik waren viele Arbeiter erkrankt und alle schützten sich, so gut es ging. Die Kinder hatten schulfrei und durften nicht mehr auf die Straße. Emma nähte fleißig aus Stoffresten für alle einen Mundschutz, den sie außerhalb der Wohnung trugen.
Aber Emma, die am meisten aus der Familie unterwegs war, klagte plötzlich über ein heftiges Krankheitsgefühl im ganzen Körper. Sie hatte Kopf- und Gliederschmerzen, Rücken- und Kreuzschmerzen, war müde und abgeschlagen und völlig antriebsschwach. Hinzu kam, dass sie fröstelte und Schüttelfrost bekam sowie einen quälenden, trockenen Husten, der sie fast um den Verstand brachte.
Sophie und die Kinder waren besorgt und versorgten sie, so gut es eben ging. Ein Arzt war nicht zu finden, alle arbeiteten in den Krankenhäusern, die bereits alle überfüllt waren und keine weiteren Patienten aufnehmen konnten, weil hier schon in großen Sälen Bett an Bett stand.
Johann sorgte sich und gab die strenge Anweisung, dass sich keines der Kinder Emma mehr nähern durfte. Alle mussten sich mit Mundschutz im Haus bewegen und in ihren Zimmern bleiben. Lediglich Sophie kümmerte sich um Emma, trat aber nur völlig verhüllt in ihr Zimmer.
Emma bekam gravierende Atemprobleme, auf ihren Wangen zeichneten sich mahagonifarbene Flecken ab, die sich

binnen weniger Stunden übers ganze Gesicht ausbreiteten. Auch Hände und Füße, Nägel und Oberkörper färbten sich schwarz aufgrund der Unterversorgung mit Sauerstoff.
Sophie war ratlos und am Ende völlig verzweifelt darüber, dass sie ihr nicht helfen konnte.
Dieser letzte Kampf um Luft kostete Emma das Leben. Der Tod folgte unmittelbar. Sie starb nach wenigen Stunden, weil sie erstickte. Es war schrecklich!
Sophie und Johann waren fassungslos. Aber die Kinder erst! Sie weinten sich die Augen aus, denn ihre liebste Emma, die von klein auf immer für sie da gewesen war, hatte sie verlassen. Selbst Hans konnte nicht aufhören zu weinen und schloss sich vor lauter Verzweiflung in seinem Zimmer ein. Nun hatte er außer Antonio auch noch Emma verloren. Er tobte und warf mit Gegenständen um sich. Ausnahmsweise ließ man ihn gewähren.
Emmas Tod wurde den Behörden gemeldet und sie wurde mit vielen anderen Grippeopfern beigesetzt.
Das war nicht nur menschlich ein harter Schlag für die Familie. Es fehlte gleichzeitig ein Fels in der Brandung, der Sophie die meisten hausfraulichen Arbeiten abgenommen hatte. Nun mussten alle mit anpacken. Es wurde ein Plan erarbeitet, was jeder zu tun hatte, denn an ein neues Hausmädchen war im Moment nicht zu denken.
Als die erste Welle abflaute, dachte man, die Grippe überwunden zu haben. Doch das stellte sich als Fehleinschätzung heraus, da schon im September 1918 die zweite Welle mehr und mehr Tote forderte, wobei die Sterblichkeit in wirtschaftlich unterentwickelten Regionen besonders hoch war.
Dann endlich war es so weit! Der Erste Weltkrieg endete im November 1918 mit der Bekanntgabe der Abdankung des deutschen Kaisers durch *Max von Baden*. Zwei Tage später, am 11. November 1918, wurde der Waffenstillstand

unterzeichnet, und im Dezember 1918 glaubte man auch die Epidemie überwunden zu haben und atmete auf.
Johann feierte das Kriegsende im Kreis der Familie. Sophie machte aus den dürftigen Vorräten ein wahres Festessen, und bei allen sah man die Hoffnung in den Augen, bald schon wieder nach Barreiro zurückkehren zu dürfen.
Die Nachrichten, die sie gleichzeitig von der Familie aus Frankfurt erreichten, waren beängstigend. Die Epidemie näherte sich auch hier im Oktober ihrem Höhepunkt. Täglich verstarben viele Patienten in den Frankfurter Hospitälern. Frankfurter Schulen wurden geschlossen und Kriegsheimkehrer verstarben oft schon kurz nach ihrer Rückkehr oder hatten ihre Angehörigen an die Seuche verloren.
Das war aber nicht nur in Frankfurt so, sondern die Grippe verschonte keine Stadt, kein Alter, nicht arm oder reich. Die Epidemie hielt die Ärzte in Atem, die Pandemie wütete auf der ganzen Welt.

Frühjahr 1919

Sophie war dünn geworden. Sie hatte nur wenig Appetit und die Aufgabe, allein den Haushalt zu führen, war neu für sie und ungewohnt. Sie fühlte sich ausgelaugt und kraftlos, aber dennoch war ihr Kampfgeist geweckt. So schnell wollte sie nicht kapitulieren. Sie wollte stark sein und zeigen, was in ihr steckte. Die Aussicht, bald schon wieder nach Portugal zurückzukehren, gab ihr Kraft. Alle warteten gespannt darauf, wie es in Portugal nun weitergehen würde. Johann schaute besorgt nach seiner Familie und streckte bereits seine Fühler aus. Wie konnten sie schnellstens wieder zurück nach Barreiro kommen? Das war für alle die wichtigste Frage.
Aber zuerst mussten die Eigentümer wieder vor Ort sein und ihren Besitz von der Regierung zurückerhalten. Es

sollte wohl auch eine Entschädigung bezahlt werden. Sie mussten abwarten.
Nach Ende des Krieges atmete die Welt auf. Man dachte, dass das Schlimmste überwunden sei. Doch zum Entsetzen der Menschheit gab es eine dritte Welle!
Die erste Welle im Frühjahr 1918 war die harmloseste und wies keine merklich erhöhte Todesrate auf. Erst die Herbstwelle 1918 und die spätere, dritte Welle im Frühjahr 1919 waren mit einer außergewöhnlich hohen Letalität verbunden.
Werbungen in den Zeitungen priesen Feigensirup oder Eukalyptussalben als Heilmittel an. Antiseptische Sprays sollten Mund und Nase rein halten. Aber alles half nichts. Es starben mehr Menschen als im Ersten Weltkrieg, man sprach von mindestens 40 Millionen Toten.
Dann kam der 18. April 1919 und Johann erwischte es im Büro. Erst verfärbten sich seine Lippen und Ohren bläulich, dann folgte ein schlimmer Bluthusten. Schnell wurde er ins Krankenhaus gebracht und isoliert. Er hatte einen schnellen Temperaturanstieg auf 40 Grad mit stark reduzierter Herzfrequenz. Hinzu kam eine Lungenentzündung in Form einer Primärpneumonie durch die Grippeviren. Er lag im Koma und niemand aus der Familie durfte ihn besuchen.
Sophie war verzweifelt. Was sollte oder konnte sie tun? Sie fühlte sich hilflos und allein und weinte sich die Augen aus. Immerhin waren, bis auf Heini, alle Kinder schon fast erwachsen. Else wurde im Sommer schon achtzehn Jahre alt und war mit der Schule fertig. Gefolgt von Hans, der genau jetzt am 20. April sechzehn Jahre werden sollte. Aber der Familie war nicht zum Feiern zumute, denn ein Tag nach seinem Geburtstag erreichte die Familie die Nachricht, dass Johann an der Spanischen Grippe verstorben war. Paradoxerweise genau auf den Tag drei Jahre nach der Ausweisung aus Portugal. Es war genau das eingetreten, wovor sich So-

phie die letzten Tage so gefürchtet hatte. Sie hatten sich seit Ausbruch seiner Krankheit nicht mehr gesehen und ein Abschiednehmen war der Umstände wegen nicht möglich.

Sophie war untröstlich. Wie sollte sie nur weiter existieren, mit fünf Kindern, ohne Mann und Ernährer, der Jüngste erst neun Jahre alt?

An eine Rückkehr nach Barreiro war nun nicht mehr zu denken. Sie musste sehen, wie sie die Kinder durch die Schule brachte. Else unterstützte sie, wo sie nur konnte.

Am 21. April abends verschied nach kurzem, schwerem Leiden mein innigstgeliebter Mann, unser lieber Vater, Bruder, Onkel und Schwager,

der frühere technische Leiter der Fabrik O. Herold & Co., Lissabon,

Herr Joh. Dänner

aus Gunthers a. d. Rhön, im 48. Lebensjahr.

Um stilles Beileid bitten

Sophie Dänner, geb. Müller und Kinder.

Hans beendete die Schule. Rena und Hilde mussten das nächste Schuljahr erst noch fertig durchlaufen. Danach planten sie gemeinsam, nach Deutschland umzusiedeln.

Wie sollte sie ihr altes Leben in Frankfurt wieder aufnehmen, ohne ihr Leben in Portugal zu vermissen? Es erschien ihr unmöglich. Quellwolken zogen über den Himmel von Barcelona. Sie schloss erschöpft die Augen, und als sie die Lider wieder öffnete, erschrak sie, denn sie meinte Johann zu sehen, der sie aufmerksam und nachdenklich musterte. Bei seinem Anblick glaubte sie plötzlich, ihr Herz müsste stehen bleiben. Ihr Puls raste und nach Luft ringend schloss sie die Augen. Als sie die Lider wieder öffnete, war dieses Trugbild verschwunden.

Frankfurt Ende 1919

Sophie war, nachdem das Schuljahr zu Ende war, mit Kind und Kegel nach Frankfurt zurückgekehrt. Es war ein schmerzhafter Schritt, aber sie sah keine andere Alternative. Sie musste sehen, wie sie sich und die Kinder durch diese schwere Zeit brachte, und aufgeben kam für sie nicht in Betracht. Ihr lag nun häufig ein verbitterter Zug um den Mund, weil sie immer noch nicht in der Lage war, den frühen Tod ihres Mannes zu akzeptieren.

Ihre Schwestern hatten für sie die alte Wohnung hergerichtet und die untergestellten früheren Möbel waren von ihnen bereits wieder aufgebaut worden, so dass der Umzug relativ zügig vonstattenging. Ihre Frankfurter Familie unterstützte sie, wo sie nur konnte, und Fernande holte sie alle mit einer Kutsche vom Frankfurter Hauptbahnhof ab.

Es war ein trauriges Wiedersehen. Die Frauen umarmten sich stürmisch und sogleich liefen die Tränen in Strömen. Die Kinder schauten sich nur bedrückt und ängstlich an. Auch ihnen wurden die Wangen feucht. Sie wussten ja alle nicht, wie es weitergehen sollte.

»Nun kommt erst mal mit zu uns nach Hause«, meinte Fernande tröstend und nahm jedes der Kinder in ihre Arme und drückte sie herzlich.

In Fernandes Wohnung erwartete sie ein wundervoll gedeckter Tisch und es wurde ein Essen aufgetischt, das sie lange nicht mehr in dieser Üppigkeit genossen hatten. Nach dem Essen kamen nach und nach alle Geschwister zusammen, um die »Portugiesen« zu begrüßen. Es war ein Geschnatter, dass man sein eigenes Wort nicht verstehen konnte. Jeder wusste etwas zu erzählen und besonders die Kinder waren außer Rand und Band.

Am späten Nachmittag wollte Sophie dann doch endlich mit den Kindern in die eigene Wohnung. Es war ein anstrengender Tag gewesen und alle waren müde. Als sie das Haus betraten, fing es bereits an zu dämmern. Fernandes Mann fuhr sie mit dem ganzen Gepäck in die Beethovenstr. Nr. 61 und half ihnen beim Hochtragen der Koffer.
»So, ihr Lieben«, meinte er herzlich, »nun packt mal in aller Ruhe eure Koffer aus und schaut euch um. Wir haben alles, so gut es eben ging, für euch hergerichtet. Ich hoffe, zu eurer Zufriedenheit!«
Die Kinder rannten durch alle Zimmer und schauten sich um. Als der Schwager weg war, setzte sich Sophie erst einmal erschöpft auf einen Stuhl und blickte sich nachdenklich um.
Das soll nun unser neues Zuhause sein, stellte sie wehmütig fest. Und wie so oft hatte sie die Bilder von ihrem schönen Garten in Barreiro vor Augen, so dass sie erneut ihre Tränen mit den Händen wegwischen musste. Sie schluckte mehrfach, bis sie wieder einen klaren Blick hatte. Sie wollte stark sein und die Kinder nicht ihre Angst vor der Zukunft spüren lassen.
Ihre Schwestern hatten sich redlich Mühe gegeben und die früheren Möbel, die all die Jahre untergestellt waren, in der Wohnung einladend platziert.
Überall hatten sie zudem kleine Dosen hingestellt, die mit süßen Köstlichkeiten gefüllt waren. Es sah schon recht gemütlich aus und Sophie begann langsam den Inhalt der Koffer zu verteilen.
Else kam leise ins Wohnzimmer und berührte sie vorsichtig an der Schulter. Völlig in Gedanken, fuhr sie erschrocken zusammen.
»Hab ich dich erschreckt? Das tut mir leid. Ich war eigens leise, weil alle schon eingeschlafen sind. Kann ich dir noch etwas helfen?«

Von draußen blies ein leichter Wind ins Zimmer und man hörte durch das offene Fenster das leise Rieseln des Regens. Sophie öffnete das Fenster etwas weiter und die kühle Regenluft drang ins Zimmer. Die Straße war düster und menschenleer. Dann schwoll der leise Dauerregen plötzlich zu einem Platzregen an.

Sie gähnte und wischte sich mit einem Taschentuch die fast getrockneten Tränen aus den Augen.

»Nein, wir machen jetzt überhaupt nichts mehr«, meinte sie erschöpft zu Else. Wir gehen jetzt auch zu Bett. Es war ein fürchterlich anstrengender Tag. Lass uns morgen über die Zukunft sprechen.«

Wortlos nickend schlich sich Else leise zu ihrem Bett und Sophie atmete noch einmal tief die kalte Luft am Fenster ein, bevor sie es zumachte.

Am nächsten Morgen versammelten sich alle um den großen Esstisch in der Wohnküche, um zu frühstücken. Else ging Sophie routiniert zur Hand. Sie war ihr schon lange eine tatkräftige Hilfe, der keine Arbeit zu schwer war. Ganz im Gegensatz zu Hans, der nach wie vor gern maulte und sich für derartige Arbeiten zu fein war. Er nutzte die Hilfsbereitschaft seiner Schwester nach Strich und Faden aus. So legte er ihr wortlos seine Kleidung zum Ausbessern aufs Bett, beschwerte sich zudem noch, wenn etwas seinen Ansprüchen nach nicht richtig gebügelt wurde, und benahm sich überhaupt, als wären alle nur für sein Wohlergehen verantwortlich.

Sophie war an diesem Morgen etwas angespannt, weil sie mit ihren Kindern ein ernstes Gespräch über die gemeinsame Zukunft führen musste. Sie holte tief Luft, und alle spürten, dass ihr etwas auf der Seele lag.

»Wie ihr wisst, hat euer Vater, nachdem er die Frankfurter Korkfabrik an seinen Partner verkauft hat, das Geld hier bei einer Bank zur Sicherheit angelegt. Diese Bank muss ich nun aufsuchen und mir einen genauen Überblick verschaffen, denn wir müssen ja alle von irgendetwas leben. Meinen Geschwistern möchte ich nicht auf der Tasche liegen. Sie werden uns sowieso irgendwie unterstützen und ich bitte euch, dafür eure Dankbarkeit zu zeigen. Auch du, Hans! Sei bitte nicht so hochnäsig zu ihnen und sei etwas freundlicher. Wir sind auf alle hier angewiesen, bis wir wieder Fuß gefasst haben.«

Else nickte eifrig und schaute dabei Hans streng an. Ihr war die schwierige Situation sehr wohl bewusst.

»Wir müssen nun alle mit anpacken und unsere Mutter unterstützen, wo es nur geht!«, meinte sie bestimmend und schaute dabei jedem einzelnen ihrer Geschwister in die Augen.

»Wir müssen uns eine Arbeit suchen«, meinte Rena, die ihre Schule beendet hatte und mit einer Bankausbildung liebäugelte.

»Lass mich doch bitte mit zur Bank gehen, Mama. Ich könnte bei dieser Gelegenheit mal nachfragen, ob ich hier Chancen hätte, eine Anstellung zu bekommen.«

Sophie lächelte. »Aber ja, fragen kannst du ja mal. Jeder von uns, der etwas dazuverdient, hilft uns allen!«

»Ich auch!«, meldete sich Hilde eifrig. »Tante Fernande meinte, dass ich bei der Post bestimmt eine Anstellung bekommen könnte. Sie hat schon mal gefragt und die Post ist auch nur um die Ecke.«

Sophie schaute ihre beiden Töchter zufrieden an. »Und was ist mit dir, Hans? Hast du dir auch schon mal ein paar Gedanken gemacht, wie du Geld verdienen könntest?«

Hans lief ein wenig rot an. Er würde nächstes Jahr siebzehn Jahre alt werden und eins war ihm heute schon klar. *Sobald ich volljährig bin, gehe ich zurück nach Lissabon. Ich will in diesem Land nicht bleiben. Portugal ist meine Heimat*

und nicht dieses graue, trübe Land, in dem mich alle nur blöd anschauen.
»Ich suche mir eine Büroarbeit. Vielleicht eine Im- und Exportfirma, die mit Portugal Geschäfte macht.«
»Das klingt nicht schlecht«, meinte Sophie, »da könnten deine Sprachkenntnisse hilfreich sein.«
Heini kauerte auf seinem Stuhl und hatte Tränen in den Augen.
»Und ich, ich muss hier in die Schule gehen und weiß überhaupt nicht, wie das sein wird. Ich habe Angst vor der Schule«, schluchzte er und Else nahm ihn in die Arme und streichelte ihm übers Haar.
»Keine Angst, kleiner Bruder, wir sind doch auch noch da und können dir helfen. Es wird bestimmt alles gut«, meinte sie tröstend.
Draußen herrschte die blanke Not. Die ganze Welt war besorgt über die unzulängliche medizinische Versorgung für die vielen Erkrankten. Überall in den Familien gab es Tote oder Dahinsiechende.

1920

Das Leben in Frankfurt entwickelte sich für die Familie einigermaßen zufriedenstellend, wenn sie auch der Vergangenheit nachtrauerten. Alle hatten Glück und bekamen die Anstellungen, die sie sich gewünscht hatten. Das verdankten sie nicht zuletzt dem Großvater, der gute Kontakte zu führenden Frankfurter Geschäftsleuten unterhielt. Bei der Bank, bei der Rena unterkam, war Herr Müller ein guter Kunde. Dann kannte er einen Oberpostrat, der sich für Hilde einsetzte, und auch für Hans ließ er seine Verbindungen spielen und brachte ihn in einem Im- und Exportunternehmen für Handarbeiten, Stoffe und Handarbeitsmaschinen unter.

Das gemeinsame Einkommen sicherte nun allen ihre bescheidene Existenz, wenn auch Hans weniger dazu beitrug als die beiden anderen. Lediglich Else tat sich etwas schwer, eine Anstellung zu finden, weil sie auch der Mutter zu Hause behilflich sein wollte, die mit dem großen Haushalt überfordert war. Ihr fehlte ein Hausmädchen wie Emma. Sie war es nicht gewohnt, allein einen Haushalt zu führen. Schon das Kochen war ihr eine Qual, vom Waschen und Bügeln gar nicht zu reden. Schwermut machte sich des Öfteren bei ihr breit, was sich auch durch häufige Migräneanfälle bemerkbar machte. Else tat, was sie konnte, um sie aufzumuntern. Sie ging häufig mit ihr am Main spazieren, vorrangig im Frankfurter Nizza, das die Mutter von früher her noch gut kannte. Dann war auch der Palmengarten ein Ziel ihrer Ausflüge, der ja unweit von ihrer Wohnung lag. Dort blühte die Mutter am meisten auf. Hier standen viele Gewächse, die sie von ihrem portugiesischen Garten kannte. Andächtig berührte sie die Pflanzen und man sah genau, wie ihre Gefühle sie in solchen Momenten überwältigten. Oft schloss sie dann die Augen und war in Gedanken wieder in ihrem geliebten Garten.
Bis sich der Alltag für alle einigermaßen eingespielt hatte, dauerte es seine Zeit. Else übernahm die Führung und machte einen Plan. Sie verteilte alle Aufgaben der Hausarbeit an die Mädchen. Hans ließ sie von vornherein außen vor, da sie seine Arroganz ja kannte. Er meinte, ein Herrenmensch zu sein, der seine Zeit in Deutschland lediglich als Zwischenstation ansah. Er war kein Deutscher, er war Portugiese, wie er immer wieder klar und deutlich formulierte, und er wartete nur darauf, bald wieder in seine Heimat zurückzukehren. Er brauchte dazu nur noch das nötige Kleingeld.

1923

Das angelegte Geld auf der Bank schmolz wie die Butter in der Sonne, wenn auch im Hause Dänner an allen Ecken und Enden gespart wurde. Aber da alle Kinder Berufsanfänger waren, verdienten sie natürlich nicht besonders viel. Gut gekleidet wollten sie auch sein und so richtig mit Geld umzugehen hatte keiner von ihnen gelernt.
Der kleine Heini ging noch zur Schule und Else hatte eine Büroarbeit in einem Holzunternehmen angenommen, um die Familie finanziell zu unterstützen.
Gekocht wurde nur am Abend, wenn Else zu Hause war. Die Wäsche machte Hilde und Rena bügelte. Am Wochenende packten alle mit an und es wurde gründlich saubergemacht. So lief der Haushalt alles in allem ganz gut. Sophie wurde mehr und mehr geschont, ihre angegriffene Gesundheit machte allen Sorgen.
Was jedoch zunehmend Sorgen bereitete, war der Zerfall der Währung. Das Deutsche Reich stand wirtschaftlich mit dem Rücken an der Wand, denn nicht nur die Siegermächten mussten für den Ersten Weltkrieg entschädigt werden, sondern auch die vielen privaten Kriegsanleihen mussten zurückgezahlt werden. Als dann auch Frankreich seine Reparationszahlungen drohend einforderte, geriet das Land in einen Tsunami der Geldentwertung. Man druckte Geldscheine, was das Zeug hielt, und die Notenpressen arbeiteten ohne Pause. Die Geldscheine waren zum Spielgeld geworden. Die Löhne und Preise explodierten. Wer seinen Lohn ausgezahlt bekam, konnte sich am nächsten Tag schon nichts mehr dafür kaufen. Der Verfall der Währung ging ungebremst voran. Eine sichere Währung war nur noch der Dollar.
War ein Dollar noch im Juni 100.000 Reichsmark wert, so kletterte er schon im Dezember auf über 4 Billionen Reichsmark. Mitte November kostete ein Liter Milch 360 Milli-

arden, ein Kilo Rindfleisch 4,8 Billionen, ein Brot 233 Milliarden Reichsmark. Hinzu kam eine Arbeitslosenquote von 25 Prozent.

Überall gärte es in Deutschland und die Kommunisten erhielten immer mehr Zulauf. So war ein Überleben nur schwer möglich, und es gab für die Bevölkerung nur einen Weg, das war der Schwarzmarkt. Es wurde alles getauscht, was einem in die Finger kam, besonders beliebt waren Zigaretten. Der Schwarzhandel blühte! Vorn mit dabei war natürlich Hans, der alles versilberte, was ihm in die Finger kam. Das war zwar eine Straftat in den Augen des Gesetzes und vieles ging nicht mit rechten Dingen zu. Oft wusste man nicht, woher die Waren kamen, die gehandelt wurden. Diebesgut war auch dabei und die Hehlerei hatte Hochkonjunktur. Hans nahm es mit der Herkunft der Waren nicht sehr genau und bekam Ärger mit der Polizei, was jedoch durch die Fürsprache seines Onkels abgemildert werden konnte.

Glücklicherweise normalisierte sich dieser unglückselige Zustand durch die Schaffung einer neuen Währung.

Die *Reichsmark* wurde im November 1923 abgeschafft und die neue Währung Rentenmark geschaffen, die dann allerdings im Oktober 1924 wieder in *Reichsmark* umbenannt wurde. Als Umrechnungskurs wurde eine Billion Mark in eine Rentenmark umgetauscht. Gewinner waren jene, die vor der Inflationszeit Schulden gemacht hatten. Die konnten ihre Schulden in der Hyperinflationszeit mit einem Federstrich tilgen, was sich vor allen Dingen im Immobiliengeschäft als Glücksfall erwies. Aber die Masse der Deutschen fing wieder bei null an, so auch Sophie und ihre Familie.

1924

Schwungvoll betrat ein hochgewachsener, gutaussehender Mann das Büro der Holzhandlung in Frankfurt, in der Else beschäftigt war.

Er zog seinen Hut und schwenkte ihn mit einer kleinen Verbeugung vor Else, die am Empfangstresen saß und Rechnungen schrieb.

»Guten Tag, mein Fräulein. Wir kennen uns noch nicht. Sind Sie neu hier, oder habe ich Sie nur noch nicht bemerkt?«, fragte er galant und lächelte sie mit seinen blauen Augen schelmisch an. Er war eine markante Erscheinung, war elegant angezogen und sprach einen leichten Dialekt, den Else nicht einzuordnen wusste. Aber attraktiv fand sie ihn schon und sie errötete etwas, als er sie so intensiv ansah.

»Ich bin schon seit letztem Jahr hier«, antwortete sie. »Nur habe ich vorher im hinteren Büro gearbeitet.«

»Aha, deshalb! So ein hübsches Fräulein wie Sie hätte ich mir gemerkt«, grinste er. Worauf Else noch mehr die Farbe wechselte. Sie war völlig ungeübt im Kokettieren und schaute verlegen unter sich.

»Würden Sie mich bitte beim Chef anmelden? Mein Name ist Wilhelm Brunner und ich beliefere Ihre Firma mit Hölzern. Darf ich fragen, wie Sie heißen?«

»Ja, Sie dürfen. Ich heiße Else Dänner.«

Sie sagte das sehr leise, so dass er sich über den Tresen beugen musste, damit er sie besser verstehen konnte.

Nach seinem Termin beim Chef lud er Else ins Caféhaus Hauptwache ein, das wieder als Café eröffnet hatte, nachdem am 7. April 1920 von hier aus französische Soldaten in die Menge geschossen und dabei sieben Menschen getötet und sechsundzwanzig verletzt hatten. Else zögerte etwas, willigte aber schließlich ein. Als sie ihm verstohlen aus dem Geschäft nachschaute, sah sie, dass er in ein flottes grünes Automobil mit schwarzem Verdeck stieg. Das machte natürlich mächtig Eindruck auf sie und später wusste sie, dass es sich um einen Opel Laubfrosch handelte, der erst seit diesem Jahr am Fließband hergestellt wurde. Es war ein flotter, offener Zweisitzer, der einen für sie unvorstellbaren Preis von über viertausendfünfhundert Rentenmark kostete. Aber *Wi,* wie sie ihn schon bald nannte, war beruflich viel unterwegs und gelangte somit rascher von Ort zu Ort. Obwohl *Wi* zwanzig Jahre älter als Else war, verliebte sie sich Hals über Kopf in diesen attraktiven Franken, und schon bald planten sie ihre Hochzeit. Zufällig wohnte er ebenfalls im Frankfurter Westend, nur wenige Straßen von ihrem Zuhause entfernt. Er war als Holzhändler viel unterwegs und ein absoluter Naturbursche, der selbst im Herbst noch in die Badeanstalt am Mainufer zum Schwimmen ging. Außerdem war das Wandern eine seiner Leidenschaften, so dass auch Else mit ihm bei Wind und Wetter durch Wälder und Wiesen streifte und es mit der Zeit genauso liebte wie er.

1925

Sophie wurde am 29. Mai 1925 fünfzig Jahre alt und ihre Kinder hatten ein großes Fest in der Wohnung geplant.
Zugleich war es ein heimliches Abschiedsfest für Hans, der sein Bahnticket für seine Reise mit dem Sud-Express nach Lissabon bereits in der Tasche hatte. Er hatte schon alle Koffer gepackt und wollte sich, wenn alle bereits im Bett waren, aus dem Haus schleichen. Niemand aus der Familie wusste darüber Bescheid.
Ursprünglich hatte er geplant, gleich nach seinem 21. Geburtstag auszureisen, aber damals hatte er das erforderliche Geld noch nicht beisammen. Es ging ja nicht nur um die Fahrkarte. Er wollte in Lissabon nicht wie ein armes Würstchen dastehen und brauchte genug Geld, um Waren zu or-

dern und sich einen Laden zu suchen. Er hatte Großes vor und wollte seiner Mutter als reicher Mann wieder vor Augen treten. Aber der Familie sagen, dass er zurück nach Portugal ging, dazu fehlte ihm der Mut. Es war ihm klar, dass alle gemeinsam das verhindert hätten.

Hinzu kam, dass er schleunigst aus Deutschland verschwinden wollte, weil ihm raubeinige Individuen von den *Völkischen*, die dabei waren, neue Ortsgruppen mit dem Namen *NSDAP* zu gründen, auf den Fersen waren. Sie hatten ihn und seine Freunde nach einem Gasthausbesuch schon einmal überfallen und wüst zugerichtet.

»Du entkommst uns nicht! Dein Leben ist keinen Pfifferling mehr wert!«, riefen sie ihm zu, bevor alle Beteiligten auseinanderrannten, da jemand die Polizei gerufen hatte.

Mit blutiger Nase und schmerzenden Rippen machte er sich, durch dunkle Gassen rennend, auf den Heimweg. Um die Mutter nicht aufzuregen, schlich er sich leise ins Haus und begab sich sofort in sein Zimmer. Seinem Bettnachbarn Heini drohte er, bloß nichts der Mutter zu erzählen, um sie nicht unnötig aufzuregen.

Der Grund war, dass er mit dem *Bund der aufrechten Monarchisten* sympathisierte und anfangs eine Veranstaltung dieses Vereins besucht hatte. Dieser Bund löste sich im Sommer 1914 bereits wieder auf, aber einige getreue frühere Mitglieder trafen sich dennoch immer noch, um den Kaiser hochleben zu lassen. Ehrlich gesagt war ihm das Programm dieser Vereinigung wenig wichtig. Aber Freunde zu haben, war für ihn nicht einfach. Er tat sich schwer mit den Deutschen, fühlte sich allerdings im Kreis dieser Männer recht wohl und erzählte ihnen gern aus seiner Kindheit. Da er den Kaiser als Kind schon einmal persönlich von Angesicht zu Angesicht gesehen hatte, schmückte er diese Anekdote in höchsten Tönen aus und erfand noch ein paar Detail hinzu, um sich wichtiger zu machen.

Jetzt oder nie, war deshalb sein erster Gedanke, nachdem er immer wieder mit einem Überfall rechnen musste, denn in der Nachbarschaft wohnte einer dieser Typen, die ihn verprügelt hatten. Er hielt ihm immer wieder einmal aus dem Fenster seine Faust entgegen.

Nun war für ihn genau der richtige Zeitpunkt, nach Portugal zurückzukehren. Er arbeitete seit Jahren bei einem Im- und Exportunternehmen in Frankfurt, das im Handarbeitsbereich viele Produkte vertrieb, unter anderem auch Singer-Nähmaschinen. So kam er mit der Geschäftsleitung von Singer in Kontakt und witterte seine Chance, in Lissabon eine Vertretung für diese Firma zu übernehmen. Als er die Zusage in der Tasche hatte, überredete er noch weitere Lieferanten und hatte schon bald ein Netz von Firmen an der Hand, für die er in Lissabon einen Laden aufmachen konnte. Nun musste er nur noch den passenden Laden finden und konnte loslegen.

Voll motiviert kaufte er sich schon bald ein Bahnticket und legte den Tag der Abreise genau auf den Tag nach Sophies Geburtstag. Denn das hätte er seiner Mutter nicht antun können, sie vor diesem Tag sang- und klanglos zu verlassen.

Am nächsten Morgen verschwand Hans, ohne etwas zu sagen, auf leisen Sohlen aus dem Leben der Familie, und es gab erst nach vielen Jahren ein Wiedersehen. Das war das Ende der gemeinsamen Kindheit der fünf Dänner-Kinder.

Epilog

Liebe Leser, nun möchte ich Ihnen den weiteren Lebensweg der vorgestellten Personen nicht vorenthalten. Es war für mich ein schwieriger Weg, nach all den Jahren hinter die einzelnen Schicksale zu schauen, denn keines der Dänner-Kinder befindet sich mehr unter den Lebenden, und die Nachkommen wissen wenig bis gar nichts über die Lebenswege jedes Einzelnen vor den Kriegsjahren. Auch wurde in der Familie zu meinem Leidwesen wenig darüber gesprochen. So musste ich wahnsinnig viel recherchieren, fuhr sogar an die Stätte der Kindheit im November 2019, um mich von den Orten inspirieren zu lassen.

Eins ist für mich aber gewiss: Was haben wir es im 21. Jahrhundert doch so gut! Wir sollten alle aufhören, zu jammern und uns freuen, in dieser Zeit leben zu dürfen. Wir reisen, wohin wir wollen, haben in den meisten Fällen ein gemütliches Zuhause, müssen nicht hungern, haben Frieden in Europa und leben relativ selbstbestimmt. Was wollen wir mehr!

Aber nun folgen doch noch ein paar weitere Informationen über die Schicksale der »Portugiesen«.

Hans

Gleich nach seiner Ankunft in Portugal nahm er sofort wieder seinen früheren Namen *Joao Danner* an und gründete seinen ersten Laden in Lissabon. Er handelte mit Nähmaschinen, Strick- und Stickwaren, Wolle und Schnittmustern. Das war ein lukrativer Markt in Portugal, da viele Frauen Handarbeiten in Heimarbeit anfertigten und verkauften. Später übernahm er für Portugal und Spanien die Generalvertretung der deutschen Firma Knittax Strickmaschinen, gab Kurse und wurde dadurch ein reicher Mann. Zudem baute er in der portugiesischen Kolonie Angola in der Hauptstadt Luanda eine Filiale auf. Er heiratete die Brasilianerin *Nene*. Die Ehe blieb kinderlos. *Nene* war streng gläubige Katholikin mit einem eigenen Altar im Haus. Sie betete täglich vor ihrem Altar und Besuche des Priesters waren an der Tagesordnung. Joao hingegen blieb seinem Charakter treu. Er war ein Herrenmensch, der auch den weiblichen Reizen nicht widerstehen konnte. Wenn er die Straße überquerte, hielt der Verkehrspolizist den fließenden Verkehr an, was er durch finanzielle Zuwendungen natürlich zu lenken wusste. Er hatte genau das erreicht, was er erreichen wollte. Er kam als *reicher Sohn und Bruder* aus Portugal im dicken amerikanischen Straßenkreuzer mit Fahrer nach dem Zweiten Weltkrieg nach Deutschland zu Besuch zurück. Seine Mutter konnte er jedoch nur noch an ihrem Grab besuchen. Die Geschwister und deren Familien fand er durch eine Suchaktion über einen Litfaßsäulenanschlag in Frankfurt wieder. Der verlorene Sohn war wieder da, machte reichlich Geschenke und wollte damit die arme Verwandtschaft beeindrucken, was ihm anfangs auch gelang. Nach und nach besuchten ihn die Geschwister, Neffen und Nichten in Portugal und genossen dort den ungewöhnlichen Luxus.

Als Kettenraucher erkrankte er Ende der 70er Jahre an der peripheren arteriellen Verschlusskrankheit (Schaufensterkrankheit) und verstarb letztendlich durch einen Herzinfarkt.

Else

Else heiratete am 30.10.1925 ihren Wilhelm und zog mit ihm ein paar Straßen weiter in die Eppsteinerstraße 34, bis beide wenige Jahre später in das Elternhaus von Wilhelm nach Frammersbach im Spessart zogen und dort bis an ihr Lebensende wohnten. Die Ehe blieb, zum Leidwesen beider, kinderlos. Wilhelm war weiter als selbstständiger Holzhändler noch über das Rentenalter hinaus tätig. Er verweigerte als Pazifist den Militärdienst und konnte dies aufgrund seines Alters auch durchsetzen. Man nannte ihn den *König von der Dreispitz* und seine Eigensinnigkeit war weit bekannt. Täglich duschte er bei Wind und Wetter kalt im Freien. Der riesige Nutzgarten versorgte Else und ihn fast vollständig und sie machten auch ihren Apfelwein selbst, tranken reichlich Boxbeutel und lebten naturverbunden. *Wi*, wie er von allen genannt wurde, wurde fast 94 Jahre alt und war geistig fit bis ins hohe Alter. Else und er waren eine eingeschworene Gemeinschaft, die nur der Tod trennen konnte.

Hilde

Hilde war lange in der Oberpostdirektion beschäftigt. Sie erhielt eines Tages vom Oberpostrat Dr. jur. Helmut Redecker den Auftrag, nach Feierabend seiner Familie ein Paket abzugeben, weil er erst später nach Hause konnte. Die Woh-

nungstür öffnete der einzige Sohn des Hauses, der ebenfalls Helmut hieß.
Bei Hilde schlug der Blitz ein und Helmut bemerkte sofort die Verlegenheit der jungen, dunkelhaarigen Frau. Schick und adrett stand sie vor ihm und als geborener Charmeur wusste er die Gunst der Stunde zu nutzen. Er verabredete sich mit ihr zu einem Spaziergang ins Frankfurter Nizza am Mainufer und tatsächlich sagte sie ihm für das Wochenende zu. Helmut war in der Liebe nicht unerfahren und wusste genau, wie er die mädchenhafte Hilde gewinnen konnte. Dass er sich auch mit anderen jungen Damen traf, musste er ihr ja nicht auf die Nase binden. Er hatte schon genug

Von links nach rechts: Ingeborg, Helmut, Ilse

Ärger mit seinem Vater, dem er zu vergnügungssüchtig war. Immer wieder gab es deshalb Krach im Hause Redecker. Aber Hilde merkte von all dem nichts und war ihm schon bald verfallen. Sie heirateten am 30.10.1929.
Helmut war Verlagsleiter bei der Frankfurter Zeitung. Sie wohnten in Frankfurt in Nähe der Stadtgrenze zu Offenbach, und in einem Offenbacher Krankenhaus kam die erste Tochter Ilse 1931 zur Welt. Die zweite Tochter Ingeborg wurde sieben Jahre später 1938 in Stettin geboren. Dort war der Vater mittlerweile als Verlagsleiter bei einer Stettiner Zeitung tätig. Helmuts Affären zogen sich weiter durch die Ehe, aber Hilde hielt zu ihrem Mann. Als er an der Front war und von dort aus Heimaturlaub bekam, entstand der Nachzügler, das dritte Kind, ein Sohn der 1943 in Stolp geboren wurde. Nun hatten sie drei Kinder. Zwei Töchter, die beide Ärztinnen wurden, und als Nesthäkchen einen Sohn, der der Tradition nach ebenfalls Helmut genannt wurde. Er wurde später Verleger und es handelt sich um meinen Ehemann.

Verlag: Pommerscher Zeitungsverlag G. m. b. H., Stettin. Gauverlagsleiter: Eduard Henrici. Hauptschriftleiter der pommerschen Gaupresse: Roland Buschmann. — GRENZ-ZEITUNG, STOLP. — Verlagsleiter: Helmuth Redecker, Stolp. Zweigstelle Stolp des Pommerschen Zeitungsverlags G.m.b.H. Fernruf: 37 81, 37 82, 37 83. — Druck: Ostland-Druckerei, Inh. Oskar Booz, Stolp. — Hauptschriftleiter und verantwortlich für den Gesamtinhalt: Erwin Arndt (z. Z. im Wehrdienst); i. V.: Karl Ludwig Andrich, Stolp. Die „Grenzzeitung" erscheint sechsmal wöchentlich nachmittags. Bezugspreis: 1,63 RM. einschl. Botenlohn; durch die Post 1,65 RM. einschl. 18 Pf. Postzeitungsgebühr, zuzüglich 36 Pf. Zustellgebühr. — Preisliste 14.

Alle Dänner-Geschwister hatten vereinbart, sich nach dem Krieg bei Else in Frammersbach, die ja beständig mit Wilhelm dort wohnte, zu treffen. Das war ein fester Ankerplatz für die Familie und wurde von allen befolgt, weil sie ohnehin nicht wussten, wo sie bleiben sollten. So versammelten sich alle in Wilhelms Elternhaus und durften dort eine Weile gemeinsam wohnen, bis jeder für sich eine neue Bleibe im Ort gefunden hatte. Leider verstarb Sophie in Frammersbach kurz nach Kriegsende und sie erfuhren erst nach ihrem Tod vom Litfaßsäulenanschlag von Hans und trafen auch ihn wieder. Wie überall blühte auch hier der Schwarzhan-

del, an dem sich Heini und Helmut eifrig beteiligten. Rena war immer noch in Stuttgart bei der Bank, Hilde und Familie zogen nach Offenbach, wo Helmut bei der Abendpost arbeitete, und Heini folgte ihnen nach und fand selbst bald darauf eine Beschäftigung bei einem Holzhändler.
Dann folgte für Hilde der Paukenschlag und Helmut verließ die Familie und zog zu seiner Geliebten nach Norddeutschland. Hilde stand plötzlich mit ihrem Sohn Helmut vor dem Scherbenhaufen ihrer Ehe und das nach über 30 Jahren. Die beiden Mädchen waren im Saarland in Krankenhäusern als Ärztinnen beschäftigt, aber die große Wohnung in Offenbach musste weiter unterhalten werden. Hier unterstützte Hilde eine Putzfrau, die auch für die Wäsche zuständig war. Der Sohn Helmut war noch in der Oberprima und Geld war fast keines mehr vorhanden. Da die großartig angekündigten Zahlungen des abtrünnigen Ehemanns nur sporadisch eintrafen, fing Hilde wieder bei der Post an zu arbeiten, damit sie über die Runden kamen. Aber die Putzfrau blieb!
Nach einigen Jahren bekam die älteste Tochter einen Sohn und brauchte Hilfe, da sie als Anästhesistin beruflich sehr eingespannt war. Die Mutter unterstützte sie gern und zog ins Saarland, wo sie am 31.10.1994 starb.

Rena

Rena hatte wenig Glück in der Liebe. Kleinere Affären zogen sich über viele Jahre hin, bis sie in den 30er Jahren einen verheirateten Mann aus Stuttgart kennenlernte, dessen Laufbahn bei der Polizei begann und der später im Sicherheitsdienst des Reichsführers der SS eng mit der Gestapo zusammenarbeitete. Ihm folgte sie nach Stuttgart und arbeitete dort bis zu ihrer Pensionierung in einer Sparkasse. Ihr Verhältnis dauerte bis 1944. Er kam bei einem Kriegseinsatz in der Normandie zu Tode. Sie blieb unverheiratet bis ans Lebensende und starb am 9.11.1993 dement in einem Pflegeheim.

Heini

Er war das Nesthäkchen der Familie und durch die unglücklichen Umstände eigentlich der prädestinierte Verlierer. Am 24.12.1909 geboren, war er erst sechs Jahre alt, als sie Barreiro verlassen mussten. In Barcelona musste er in die Schule und dort erst einmal Spanisch lernen, was ihm schwerfiel. Seine Geschwister hatten ihre eigenen Probleme, und auch die Eltern mussten sehen, wie sie ihr Leben auf die Reihe bekamen. Als dann der Vater 1919 starb, war er gerade mal neun Jahre alt. Der Umzug zurück nach Frankfurt 1920 war erneut ein Einschnitt in seiner Entwicklung. Nun musste er in eine deutsche Schule, wo wenigstens alle deutsch sprachen, was er zum Glück gut verstehen konnte. Aber auch hier war er das letzte Glied in der Kette.

Nach seiner Schulzeit brachte ihn Else in ihrer alten Firma unter, so dass er wenigstens eine Arbeit gefunden hatte. Er lernte die Frankfurterin Elisabeth kennen und lieben und heiratete sie im September 1938 in Frankfurt.

Als Soldat wurde er nach Frankreich abkommandiert und kam erst nach Kriegsende wieder nach Frammersbach zurück. Seine Frau, genannt Li, war ständig mit im Gefolge der weiblichen Familienmitglieder, die während des Krieges in Stettin und Stolp wohnten, als die Männer an der Front waren. Sie bekamen erst 1948 einen Sohn, den sie Dieter nannten.

Sophie

Sophie wohnte so lange in der Beethovenstraße, bis alle Familienmitglieder ausgezogen waren. Hilde holte die Mutter Anfang der 30er Jahre zu sich in die Familie und sie begleitete sie zu allen Stationen, an denen ihr Mann Helmut als Verlagsleiter tätig war, bis sich alle nach dem Krieg im Spessart bei Wilhelm und Else wiedertrafen. Dort verstarb sie kurz nach Kriegsende am 22. Juli 1945. Ich hätte ihr ein längeres Leben in Frieden und Freiheit gewünscht!

Ende

Ich danke der Familie für die Unterstützung und ganz besonders Herrn Prof. Dr. Bernardo Jerosch-Herold und seiner Frau Ursula aus Paco de Arcos bei Lissabon. Die Fotos der Fabrik sowie die alten Porträts stammen aus der Firmenbroschüre der O. HEROLD Company, Barreiro, alle anderen aus dem Privatbesitz der Familie.

Liebe Leser,
danke, dass Sie dieses Buch gekauft und gelesen haben.
Wenn es Ihnen gefallen hat, würde ich mich sehr über eine Rezension freuen, denn sie sind das Gleiche wie der Applaus für den Schauspieler!
Ich möchte die Gelegenheit nutzen und Sie auf meine bisher erschienenen Bücher aufmerksam machen.

Die Polin und die alten Männer

Die junge Polin Ewa verbringt ein armseliges Leben mit ihrem alkoholsüchtigen Vater in Masuren. Nach dem Tod des Vaters und einer Scheidung, sucht sie ihr Glück in Deutschland. Sie findet nach schwierigen Anfängen bei einem alten Ehepaar einen Job als 24-Stunden-Pflegekraft. Bald schon schließen sich weitere alleinstehende alte Männer an und sie gründen gemeinsam den Club der fröhlichen Oldies. Ewa kümmert sich um sie, denn alle benötigen ihre Hilfe. Es geht im Großen und Ganzen um Alter, Pflege, Leben, Krankheit, Liebe und dennoch Spaß am Leben.
Wir alle werden älter, Tag für Tag, Sekunde für Sekunde! Das Altern ist ein fortschreitender, nicht umkehrbarer biologischer Prozess, der mit dem Tod endet. Das macht das Thema für viele so unangenehm und sie blenden es gerne aus. Aber diese Tatsache lässt sich nicht verleugnen. Und dann kommt eines Tages die Zeit, in der man seinen Alltag nicht mehr alleine bewältigen kann. Viele haben keine Verwandten, die sich kümmern können oder wollen. Sie streben aber dennoch ein eigenständiges Leben in ihrer vertrauten Umgebung an. Der Roman zeigt dem Leser neue Perspektiven, wie man trotz geringer Rente in den eigenen vier Wänden bleiben kann.

Im Handel als E-Book und Taschenbuch erhältlich!

Im Handel als E-Book und Taschenbuch erhältlich!

Die Handlung spielt in Frankfurt am Main und in Cannero/Italien. Cannero Riviera wird auch gerne die ›Perle des Lago Maggiore‹ genannt. Und das zu Recht, denn es ist einer der schönsten, erholsamsten Plätze der Region rund um den See. Der Ort liegt auf dem Delta des Rio Cannero wie ein Halbmond im See. In sonniger Südlage gelegen, geschützt durch die umliegenden Berge, wird er durch ein besonders mildes Klima verwöhnt, deshalb auch der Beiname ›Riviera‹. Inmitten dieses traumhaften Panoramas mit einer imponierenden mediterranen Pflanzenwelt, lebt oberhalb des Sees Laura Caldini in einer alten, italienischen Villa.Laura, die erfolgreiche italienische Geschäftsfrau hatte ihr Leben und ihre Liebhaber bisher kontrolliert im Griff. Bis zu dem Tag, an dem sie erfährt, dass deutsche Freunde aus ihrer Studienzeit in Frankfurt nicht mehr am Leben sind. Sie schreibt deshalb an die Tochter der Verstorbenen einen Brief und bittet sie um einen Besuch. Die Vergangenheit holt sie ein und lässt ihr keine Ruhe mehr. Alte Wunden brechen wieder auf und sie möchte nun ihr lang gehütetes Geheimnis lüften. Ihr bisher so ruhiges, luxuriöses Leben gerät dadurch etwas aus den Fugen und bildet den Hintergrund zu dieser Familiengeschichte.

Im Handel als E-Book und Taschenbuch erhältlich!

Die Geschichte spielt in Frankfurt und in Italien. Der Frankfurter Anlageberater Philipp Sandter will sein Leben neu ordnen und zieht, gemeinsam mit seiner Frau Silvia, an den Lago Maggiore in eine große Villa mit traumhaft schönem Seeblick. Sein Büro in Frankfurt überlässt er seiner engsten Vertrauten Luisa, mit der ihm eine ganz besondere Beziehung verbindet. Luisa hat schlechte Nachrichten für ihn und bittet ihn, schnellstens nach Frankfurt zu kommen, weil die Staatsanwaltschaft gegen ihn wegen einem Börsengang ermittelt. Philipp, dessen Ehe schon seit Jahren nur noch auf dem Papier besteht, muss sich vor seiner Abreise noch Unterlagen aus seiner Villa holen. Dabei belauscht er ein Gespräch seiner Frau mit einem Unbekannten, das ihn doch sehr beunruhigt. Silvia, der Philipp bereits gesagt hat, dass er sich von ihr trennen will, versucht alles, um ihren hohen Lebensstandard beizubehalten. Sie hat auch schon einen Plan, wie sie an Philipps großes Vermögen kommen kann. Philipp spürt, dass Silvia etwas im Schilde führt und ist von nun an besonders wachsam. Die Ereignisse überschlagen sich......

Im Handel als E-Book und Taschenbuch erhältlich!

Karin B. Redecker
Benvenuti
am Lago Maggiore
Extra!
Mediterrane Pflanzen-Schönheiten im Porträt!
Karin B. Redecker
Das Gift des Oleanders
Karin B. Redecker
Die Toten von Ascona
Roman
Krimi
Doppelband

Auszug aus

»Als Goethe in den Himmel kam ...«

Blau

Ach, ist es schön, ich muss nicht müssen,
bleib einfach liegen in meinem Kissen.
Schau raus, wie ist das Wetter heut',
wenn's sonnig, mich das wirklich freut.
Regnet es und es ist grau,
dann mach einfach weiter blau!

Auszug aus

»Es flogen Worte durch den Raum«

Höflichkeit

Ich bin ein höflicher Mensch.
Ich klopfe beim Ei an, bevor ich es öffne.
Den Schuh frage ich: „Darf ich eintreten?"
Und wenn ich eine Rosenblüte sehe,
lobe ich genüsslich ihren Duft.
Und niemals wurde es mir übel genommen.
Schon Schopenhauer sagte:
»Höflichkeit ist Klugheit«,
folglich ist Unhöflichkeit Dummheit.

Der Alltag gibt der Autorin tagtäglich genug Material für Verse an die Hand, die sie gerne mit einem Augenzwinkern niederschreibt.
Lesen Sie ihren poetischen Reigen. Mal lustig, mal sinnlich, mal melancholisch, aber stets ein Genuss für die Seele ...

Erhältlich als E-Book und Taschenbuch

Goethe und die Dichter

Als Goethe in den Himmel kam,
da sah man ihn befremdlich an.
Was willst du hier, du Frauenheld,
wer hat denn dich hierherbestellt?
Man schickte ihn auf Wolke Acht,
dort hat man Zäune angebracht
für die, die immerzu den Frauen
die Unbeflecktheit wollen klauen.
Da sitzt er nun, der arme Wicht,
und schreibt am tausendsten Gedicht.

Über die Autorin

Karin B. Redecker genoss eine Verlagsausbildung bei einer bekannten Frankfurter Tageszeitung.
Sie arbeitete später viele Jahre gemeinsam mit ihrem Mann als Redakteurin und Layouterin im eigenen Verlag, bevor sie sich in Italien niederließ. Dort fand sie endlich die Zeit, mit dem Romanschreiben anzufangen, und es entstanden hier ihre ersten beiden Romane.
Die Pflegebedürftigkeit der Mutter und der Tochter holte sie jedoch wieder aus Italien zurück. Hier folgten weitere Romane und da das Dichten schon immer zu ihren Leidenschaften gehörte, kamen auch noch zwei Gedichtbände hinzu, die sie stets mit einem Augenzwinkern niedergeschrieben hat.
Sie selbst sagt über sich: Schreiben macht mir Freude und ich möchte die Leser nur gut unterhalten. Mein Kopf ist voller Geschichten, denn wie sang einst André Heller: »Die wahren Abenteuer sind im Kopf und sind sie nicht im Kopf, dann sind sie nirgendwo!«